不懂带团队，你就自己累

丁兴良◎著

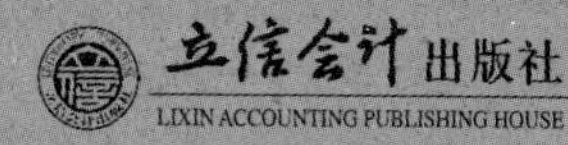

图书在版编目（CIP）数据

不懂带团队，你就自己累 / 丁兴良著. —上海：立信会计出版社，2014.6
（去梯言）
ISBN 978-7-5429-4195-4
Ⅰ.①不… Ⅱ.①丁… Ⅲ.①组织管理学－通俗读物 Ⅳ.①C936-49
中国版本图书馆CIP数据核字（2014）第058230号

策划编辑 蔡伟莉
责任编辑 陈 昕
封面设计 久品轩

不懂带团队，你就自己累

出版发行 立信会计出版社
地　　址 上海市中山西路2230号　　邮政编码 200235
电　　话 （021）64411389　　传　　真 （021）64411325
网　　址 www.lixinaph.com　　电子邮箱 lxaph@sh163.net
网上书店 www.shlx.net　　电　　话 （021）64411071
经　　销 各地新华书店

印　　刷 北京柯蓝博泰印务有限公司
开　　本 720毫米×1000毫米　1/16
印　　张 18.5　　插　　页 1
字　　数 254千字
版　　次 2014年6月第1版
印　　次 2018年3月第20次
书　　号 ISBN 978-7-5429-4195-4/C
定　　价 36.00元

前言

“一根筷子一折就断，十根筷子却无法折断”，这句俗语告诉人们：团结就是力量，团队的协同作战胜过一个人的单打独斗。还有句俗语说：“一个好汉三个帮”。一个人不管多么优秀，都不可能具备创立并运营一个企业所需的全部知识、经验和技能。管理者如果想要创业成功，就必须组建一支核心团队，借助团队成员所拥有的客户经验、产品经验、创业经验和人际关系等，解决企业发展过程中可能出现的问题。所以，时代需要英雄，但更需要优秀的团队。没有人仅依靠一己之力便能获得某项事业的成功，唯有依靠团队的力量，依靠他人的智慧，才能使自己立于不败之地。一个团队就像一台精密的仪器一样，它由n个零件组装起来，而且每个零件都能发挥各自的作用，促使整体有规律地运转，使其达到一定的功能，并且一步一步地朝既定目标前进。

在管理实践中，如何管好团队，是一个简单却又令许多管理者困惑的命题。说它简单，是因为团队的组成只有三大要素：自主性、思考性和协作性。只要使团队成员充分具备了这三大要素，一个合格的团队就建立了，它将随着你的指挥棒冲锋陷阵，使命必达。但让很多管理者感到困惑的是，在实际工作当中，情况并非如此，还有很多潜在的问题。人性的缺陷和弱点，往往让团队的组建和管理面临很大的风险。不管是一家倔强生存的小公司，还是世界500强企业，他们的中高层管理者及员工本身都有一种苦恼：明明身在团队，却感受不到有一支成熟、强大的团队的支撑；经常需要孤军奋战，多倍付出，陷入苦斗；管理者自己累得要死，收获的却少之又少，团队成员也常常怨声载道。

工作是人生的重要组成部分，每个工作者都生活在团队中。团队能否顺利发展，取决于团队领导的带领能力和团队成员的努力。团队的成功需要每个团队成员承担起身上的责任。那么，作为团队中的一个成员，该如何挑起在团队中应承担的责任，如何和团队共同发展呢？作为团队的管理者该怎样打造自己的团队？该怎样处理团队中的冲突？如何建立完善的团队激励机制？怎样和团队成员进行有效地沟通，提高团队的凝聚力呢？

《不懂带团队，你就自己累》就以上问题给出了切实可行的建议。本书以世界500强企业都在运用的团队管理法则为基础，针对如何建立领导力、完善制度、高效沟通、科学考核、执行力、时间管理等团队管理中的常见问题，提出简单、高效、实用的解决方法，教你打造最强团队，提升管理水平，实现管理和业绩双赢！

时代需要优秀的团队，更需要会带领团队干出一番事业的优秀管理者。管理者只有学会带领团队，才能使成员勤奋、忠诚、团结、高效、自律地工作，才能使一个组织、一个企业、一个团队顺利地发展，创造出卓越的成就。

鉴于作者水平有限，见识孤陋，书中难免有错谬之处，敬请读者批评指正。

目 录

目录

第8章　成功授权的方法

第9章　培训的方法

第10章　留住人才的方法

第11章　团队激励的11种方法

第12章 用制度管团队

第13章 团队的执行力决定成败

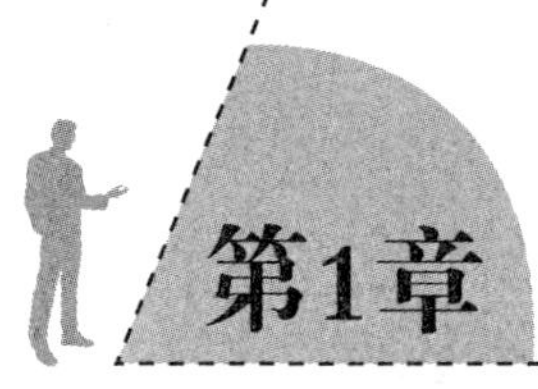

第1章 不会带团队，还敢当领导？

团队和团体的区别

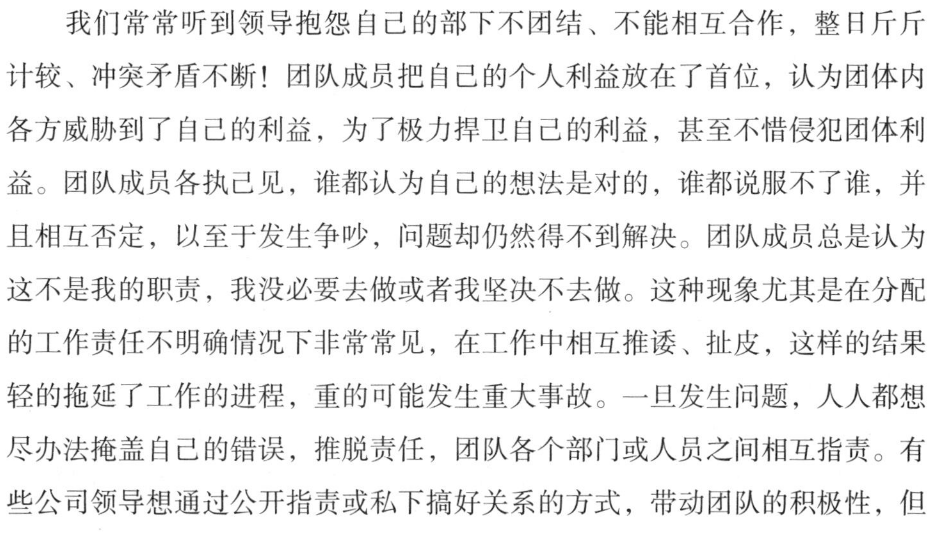

我们常常听到领导抱怨自己的部下不团结、不能相互合作，整日斤斤计较、冲突矛盾不断！团队成员把自己的个人利益放在了首位，认为团体内各方威胁到了自己的利益，为了极力捍卫自己的利益，甚至不惜侵犯团体利益。团队成员各执己见，谁都认为自己的想法是对的，谁都说服不了谁，并且相互否定，以至于发生争吵，问题却仍然得不到解决。团队成员总是认为这不是我的职责，我没必要去做或者我坚决不去做。这种现象尤其是在分配的工作责任不明确情况下非常常见，在工作中相互推诿、扯皮，这样的结果轻的拖延了工作的进程，重的可能发生重大事故。一旦发生问题，人人都想尽办法掩盖自己的错误，推脱责任，团队各个部门或人员之间相互指责。有些公司领导想通过公开指责或私下搞好关系的方式，带动团队的积极性，但结果团队的积极性怎么也提高不上来，整个团队都没有干劲，工作松散拖沓，只做表面文章应付领导。私下里跟领导关系不错的员工，工作纪律上会大大放松，而其他员工就会觉得受到不公平待遇，团队气氛更加紧张。想要搞一项计划，却没有人响应。公司开会，只有领导夸夸其谈，下边的员工死水一潭，没有一点反应，不提出创新，不提出异议，只等着散会。团队中的员工一听到加班就抱怨，不想在公司里多待一分钟。

这已经不是团队了，它只不过是个工作团体。并且整个工作团体就像是一盘散沙，不能驾驭，没有凝聚力，成员缺乏共同目标，没有积极主动性。这样的团体只能勉强维持现状，并且会逐渐消沉下去，直到以惨败收场。

团体和团队存在着本质的区别，工作团体把目标分配给个人，其本质上是注重个人目标和责任，工作团体的目标只是个人目标的简单总和，工作团体的成员宁愿做超出自己义务范围的事情，也不会尝试那种因为多个成员共同合作而带来的增值效应。并且，工作团体常常无法突破企业层级结构的限制。正是因为工作团体有这些特点，才出现了以上各种问题。当然，优秀的工作团体，能采取各种措施，尽量减少以上这些矛盾冲突发生的概率，但是，这些矛盾依然存在，不能消灭，或多或少会影响整个组织的工作。

而团队则可以避免这些矛盾。首先，团队成员是对其是否完成团队的共同目标一起承担成败责任的，而团体不是；其次，团队的最后成果是经由全体成员共同贡献心力所完成的，而且这个成果绝非个人靠单独力量可以完成的；最后，团队更强调员工的工作标准和团队一样，具有能够一起分享信息、观点和创意，共同决策和帮助每个成员更好工作，然后再强调个人工作标准的特点。团队拥有共同目标，并且有一套严密的实现目标的计划，每个成员都会以大局为重，甚至为顾全大局牺牲自己的利益。所以说，要想让企业蒸蒸日上，创造骄人的成绩，就要把工作团体转变成团队。

人多不一定力量大

“人多力量大”“众人拾柴火焰高”“人多好办事”，已经成为人们的普遍共识。但是，殊不知，团队的力量不在于人的多寡，而在于队员各自的能力高低、相互间协同作战能力以及团队管理构架的完善。有时候人越多，反倒越阻碍事情的发展，成为成功的绊脚石。“一个和尚挑水吃，两个和尚抬水吃，三个和尚没水吃”，就是这个道理。

一个团队就像是一个木桶，木桶能装多少水，不仅取决于每个木板的高度和宽度，还在于木板之间的结合是否紧密。如果木板太短，那么，木桶就装不了多少水；如果木桶之间的紧密度不够，也同样装不了多少水。这个道理也适用团队。

1. 团队的力量大小受到团队成员能力的影响

现代社会，人们使用的都是先进的技术，先进的技术胜过人多。在科技发达的现代社会，人多但技术素质低，就缺乏竞争力和战斗力，也根本没有优势可言。例如，耕种1 000亩土地，用人力耕作需要几十人甚至上百人，而使用现代农业机械则只需要一两个人。人越多劳动效率越低，人多的优势不但显示不出来，反而会增加消耗和支出。这样看来，3个“臭皮匠”就赛不过1个“诸葛亮”了。可见，在某些情况下，人多了不是好事，反而成了坏事。

2. 缺乏凝聚力，没有团结协作的精神，也无法创造强大的团队力量

松散的人越多就会越缺乏凝聚力，造成人心涣散。一个部门或者单位如果人数多而团队成员之间摩擦多，内部钩心斗角，向心力和凝聚力不强，智力资源难以有效整合，其潜在力量也无法发挥。

3. 如果人力资源过多，也会影响团队强大力量的发挥

例如，一个岗位的工作1个人就可以完成，却用了2个人，这就浪费大量办公和管理经费，造成生产效率低下，并且人浮于事，员工在岗位上不能充分发挥自己的才能，长期下去，员工过于清闲就会无事生非，把注意力转移到人际关系上了；人多容易扯皮，结果工作反倒不如一个人干得好，人越多，所考虑的人际关系就越复杂，副作用也就越大。例如，一个负责人如果领导1人，需要沟通的关系数为1，增到5人时，需沟通的各种关系可能是5的N次方。一些单位的忙乱，正是把许多本可用于工作的时间和精力，用到了平衡和协调各种复杂的人际矛盾与纵横交错的关系上。作为领导和管理部门，尤其要尽可能减少冗员，提高工作效率和指挥能力，做到反应迅速，指挥灵便。

总之，一个强大的团队并不一定指它的人员有多少。那么，怎样的团队才是优秀的团队呢?

一个优秀的团队，应该有有能力的队员。队员要有能力且能达到优势互补，例如，《西游记》中的唐僧团队，唐僧知识渊博，精通佛学，通人事，取经途中主要负责与世俗人群交流。悟空武艺高超，降妖除魔，喜欢讽刺挖苦人。八戒武艺不如悟空，但吃苦耐劳，什么脏活、累活都是他干，只是有时会偷点懒，有点小心眼。沙僧能耐不大，但忠厚老实，起到和事佬的作用。4个人性格能力各异，优势互补，为顺利渡过九九八十一难提供了坚实的基础。刘备团队的人才也是性格能力各异，刘备忠厚仁德，诸葛亮聪颖过人，关张赵勇猛无比。水泊梁山好汉也是如此，宋江仁，吴用智，其余诸将个个身怀绝技。在当今社会，没有能力是没有办法成就大事的，尤其是运用先进技术的能力。现在企业的生产、开发都需要有高技术高知识的人才，如果一个团队成员没有能力，不会使用这些高新产品，只会做一些体力劳动和简单的脑力劳动，是没有办法使团队更好地发展的，自己也不会有大的发展。

一个优秀的团队中，队员应该具有良好的道德。一个成员如果没有一定的道德水平，就很可能导致整个企业走向灭亡。例如，一个成员不遵守职业道德，把公司核心产品的设计方案偷卖出去，就会给企业带来极大的危机。还有一些成员爱背地里说人坏话，制造阴谋，为了自己的利益，不惜伤害团队其他成员，这就会给团队造成内耗，搅得团队鸡犬不宁。总之，一个团队的成员拥有良好的美德，则整个团队也会受到感染，有助于营造和谐美好的团队氛围。

一个优秀的队员还应该有顾全大局、团结协作的精神。团队是全体成员共同的团队，每个团队成员都有义务为了团队贡献自己的力量，甚至是牺牲自己的利益。每个人的个性不同，我们常常会看到一些人彼此性格不合，经常犯口角。但是，当公司面临重大危机，需要这两个人共同协作的时候，他们就应该团结起来，共同进步，为了团队的发展忘却个人的恩怨。

一个优秀团队还应该相互协作。协作才能共赢，不协作不仅团队成员会受伤，整个企业也会垮台。为了自己的发展，为了企业的发展，团队成员一定要精诚合作。

纷繁世界，团队为赢。在现代社会中，人们常常羡慕那些在工作中能够脱颖而出，将潜能发挥到极致的人；同时也十分敬仰那些竞争中能够基业常青、永续发展的企业，希望能够学到它们的成功之处。其实，它们之所以能够成为真正的赢家，并不是因为它们有什么特别之处，而是它们有一支不一定人多但一定力量强大的团队。

团队的力量最强大

人类本身的生理能量与其他许多动物比较，是非常弱势的。在大地上，人类凶猛不过狮子、老虎，跑不过马和鹿，力气更比不过大象等动物；在天空中，人类飞不过鹰和各种鸟；在水里，人类游不过所有的鱼类。但是，几千年来，人类成为了地球的主人，为什么？就是因为人类用智慧凝聚了团队的力量来掌控世界。

团队力量是一条灿烂的生命。团队生命体现为汇聚和发散的力量，“聚是一团火，散是满天星”。当团队成员聚在一起，犹如熊熊烈火，在浴火重生中百炼成钢，生成无穷的力量；犹如澎湃大潮，在激情奔涌中引领社会，辐射广袤的大地。而当团队成员分开，就像繁星满天熠熠生辉，就像涓涓细流润泽苍生，就像缕缕阳光渗透角落。在团队中我们能获得强大的力量。

狼是最懂得团队重要性的，它们每次狩猎成功都是团结合作的结果。当它们选定目标较大的动物时，它们会几只共同围着一个猎物，死死不放过，前面的狼被猎物摔倒了，另一只狼紧追上去，继续撕咬猎物，就这样直到猎物精疲力竭倒在地上，而狼群通过合作获得了一顿大餐。

正是因为狼群懂得合作，所以它们能捕捉到比自己大很多倍的动物。而如果是一只狼去捕捉，则绝大多数情况都是以失败而告终。

所以，只有团结起来，才能保证强大的战斗力。对于现代这个信息迅速膨胀和全面爆炸的时代，即使一个人的智商再高，能力再强，每时每刻都在更新知识，也不能全面掌握，即使你表现得再出色，也没有办法创造出团队所产生的价值。所以，“团结就是力量”，只有团结起来才能创造更大的成绩。一味强调个人的力量，就很容易造成团队的不和谐，形成内耗，这样对人对己都没有好处。

在2010年世界杯足球赛上，一路过五关斩六将的德国队，是一个优秀的足球团队。这支球队的最大优点是能团结一致，坚不可摧。团队中的每个人都是不可缺少的，他们各自发挥所长，相互配合，团结协作，一路冲杀，直至把一直被大家看好的阿根廷队打得落花流水。世人因此对德国球队刮目相看，德国球队的成功并非偶然，而是团结合作的必然结果。恰恰相反，有些球队来比赛不久就被淘汰了，例如法国队一度是世界杯上夺冠的热门球队，曾在1998年世界杯和2000年欧洲杯夺得冠军，但是，在这届世界杯赛场上，他们的表现真是惨不忍睹，他们没有团结起来打比赛，而是专注于制造骚乱，搞内讧、开除球员、全队罢赛，结果他们连小组都没有出线，早早地回家了。

德国队因为团结，过五关斩六将，勇往直前，战无不胜。而法国队也不乏优秀的人才，他们队在历史上也曾经拿过出色的成绩，但是，他们内部人心涣散，钩心斗角，在赛场上各自做着各自的事情，虽然都竭尽自己的能力踢球，但是因为他们不能很好地配合，致使整体的战斗力下降，这样的分裂导致法国队过早地被打发回家。由此可见，一个优秀的团队能够使团队和个人都走得更远，走得更容易。只有个人融入到团队中来，大家团结起来，互相帮助，团结协作，才能成就事业，才能摆脱困境。但是，有的人很自信，总认为自己才能超凡，不需要别人的帮助，这样的人就不适合在团队中工作。

有一个刚毕业的女生参加麦肯锡公司的招聘。她的履历和表现都非常的出色，一路过关斩将，轻而易举地就冲到了最后一关。最后一关的题目是以小组形式集体面试，每当主考官提出问题后，这个女生总是抢先他人，滔滔不绝地回答一番，伶牙俐齿且气势咄咄逼人，根本不给小组其他成员一点发言的机会。考试结束后，她自信满满地走出考场，心里想，录取人员非我莫属了，然而，几天后招聘结果出来了，她落选了。这让她感到非常意外，她不知道自己到底犯了什么错误，后来从该公司的人力资源部的人员口中得知，人力资源经理认为尽管这个女生各方面能力都很突出，但是在最后一轮面试中，很明显可以看出她缺乏团队精神，这样的人在公司中工作，对公司的长远发展没有好处。

这名女生之所以没有被录取就在于她缺乏团队精神。团队精神是如此重要，以至于一个才华卓越的应聘者缺乏它而遭到淘汰。即使你能力再强，但对优秀的团队力量来说，也是微不足道，仅仅依靠个人的力量是难以成就大事的。

项羽在推翻秦王朝的战争中起了非常关键的作用，属于实力派人物，其势力远远超出刘邦，而且他“力拔山兮气盖世”。若论单打独斗，别说他能以一当十，就是以一当百也不为过；在与刘邦争夺天下的过程中，一开始，只要他亲临战斗，则每战必克，刘邦则临战必败，但结果却是刘邦势力越来越大，而他的势力却越来越小，最终落得个被围垓下、自刎乌江的结局。

再看刘邦，不仅本领不如张良、萧何、韩信这“兴汉三杰”，而且还“好酒及色”，早在当亭长时，“廷中吏无所不狎侮”，简直就是地痞流氓。但在与项羽的战争中，却最终打败项羽，夺得天下，胜利还乡，高唱《大风歌》。为什么？刘邦在建国后的一次庆功会上，曾向群臣解释说：“夫运筹策帷帐之中，决胜千里之外，吾不如子房（张良）；镇国家，抚百姓，给馈饷，不绝粮道，吾不如萧何；连百万之众，战必胜，攻必取，吾不如韩信。此三者，皆人杰也，吾能用之，此吾所以取天下者也。项羽有一范增而不能用，此所以为吾擒也。”

虽然刘邦把胜利的原因归结为他能识人用人，而项羽则不能识人用人，但从团队的角度看，刘邦的胜利，其实也是团队的胜利。刘邦建立了一个人才各得其所、才能适得其用的团队；而项羽则仅靠匹夫之勇，没有建立起一个人才得其所用的团队，所以失败是情理之中的事。

在现实的企业竞争环境内，个人的力量毕竟是有限的，而团队力量的发挥已成为赢得竞争胜利的必要条件，竞争的优势就在于你能比别人更能发挥团队的整体力量。一个优秀的团队，可以把企业带到永续经营的高尚境界；一个优秀团队，可以更好地达成企业的经营和质量方针；一个优秀的团队，是企业战无不胜、走向成功的关键。

团队赢则成员赢 

小成功靠个人，大成功必须靠团队。没有完美的个人，只有完美的团队。一个人总会有自己的优势和不足，只有融入团队，才能使自己获得更大的发展。总之，团队的成与败、荣与辱都与我们息息相关，也事关我们的荣辱与前程。团队的成功，也就是我们的成功，团队前途黯然，我们的前途也会很渺茫。团队的失败，也就是我们的失败。我们与团队共命运。

NBA球员就是为团队而战。他们明白球队的命运总是和自己的命运息息相关，如果球队能赢得比赛，那么团队成员也会因此获得很多殊荣。例如，当球队赢得赛季总冠军，那么，球队每名成员都能获得一枚冠军戒指，而冠军戒指是每一个球员毕生的追求，也是他们最大的期望。反过来说，如果他们想要得到冠军戒指，就要寄希望于团队，只有依靠团队成员的共同努力，才能获得成功。球员和球队紧紧地捆绑了在一起。正如伟大的篮球运动员迈克尔·乔丹曾经说过的一句名言那样：“一个伟大的球星产生于一个优秀的球队，而一个优秀的球队，也是造就伟大的球星的摇篮。”

当然，从古到今，任何时代都有英雄，人们往往崇拜英雄，认为英雄凭借个人的力量创造了伟大的业绩，其实不然，任何一个时代的英雄所创造的业绩都不是仅仅依靠他个人力量完成的。例如，英雄人物岳飞，人们崇拜他的忠肝义胆，有他在，敌人就不敢入侵。但是每一场战役都不是依靠岳飞一个人的力量就能打赢的，它需要各位将领的出谋划策，需要战士们英勇拼杀。否则，岳飞再英勇，也敌不过成千上万的敌人。所以说，英雄有他的过人之处，但是，并非英雄个人能成就伟大。

绝大多数人都必须在社会机构中开始自己的职业生涯，每个人都要融入企业这个大团队获得生存和发展，所以，需要团队成员在内心能树立这种和团队共命运的意识。把自己融入团队，让团队成为自己生命中不可分割的一部分。当团队成员能够有团队存我存、团队亡我亡的强烈团队意识的时候，那么，这个团队便具有了超强的战斗力，这样的团队才是无敌的。当然我们可以选择团队，我们可以选择更加优秀的团队来提高自己成功的概率。但是，如果成员不能把自己的命运和自己所服务的团队的命运紧密结合，没有强烈的团队意识。那么，成员就永远获得不了成功或者更大的成功。

团队就像是一艘驶往成功彼岸的大轮船，这艘轮船需要有很多人力去操作，很多物力去支持。为了保证这艘船能够正常前行，船长也就是公司的老板需要很多帮手。而这些帮手都只有一个共同的任务和目标：“把自己分内的工作做到最好、最正确，并且尽力帮助同伴，共同协助管理者，努力将这事业做成功。”这些帮手都要意识到自己身上责任的重大，如果自己没有做好，就可能影响到全局，自己的一个小小失误就可能导致整个团队走向失败。如果船上的帮手也就是每个团队成员都能这么想，每个团队成员都能意识到自己肩上的责任，那么，这个团队一定能顺利发展，这艘团队大船必然能顺利驶向成功。反之，如果团队成员工作不负责任，团队也许就可能因为其失职而使所有人遭受一定的损失。因此，任何时候，团队成员都应该和团队的每个人同舟共济，无论遇到什么情况，任何一个团队成员都应该负起责任来，和团队共命运，全心全意做好自己的工作。

既然成为团队中的一员，就要时刻和团队共荣辱。每个团队成员都是团队的代表，所以，团队成员应该注意自己的言行举止、着装礼仪，以免给团队抹黑。例如，当我们代表公司参加一些重要会议的时候，我们就要慎重选择服装，言谈都要有分寸，有礼仪，以便给他人留下良好的印象。否则，自己怪话连篇，着装脏乱，那么，就会有人说："某某公司虽然看起来做得很大，但是，他们的员工素质非常低，这样的公司不会有长远发展的。"我们就是团队的脸面，千万不要因为个人形象问题，使他人对公司判断打折扣。

我们与团队共命运，所以，无论公司发生什么样的变故，我们作为团队成员都应该努力工作，让团队朝好的方向发展，只有团队长久发展，我们才能有更大的发展。即便这个团队已经濒临灭亡，但是，我们团队成员若团结努力，也能创造奇迹，让企业起死回生。例如，海尔集团曾经就是一个债台高筑，濒临倒闭的工厂，结果在张瑞敏领导下的团队的团结协作、努力奋斗中，逐渐起死回生，并在之后获得辉煌业绩。所以说，任何时候，团队成员都要坚定信心，都要有永不后退的决心，这样团队才拥有顽强的生命力，保持长盛不衰的发展状态。当企业起死回生的时候，这样的团队成员必然是企业的功臣，因而也会获得丰厚的回报。即便是回天乏术，团队真的走向了灭亡，作为团队成员永不后退的优秀品质也会成为他们的巨大财富。

当我们成为团队中的一员时，我们要时刻准备为了"我们"舍弃部分"我"的利益。而当我们放弃小我成就"我们"的时候，我们就帮助了团队茁壮成长，也使自己能在团队中长久发展。同时，这种甘于奉献的精神，也会得到团队赞赏，赢得团队其他成员的尊重，这就为我们取得更大的成功铺就了道路，这个回报会比当初的付出大得多。这就实现了我和团队的双赢。

在工作中，公司是一个团队，这个团队给了我们展示才华的平台，给了我们精神的寄托，给了我们生活的保障。所以，我们没有理由不把团队当成自己最重要的一条生命线。没有了团队这个平台，我们就会像断线的风筝，飘浮不定，诚惶诚恐。所以，珍惜我们的团队，不要等到失去了才发现它的可贵。

团队的成功才是真正的成功

在这个个性张扬的时代，公司越来越重视具有团队精神的员工。团队精神就是欣赏每个人的优点并互相提供帮助，为了一个共同的目标而做此协作，无私奉献，对团队负责同时也对自己负责，只有做到成员间取长补短、互相合作，这样才能达到“1+1>2”的办事效率。

例如，唐僧团队就是一个综合能力极强的成功团队，但从外表上看，它不是一个十分理想的组织。唐僧过于善良，常常认为世间只有好人；孙悟空修行不诚，要不是有紧箍咒戴着，早就溜回花果山做山大王了；猪八戒贪吃又贪色。沙僧勤奋有余，能力很差，每次与妖魔对阵，仅三五个回合就会败下阵来，只会宽慰唐僧说：“师傅别怕，大师兄会来救我们的。”就是这样一个有着诸多不足的团队，却取得了西天取经的重大胜利。这是因为他们都有“西天取经普度众生”这样一个神圣使命的共同愿景，所以能坚忍不拔，排除万难，坚持到底。同时，唐僧的厚道、悟空的本领、八戒的活泼、沙僧的任劳任怨，形成了一个综合能力极强的团队。因而，他们的成功是必然的。

唐僧团队获得的成功，有唐僧的功劳，有悟空的功劳，有八戒的功劳，有沙僧的功劳，缺了他们任何一个成员，整个团队都不是完美的。每一个团队的成功都写满了每个成员的努力，当团队成功时，成员自然是成功的。而成员能够在团队中使自己的努力发挥最大的效果，最终使团队获得成功。这样的好结果也会使团队成员感到自豪，感到骄傲，感到极大的满足。正是因为他们的参与，团队才取得了成功。而这种人类永远追求不竭的价值感，是个人成功永远达不到的。一个人的成功只代表他为自己铸就了又一美丽的高峰。一个成功者虽然会得到他人的羡慕或者赞赏，但是，这种成就感总不是那么强烈。当身处团队中时，团队成功，成员也是成功的。成功的成员心中不仅是因为自己获得成功的喜悦，也有帮助他人、帮助团队获得成功的满足，同时还有得到他人、团队帮助而获得成功的幸福感。在团队中成员获得了更多，学到了更多。著名的篮球运动员科比·布莱恩特曾经在回答记者提问的时候说过这样一句话："冠军戒指的数量不是最重要的，最重要的是你和团队一起去赢得戒指。"可见，一个人的成功并不是真正的成功，一个团队的成功才是真正的成功。

尤其在当今社会中，团队奋战夺取胜利才是当今市场竞争的主旋律。可以说，任何人的成功，任何企业的成功，任何国家的成功，都集中了集体的智慧，都是团队合作的结果。姚明的成功，除了个人的努力和天赋条件之外很大程度上依赖于父母和教练多年来的对他的培养和其背后强大的智囊团的成功运作；蒙牛的壮大也不是老板牛根生的个人魅力使然，而是每一个蒙牛人共同努力的结果；我们伟大祖国的崛起也是依靠我们13亿中国人民共同贡献的力量。当然一个人可以成功，但是，在这个时代，一个人的成功能持续多久呢？他能成功1年，能成功2年……但是，他永远不如团队走得长久。也许你会举出很多企业家的名字来反驳。企业家成功的背后是所有员工共同努力的结果，如果只有企业家一个人又怎么能做得了一个企业所做的诸多事情呢？即便他累死累活，也只能是作坊式地发展，稍有闪失，就会走向灭亡。

较之团队发展的生命力，个人成功的生命力实在太短了，所以说一个人的成功不能称为真正的成功。

一个人的成功并不是真正的成功，还在于一个人进步的速度太慢，永远也赶不上团队进步的步伐，也许一个人用1年换得的成功，一个团队只用2个月就能完成。这样看来，在团队面前一个人的成功还是失败的，并且社会在飞速发展，一个人的速度稍一慢下来就必然被社会淘汰。

一个人只有在团队中才能获得真正的成功。团队的生命力延长了一个人成功的生命力；团队的发展速度加快了一个人成功的速度，团队的成功使一个人更快地成为成功者。团队不仅为个人提供了大好的发展平台，还为个人学习和成长提供了丰富的资源，一个团队可以购置价值不菲的先进生产设备；一个团队还能帮助一个人参加各种培训班，帮助个人能力不断增强。而这些都是一个人成功时都无法做到的。所以说，一个人只有在团队中才能得到发展的不竭动力，才能获得更大的成功。

既然团队对个人来说如此重要，身为团队成员的我们，就应该维护团队的利益，为团队的发展贡献自己的力量；就应该和团队成员亲如兄弟，共同团结在一起，和团队共荣辱、共存亡。但是，现实并非如此，有很多人看不明白这个道理，他们不珍惜团队，无视自己的行为可能给团队带来的损害，打着自己的小算盘，相互明争暗斗，拼得你死我活，在斗争中的赢家会沾沾自喜，输家会沮丧流涕。然而，但凡不顾团队发展，夺取私利的人，都是输家。因为团队成员损害了团队的利益，就是在损害自己的利益。团队走向衰败，自己也发展不好。例如，团队败落了，就没有能力再提供员工去进修的机会，员工能力得不到提升，长期下去，就会在竞争中退败。团队的利益和成员的利益紧密地联系在一起。所以，在团队中，作为一名成员，只有将自己融入到整个团队中，凭借集体的力量，才能把自己单独不能完成的棘手问题解决好，从而攻无不克，战无不胜，才能取得成功。

合作才能走向未来

俗话说，“一个和尚挑水喝，两个和尚抬水喝，三个和尚没水喝。”“一只蚂蚁来搬米，搬来搬去搬不起，两只蚂蚁来搬米，身体晃来又晃去，三只蚂蚁来搬米，轻轻抬着进洞里。”上面这两种说法有截然不同的结果。“三个和尚”是一个团队，可是他们没水喝是因为互相推诿、不讲合作；“三只蚂蚁来搬米”之所以能“轻轻抬着进洞里”，正是合作的结果。

在很多情况下，单靠个人能力已很难完全处理各种错综复杂的问题并采取切实高效的行动。所有这些都需要人们组成团队，并要求组织成员之间进一步相互依赖、优势互补、共同合作，建立合作团队来解决错综复杂的问题，并进行必要的行动协调，开发团队应变能力和持续的创新能力，依靠团队合作的力量创造奇迹。

很久以前，在一座山上有一座寺庙，一天住持方丈派两个小和尚分别去管理山下两座已经废弃了的寺庙。第一个小和尚生性敦厚，待人热情，总是笑脸相迎，所以来的人非常多，但是没有认真管理账务，结果入不敷出，虽然寺庙里香火不断，但是寺庙看上却破破烂烂，好长时间不去整理一次，因而，来这座寺庙里烧香的人也逐渐变少了。而第二个小和尚虽然管账是一把好手，也很注重寺庙的整洁，但他整天阴着个脸，太过严肃，搞得来他这里烧香的人越来越少。一天，住持方丈来到山下检查，发现了他们这个情况，他想了想，于是就把他们俩先放在同一个庙里，由那个爱笑的小和尚负责公关，笑迎八方客而让那个严肃的小和尚负责财务，严格把关。最后，在两人的分工合作中，庙里一派欣欣向荣景象，香火十分旺盛。

笑脸相迎的和尚不懂得理财，入不敷出，所以，他不能使香火兴旺；严肃的和尚过于严谨，不懂得接待人，所以，他也不能使香火兴旺。而两个人优势互补，则是一个完美的组合，两个人合作才使香火兴旺起来。这告诉我们每个人身上都有自己的短板，合作可以规避自己的不足，单打独斗终究成不了大事，用团队合作的方式才能把握住成功的希望。

当然，人和人之间因为从小生活环境不同，受到的教育不同，价值观念也有差异。所以，每个人的思考方式，思想观念都或多或少有区别。在团队成员合作过程中就可能产生意见分歧。如果因此产生矛盾斗争，每个人都陷入斗争环境，就没有心思去工作，精力无法集中到工作中，那么，不仅工作上容易出错，工作的效率也会大大降低，这样大大浪费了团队的资源，可能错过发展的大好时机。这样下去，必然被其他企业挤下去。当企业走向终点的时候，斗争中的员工也就失去了工作，重新面临就业，斗争中的人在斗争中根本得不到一点好处。

例如，曾经有一个人任部门销售经理，这个公司有两个销售部，另一个部门的负责人姓张。同样是销售部门，但是这两个部门却不能相互配合，相互协作，而是互相拆台。这个人常常向那个张姓部门的员工说那个部门没有前途，还是来我们部门好了的话。同样，那个张姓部门也是猛挖对方部门的人。两个部门的人你争我斗，相互抢客户，最后因为斗争得太厉害，使他失去了一个30万元利润的大订单。工作不顺心，这个人辞去了这份工作。有些员工跟随这个人一起辞职了，张姓部门也失去了多名主力员工，也逐渐垮了下来。

可见斗争只能是两败俱伤，损人不利己，合作才是硬道理，合作才能共赢。

张涛是一家公司8个部门业务经理中一员。当其他几个经理有事外出的时候，他就主动帮助他们培训员工，帮他们解决工作中的问题。这样，当他出差的时候，其他经理就会主动帮助张涛部门的人员工作。因为经理之间相互合作，其乐融融，结果公司越做越大，他们也从中获得了很丰厚的年终奖金。这就是团队的力量，这就是团队精神的体现。谁都会有需要别人帮助的时候，想要得到别人的帮助，首先不要吝啬帮助别人，互相帮助，互相配合，才能走向共赢。

团结合作能化绝望境遇为希望，能转变败局。

美国加利福尼亚大学的一个学者，曾经做过这样一个实验。他把6只猴子平均分放在3间空房子里，每间2只，房子里分别放着一定数量的食物，但所放的位置和高度不同。第一间房子的食物就放在地上，第二间房子的食物分别从低到高悬挂在不同高度的位置上，第三间房子的食物悬挂在房顶。

几天后，他发现第一间房子的猴子一死一伤，受伤的猴子缺了耳朵断了腿，生命奄奄一息。第三间房子的猴子都死了。只有第二间房子的猴子活得好好的。

原来，被关进第一间房子里的两只猴子发现地上有食物，为了争夺食物而相互争夺，结果一死一伤。第三间房子的猴子虽然做了很多努力，但因为食物挂得太高，难度非常大，总是够不着，结果被活活饿死。而第二间房子的两只猴子先是各自蹦跳取食。后来，随着悬挂食物的高度增加，难度增大，两只猴子就协作起来取得食物。于是，一只猴子托起另一只猴子跳起取食。这样，每天就都能获得食物，他们也生存了下来。

正所谓“同心石成玉，协力土变金”，团队合作能激发团体不可思议的潜力，合作能使个人的力量变得更强。

“一个人是龙，三个人是虫”之怪现状

有人说：“一个中国人是一条龙，三个中国人就成了虫。”在我们身边的确有这样活生生的例子。

一位在美国IT业工作过多年的知名人士，曾描述过他所经历的一个比较奇怪的现象：如果老板要想解雇一个亚洲人，在一个中国人和一个日本人之间做选择，那么，被解雇的一定是那个中国人。为什么呢？因为中国IT业的精英们个个都自信有余而和气不足。

同样是亚洲人，在美国人眼里，日本人做软件的一个最大的特点就是整体把握得非常到位，他们的作品特别的清晰，满足了客户提出的所有要求，实现了全部功能，而且软件运行也非常稳定。但是，如果只看具体的代码，其实日本人的水平并不怎么高。但是，我们中国的软件工程师总是喜欢独自琢磨数据、结构、算法，各干各的。中国软件工程师对某些特定的开发工具可能非常精通，但却不能保证整个软件被稳当、完整地开发出来。中国软件工程师做事情不注重对问题本身进行分析，而往往侧重显示个人的技术。

这位IT行业知名人士又举例说：在招聘的时候，中国应聘者和日本应聘者做同一张试卷。当招聘方审阅试卷的时候，会发现日本人做的编程答案好像是有统一的答案，程序结构、注释、变量命名……就连表达方式都非常相似。而中国应聘者，每个人都有自己的一套解题方法。而等到他们真正到了新的工作岗位上时，就会先把前任的程序数落一通，然后自己再开发有更多问题的代码来代替。他们总认为别人做得太差，自己应该再重新做一套，并

且自认为自己的非常有创新性。

社会发展到今天，早已经不是靠比拼逞英雄的时候了，在美国，程序员已经被认为是办公室的蓝领了。在美国或一些其他国家，有许多公司的经理根本就不懂技术。他们虽然不懂得软件技术，但是，他们却知道怎样去领导程序员去做好这份工作，并且没有内部不团结的情况。

而中国企业中，这种现象很少存在，领导者往往是业界精英，即便不是精英，最起码也是要懂得每项工作的内容，是个通才。否则，领导者就很难让属下信服，如果属下不信服领导，那么下属就会跟他搞鬼，或者偷工减料或者口是心非，能推的责任尽量推，能揽到的好处从来不推辞，或者在企业内部搞鬼，使企业不团结。甚至有许多技术高手常常会纠结于同管理层作对，忘了自己工作的目标是要实现自己的梦想或者给自己创造财富。

团队成员在内部不是合作共同进步，而是相互拆台，唯恐哪个比自己升得高，比自己表现得出色。还有些人不愿意跟别人合作，总是防着别人从这里学到什么有用的东西。例如，中国成立的合伙公司常常是刚有点气色，内部就开始争权夺利，闹分家。给老板打工，刚熟悉点业务就要自立门户。这些都是典型的“三人成虫”现象。

但是，独木难成林，靠一个人是无法撑起一个团队的，必须有团队精神，大家一起努力才行。否则相互拆台，只能是给自己设置一道道通往成功的障碍，而且，独撑一片天是不能长久的。

在生物界，聪明的海豚就是靠团队的力量来捕食的！当一只海豚发现鱼群的时候，它会发出一种声音，把附近的海豚全部叫过来，围成很大的一个圈，紧紧包围住鱼群。所有的海豚全部发出一种声音，鱼群听到后便会惊慌失措、横冲直撞，但这时所有的海豚并不急着吃鱼，而是再次发出这种声音，让鱼群更加惊慌。这时，鱼群会聚集成很紧密的一团，然后有一只海豚冲入鱼群，张开嘴满满吃了一口后又迅速退回包围圈外，紧接着另一只海豚采取同样的动作上前进食，直到将鱼群全部吃完。

海豚在海洋里也很强大，但是，如果海豚不协作，而是一只海豚追逐一条鱼，可能既辛苦又吃不饱。聪明的海豚依靠相互配合、团队作战，结果不费多少力气，每一只海豚都能饱餐一顿，这样每只海豚都成为了胜利者。

逞个人英雄使自己迈向成功的道路更加艰难，为了自己利益而舍弃团队的利益，这样的行为是绝对不可取的。因为这样，我们就无法立足团队，就会失去团队给我们的依靠，而随之，我们的力量也会逐渐干涸。总之，团队给了我们很好的发展平台，我们在团队中才能更好地发展。

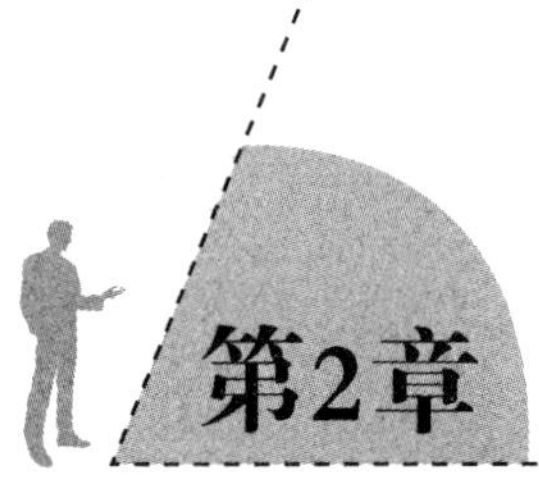

第2章 建设高效团队的方法

团队需要八种角色

没有一个思维正常的人会把11个足球运动员放到一个板球队里，或者试图用11个拳击手组建一个足球队，道理显而易见。但一些企业仍固执地认为一个由优秀的人组成的团队一定能战无不胜。事实并非如此。一个团队必须拥有完成任务所需要的所有不同技能和技巧，或许还需有一系列不同的性格或者具有不同特殊喜好的人。

英国学者贝宾列出了一个流传很广的清单，其中列举了一个优秀团队所必须具有的八种人才：

总裁：与其说他们是专家型或者是具有创造性的人，不如说是纪律严明、轻重分明和能力均衡的人。其职责是挑选人才，凝聚和协调员工之间的关系。

造型师：特征是项目领导，性格外向，能有力地推动任务的进展。他的力量来源于个人动机和对任务的激情。

生产者：是原创思想和建议的源头，团队中最富于创造性和最聪明的成员，但可能不注重细节问题。他们需要激励和引导，其才能才会发挥到极致。

监测评估者：进行检查工作并指出论证中缺陷之处的人。他们擅长分析甚于创造。

资源调查者：让团队与周围世界保持联系的联络人。他们性格趋于外向，有魅力。

公司工作人员：把思想具体转化为行动时间表的实践组织者和管理者。

团队工作人员：受人喜欢和欢迎，他通过鼓励、理解和支持来让每个人保持前进。

猎手：如果没有他的话，团队可能永远都不会按时完成任务。他对任务的严格跟踪是很重要的，但不总受人欢迎。

换句话说，选择技术型人才是重要的，但要保证他们中间有人能担任其他重要的职责。团队是由个体聚集在一起组成的一个集合，在执行任务或者解决问题时需要用到他们的才能。团队赢了，则团队中的每个人都赢。如果团队输了，则每个人都输。

每个成员必须首先对团队整体保持忠诚。把这些个体都看成是各方面的代表的话，他们的忠诚就会分散，他们的承诺就会混淆，他们的职责就会不确定。团队会议会倾向于非正式的聚会，而不是严密安排的会议。他们有领导，但没有老板，成员间直呼其名，而不是称呼其职务。

团队就像人一样，也有初生、成长和成熟三个阶段。你可以看着他们形成，创造出自己的形象标志，找到每个成员的定位和他们所能担当的职责。对很多团队来说，青春期之后，是动荡的时期，团队成员开始对最初的组织形式提出挑战。动荡之后是规范期，这个时期团队开始在新的团队结构中稳定下来，总裁、造型师和其他人员开始发挥作用。最后，团队走向真正的成熟，并开始能真正担当重任。

这些成长阶段——形成、动荡、规范，是任何一个团队生命不可缺少的。忽略它们常常导致团队过早地夭折，团队成长的整个过程不得不重新从头开始。

没有一个像在临时家庭一样一起成长的机会，团队就不会形成一个互相信任的氛围。在这种氛围中，大家各司其职，而且任何人都会尽忠职守。

所以，工作的绝佳环境就是处于一个好的团队中——它让人兴奋、富于刺激、充满支持和成功。

从主管向教练转变

“我们马上就可以完成这部分工作，”李说，“我认为我们的工作分配得很好。”

“等一等，你们已经把工作分配好了？”经理说。

“是啊，你不是要求这么做的吗？”李皱起了眉头。

“我是让你们试着做做而已，当然不会让团队在我一无所知的情况下自作主张，作出这样的决定。你们为什么不把任务安排表交过来，让我看看是不是有需要改动的地方？”经理说。

公司组建团队，其目的是充分发挥员工自我管理、自主决策的能力。要是你始终以传统主管的方式来进行管理的话，这个目的就无法实现。从短期看，你与团队之间将会发生冲突。从长远看，如果你不能改变自己的管理方式，整个团队的主动性就会丧失，你们最终还是回到了起点。公司是不愿意看到这种情况的。

你的角色必须要有一个从主管到教练的根本转变。教练做什么呢？他要确保团队培养起必要的技能，获得向上的动力，得到必需的设备，并且能够有效地准备比赛。在实际的比赛中，教练并不上场。而作为教练，他要做到：

（1）他要确保为作出有效的决定，团队采取了所有必要的步骤。在团队变得更加成熟之后，他就会越来越少地插手这类事情。

（2）他运用提问，而不是陈述，来帮助团队成员分析思考问题。在上面的案例中，假使李说，不，我对自己的任务感到不满。经理就会问，团队是怎样作出决策的，又在多大程度上容许成员表达并维护自己的偏好的。之后，经理会根据回答提出另一些问题，帮助李和他的团队对形势进行更有效的思考，明白下次再有这种情况发生的时候该如何处理。

（3） 他决不会对团队或是其中的任何成员指手画脚，除非确知自己拥有团队尚不具备的知识、信息或专长。这时，他会设法帮助团队或其成员培养自己的能力，以后这位经理就不必再亲自作类似的决策了。

（4）看着团队日益成长，更多地实现自我管理，李会非常高兴。

团队应该在多大程度上实现自我管理呢？这取决于对下面三个问题的答案。它想有多大程度的自治？你想让它有多大程度的自治？公司想让它有多大程度的自治？这些问题并没有简单而直接的答案。一群被称为团队的人，并不一定就组成了一个团队。他们可以仍旧需要别人来告诉自己该做些什么。你可能仍旧想告诉他们该做些什么。例如，星期一早上公司开始把这些人称为自治的团队了，但其实事情并没有发生什么变化。

应该这样入手：下定决心，让团队在最大限度上实现自治。不要管这些人有没有“自治”的名义。重要的在于行动！帮助成员学习共事、互助的技巧，帮助他们接受不同的见解，并学会找到解决分歧的办法；帮助他们学会完成工作所需的技能，对自己的工作流程进行管理，或许还可以帮助他们掌握互相进行业绩评估的手段。

团队的成员们可能会喜欢这样的工作方式，你也可能会喜欢这样的工作方式。如果你采用了正确的方式，就能提高团队的工作效率，这意味着公司也可能会非常欣赏这样的工作方式。

团队成功和个人成功是有区别的

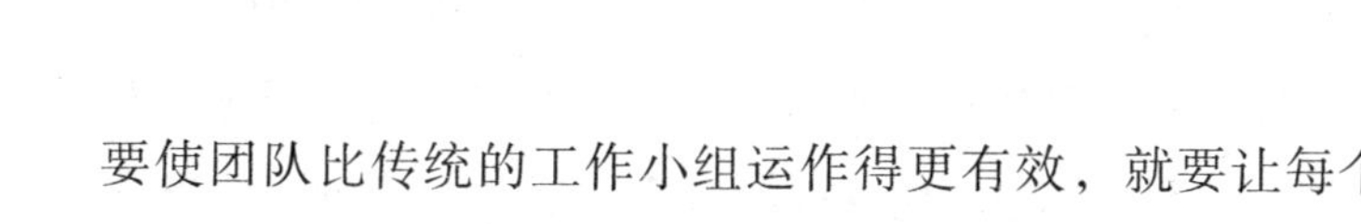

要使团队比传统的工作小组运作得更有效，就要让每个成员全身心地投入团队及工作当中。团队成员必须对任务抱有信念，并且能一起努力去完成。他们还必须专注于整个团队及其成功，而不仅仅是某段时间里自己负责的一小部分工作。如果成员们对任务及团队整体并不专注，他们就不可能组成一个真正的团队。这仍旧只是一个工作上多少有些联系的个人的集合而已。

那如何解决这类问题呢？

1. 确保团队中的每个人都知道整体的任务是什么

在传统的工作群体里，每个员工只被要求做好某一范围内的工作。他们可能根本不知道自己的工作在完成整体的任务中有什么作用。团队不能这样运作。每个团队成员都应知道整体的任务。假使你的团队负责为公司编写简报。这些简报，有的是定期发行的，有的则是为满足特定的管理需求而不定期发行的。你的手下有编辑、作者和制图，还有专职发行人员。你可以这样描述基本的任务："在预算范围内，遵守承诺，把高质量的简报送到客户手中。"即便是在传统的工作群体中，关注整体的任务也会带来巨大的利益。而对于一个团队，这是最基本的原则。

2. 确保每个人都致力于完成整体的任务，而不仅仅是自己手头的工作

一旦大家都明确了整体的任务，就应该全神贯注地投入进去。在实际工作中，这意味着有时员工们为整个团队的利益，要对自己的工作作出牺牲。比如，当团队不能及时完成生产时，一个正在写生产报告的员工就得暂时放下手头的工作。强调完成整体的任务，能够加强团队的合作精神，增强其协作力。

3. 鼓励所有的员工一起工作，并把自己视为团队的一员

员工们常常会觉得做出这样的转变有一定困难。在传统的组织中工作过的人习惯于将个人的工作视做奖惩的依据，把互相帮助看得比完成个人的工作更为重要。让员工出人意料地完成这样的转变，需要一段时间。当员工们表现出团队的合作精神时，一定要对他们付出的努力加以表扬，并让群体中的其他成员把他们当做学习的榜样。

可以说如果你想拥有一个高效的团队，就绝不能让团队的成员只关注自己个人的工作。应该帮助他们坚持把主要精力放在团队的整体任务上。

要使团队能全身心地投入到自己的任务中去，这些任务要具备下面三个特点。

（1）任务必须明确。所有的成员都必须理解团队的任务，并且，他们的理解基本上是一致的。例如，"使顾客满意"相对来说比较明确，而"生产高质量的产品"就并不那么清楚了。

（2）任务必须值得去做。要使团队成员能够全身心地投入到一项工作中去，就必须"有高质量的简报"相对来说值得去做；而"在上级规定的期限内完成工作"则有些勉强了。

（3）任务必须有挑战性。要让团队有成就感。任务要有一定的难度，从而激发他们的斗志。一个高效的团队，必定是一个敬业的团队，完成任务，为企业创造价值，是他们的天职。

不要孤立地对待每一个团队成员 

许多员工习惯于以自己个人的努力程度作为上级管理和评估的依据。即便他们被告知自己是团队的一员，也还是放不下对自己工作表现的关心。这时，经理的主要工作就是帮助这些员工把注意力从个人的工作表现转移到团队的工作表现上来。如果经理不做这个工作，依旧让员工们把注意力放在自己的个人表现上，就难以在他们中间建立起一个高效的团队。

优先考虑团队的业绩，而不是个人的成绩。当然，个人的成绩也不能忽视。但是团队的表现更为重要，因为如果团队没能取得成功，个人表现再好也于事无补。因此，要关注团队的整体表现，关注每个成员为团队的整体表现作出哪些贡献。这就需要在团队整体中体现这个原则。

1. 让团队来纠正个人的工作表现

在过去，经理总是把纠正员工的工作表现作为自己的任务之一。团队如果能够真正建立起来的话，这种情况就会改变。高效的团队在纠正、提高成员工作表现方面的作用，要比大多数经理强得多。因为一位差劲的员工可能会时刻受到团队中其他的压力，而不像以前被经理骂一顿就完事。

2. 不要奖励无助于团队成功的个人表现

团队里会有杰出人物，但他们不同于传统工作群体中常见的杰出人物。

团队中的杰出人物是那些帮助团队实现整体目标的个人。只要有足够的时间，几乎每个团队成员都能成为杰出人物——他们在特定的时间点上都为团队的工作作出了特别重要的贡献。所以，如果有人作出了什么贡献的话，不要把他单列出来。如果团队相信某人作出非常突出的贡献，成员们就会承认这个现实，由他们去处理这些事情吧。

3. 如果你采用个人表现评估的方法，就应该把团队的表现作为评估个人表现的主要因素

个人表现评估其实并不能与高效的团队表现相提并论，但大部分团队都要对个人进行评估，至少在开始的时候是这样。但是要保证，至少把个人作为团队成员的表现——合作的意愿，以及将团队的目标置于自己的目标之上的精神——作为最重要的因素来考虑。

员工作为一个个人的高效工作表现，与作为一个高效团队的一个员工的工作表现，两者之间有时候会产生矛盾。团队刚开始培养凝聚力时，经常会遇到这样的问题。

然而，当团队开始从一个工作小组向一个真正的团队转变时，太多的“集体思想”并没有产生真正阻碍，相反团队要懂得怎样才能做到名副其实，怎样才能让每个成员扮演的角色都有意义，同时又使每个人都全身心地为实现团队的目标而努力。

在这一过程中，你应该扮演一个关键角色。高效的团队需要成员之间的密切联系与合作精神，你对此的理解越深刻，就越能把这一理解更好地传达给团队的成员。尤其是在团队形成的初期，十分重要。

应该有团队规则

“我觉得这条规范不难做到，”希尔说，“我们会准时开会，会议开始时，每个人都会到场。这样，我们就不用浪费时间，为迟到的人再复述一遍会议的内容。”

“这听起来不错。”麦克蒂格补充道。

莱尔摇了摇头：“等一等，我一周得拜访三到四个客户，而且不知道每次得花多长时间。准时开会是个好主意，不过是否考虑为我留点余地。”

“这样做行吗？”麦克蒂格问道，“如果早上第一件事就是大家碰个头，你等到碰头之后再安排对顾客的访问，怎么样？”

“这是个不错的主意，不过这意味着我们得就会议的长度达成一致……”

为什么要为行政规范操这么多心呢？因为，如果有团队成员预期自己会遇到其他人不会遇到的事情，即便这都是些琐碎的小事，他们也会成为众矢之的的。

团队要想高效运作，就必须树立人际规范。而且，每个成员都必须遵守这些规范，并且愿意加以运用。人际规范是怎样起作用的呢？假设团队达成了一致，认为其成员不可以给别人的观点戴帽子，而只应该讨论观点的内容本身。下面的对话反映了可能发生的情形。

“你知道，我们只要同意星期三和星期五下午不接电话就行了。这样顾客们会知道我们在做什么，而至少在这两天，我们可以不必为接电话而中断会议。”

“这真是个草率的念头，麦克蒂格！我从来没有听到过对顾客这样不敬的想法……”

“打住，”瓦埃插了进来，“听起来凯尔像是在给麦克蒂格的观点戴帽子呢。麦克蒂格，你觉得是这样吗？”

“当然了。我真的觉得给贬低了。”

“好吧，算给你抓到了！”凯尔做了个鬼脸，“我确实在给她的观点戴帽子。那就一种说法吧。麦克蒂格，你真的认为，这样做在顾客当中造成的影响，会是我们想要的吗？”

“谢谢，这好多了。”麦克蒂格说，“现在，我来告诉你怎么会产生这样的想法的……”

除非保证每个人都能贯彻遵循，否则团队就不应该徒劳地树立什么规范。正如上面的例子说明的那样，在认为别人违背了规范时，每个人都应该能够作出提醒，而不受什么拘束，并且有权让对方当场进行处理。

团队刚开始运用规范时，成员们在提醒别人犯规时会显得迟疑不决。你可能得进行一些干预，直到每个人都能自如地坚持规范。不过，要尽可能快地从其中脱身出来，让团队成员承担起贯彻规范的职责。这也是团队成员的义务之一。

当然，如果你手下的一个团队是由许多有团队工作经验的员工组成的，他们会不自觉地给团队带来有效的规范。但这迟早都会表现出其局限性，除非能对这些规范加以明确，并让每个人都来遵守。

让团队来做“好人” 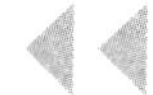

总是让团队来做“好人”，这应当成为你的一条原则。

一个团队，要么有权作出决策，要么就没有。如果它没有决策权，那就由你来作出决策，别人照章办事。如果它有决策权，而你随后又否决了它的决策，情况就会变得很糟糕。团队对此会十分失望，以后遇到什么棘手的问题，就会消极等待。客户会认为，让团队重新决策的方法就是直接来找你。这样的事情只要发生过这么两三次，你就又会退回到原地，大部分的问题只好由自己来作出决策，而团队也名存实亡了。

举个例子，你和团队一起工作，而且信任他们的决策，支持他们的工作。团队为财务部准备了一份策划书，而财务部对此又不满意，部门经理伯特·弗伦奇打了个电话给你，轻松聊了几句之后，下面的事情就发生了：

“我打电话过来是为了昨天你的手下给我们的那份策划书。它达不到我们的要求，我希望你能做点什么。”

“我对你的想法表示理解，伯特，我们也希望能积极地对你们作出回应。你是想在我们这个层面上处理这个问题呢，还是让你我的手下一起来想办法解决？”

“要不是想拉上你，我就不会打电话过来了。”伯特听上去有点恼火了。

“没问题。后天你如果有空的话，我希望你能抽出时间来和我，还有海迪·斯科尔思见一面。海迪是你们这方面项目的负责人。等我们碰一次头，让她把工作向你说明之后，我们就可以对你希望改动的地方进行讨论了。”

“嘿，我以为我们俩就能处理这事了呢。”伯特有点儿纳闷了。

“过去可能是这样，可现在不同了。我和手下在一起工作时效率真的很高，在同他们进行讨论之前，我从来不会想到去否决他们的意见。等到你同海迪讨论之后，就会明白我的意思了……”

依照客户的要求你该如何同项目经理海迪讨论这个问题呢？

请看下面的对话：“海迪，几天前你跟我讲过，财务部对我们会不太满意，看来你没说错。伯特·弗伦奇昨天下午打电话给我，要我去和他谈谈。”

海迪试探着问：“你会去吗？”

“是的。嗯，实际上，我们俩都要去和他谈。我想今天找个时间听听你的看法。对于你觉得会让他不满的那些东西，以及团队作出这样的决定的理由，你得给我一个解释。这样，明天我们同他讨论的时候，我就能向你提供恰如其分的支持了。”

“这很好——不过，这是不是说，你不会作出任何改动？”

“我不会的——但是团队应做些调整。我们都要仔细听取，认真对待伯特的反对意见。我希望你能听取别人的意见，在知道我不会否决你们的情况下应该如此。如果有你我需要重新思考的问题，我们应该记录下来，并告诉他什么时候可以得到答复。这样团队就能对这些问题进行考虑了。我可能仍旧会否决一个具体的事项，但在听取你和团队的意见之前我是不会这么做的——这样财务部也不会知道是我作出决策。”

你绝不应该给客户留下哪怕是丝毫这样的印象，即他们可以绕过团队直接来找你。

出头做“好人”是很有诱惑力的。在上级或客户对团队作出的决定不尽满意时，自己插手并“纠正”问题的感觉确实会很不错。就是这么回事：自我感觉良好，上级和客户的感觉可能也不错。但团队肯定会感到很沮丧——这可不见得是个好现象。

总是让团队来做“好人”——这是一条原则，千万不要直接否决他们的决定。一直让团队同客户打道，而且，如果有可能的话，也要让团队与上级打交道。如果不得不插手，那就公开支持自己的团队。如果要作出什么改动，那就同团队私下里解决，并把功劳让给团队。如果客户觉得他们从来都不会在你这儿捞到比在团队那儿更多的好处，他们就再也不会在与团队对话之前就来找你了。到时候，甚至连你的上级也可能会学会直接同团队打交道。这使得你的工作更加轻松，而团队则更有效率——真正的一举两得。

积极暴露冲突是为了解决冲突

团队成员必须能够在一起高效工作。但高效工作就意味着要承认团队里存在冲突，并且能够正视这些冲突，设法解决它们。但是，除非团队成员能自由地表达自己的观点，并对其进行辩护——即使这会造成白热化的争论，上面这些才不会是纸上谈兵。试图阻止冲突的产生绝对是错误的策略。如果团队产生这样的想法，认为应该低调处理冲突，甚至对其视而不见，它就会掉进“群体思维”的窠臼，其工作效率将比传统的工作小组还要低许多。

大多数传统的工作小组中的大多数员工都形成这样的思维，即不要互相发生冲突。那些挑起争端的人往往被认为“惹是生非”。但是，当这些员工成为一个紧凑的团队的一部分，尤其是当你希望这个团队能实现自我管理时，情形就完全相反。应该让员工们认识到，冲突是团队工作的一部分，而他们的目标是找出冲突的根源并加以解决。

冲突本身并不是什么坏事。冲突只有在转化为个人恩怨时才有害，但它完全有可能超脱于个人恩怨之外。富有成效的冲突是观念上的冲突，而与谁提出这些观念无关。经理应该让团队成员清楚，冲突本身绝不是什么问题。不过，团队确实需要学会并运用最有效地表现和解决冲突的方法。

团队应该接受关于解决冲突的基本培训。如何认识并解决冲突是有明确的原则的，其中的一条就是“将人品问题放在分歧之外”。不过，团队没有必要自己来摸索这些原则，因为几乎在每个城市都能找到解决冲突的能力训练课程。团队应该经常有得到这种培训的机会，而不用自己来应付这方面的工作。只要有可能，团队就要以团队的形式参加培训，即让所有成员同时参加。这使团队成员有机会一起在培训中实践以后工作中需要做的事情。

团队如果能够实现自我管理、紧密合作，其回报将会是丰厚的，但是要学会自我管理、紧密合作却并不容易。你若明确支持团队及其学习进程，就会使学习的难度降低，不仅对团队是如此，对你自己也一样。

作为经理，你必须防止团队走向两个极端：一个极端是竭力回避冲突，大家“一团和气”；另一个极端是冲突不断，弄得团队员工无心工作。团队越接近其中的一个极端，其工作效率就越低。

如何防止团队走向这两个极端呢？首先，你自己得学会容忍冲突。这听起来似乎很容易，但你在这方面却不一定受到多少训练，或拥有多少经验。

如果你曾经在传统的公司里工作过，你学到的处理冲突的方法就是防止它的发生。如果你和上级之间产生严重的分歧，那会有什么事情发生呢？他或她是否会让你公开地表达自己的不同意见，而后考虑其中的合理因素呢？或许你有一两个最好的经理是这么做的，但这样的人肯定只占少数。相反，一般来说，如果有不同意见，你要么默不作声，要么绕着圈子表达。很有可能，你的员工也在对你做着同样的事情。

遇到冲突的时候，你要学会一套新的处理方法。你是想把冲突压制下去，还是对其抱欢迎的态度，以使团队得到最佳的表现？答案很重要——可以说是极其重要。

改变团队的行为方式

为什么聪明的员工一旦加入团队后，其行为却经常不能体现企业的最高利益？为什么以团队为基础的决策过程有时会变成效率低下、导致错误决策的“集体思想”？如果这种不幸发生在你的团队中，作为团队领导，你要怎样才能扭转这种不利局面？

犹如家庭和其他自古就有的各种群体一样，团队成员之间就是要不断进行互动和交流，这对他们创造业绩的能力的发挥有着极大的影响。其中有些互动交流会提高团队的效率，有些则成为团队发展的阻碍。顽固的低效率行为大多是因为人们的基本思维方式在作祟。

有三种类型的因素会对团队的业绩产生影响，这些因素连同它们互动的方式共同形成团队的架构。

面对面的架构是那些在办公室中运作，可以用心的感官直接感受到并且显而易见的因素。其中包括该团队必须完成的任务、团队的组织方式及完成工作所必需的互动交流。

社会架构是影响团队的更为广泛的企业组织、商业和环境因素。它包括激励系统、权力结构、文化因素、顾客需求及竞争压力。

个体架构是指每个人带到办公室的观念、情感及更为深层的信仰。

团队结构的这些因素密切联系，而且，如果团队结构的每种因素一旦完全被看做团队系统的一部分时，它就成为可以迅速提高团队效率的杠杆。

当我们剖析复杂的互动交流时，通过细致观察就会发现，团队成员表现出如下四种行为方式：发起者发起一连串行动；追随者支持发起者；反对者反对发起者；旁观者在一旁观察并发表推动发展的评论。

通过对团队中这四种行为方式的研究，有助于认清和转变团队行为。

在一个高效团队中，每种行为方式的作用都很重要。高效团队使这四种行为方式皆各得其所，即能够使这四种行为方式成功地发挥各自的作用：发起者提供方向；追随者实施完成；反对者进行纠正；旁观者提出全面看法。

缺乏效率的团队不具备使这四种行为均衡发挥作用的能力。在低效团队中，不能发挥作用的行为方式可能不止一种，也就是说，该团队系统阻碍这些行为公开发挥作用。

上述四种行为不断重复出现的模式，我们称之为基本行为模式。下面是三种较常见的基本行为模式。

1. 对抗型

在这种类型的团队中，有人发起提议，接着有人加以反对。团队协作变成双方对抗，各持己见，互不相让，跟随者和旁观者不存在，或者难以提供新的建议或者不能消除分歧。团队因而达不成解决方案，出现问题。

如果你领导的是对抗型团队，你可以扮演旁观者的角色，对双方的观点不予置评，只是向大家提醒团队所处的状态及其影响。你可以进一步帮助团队将这种对抗变成一个学习的机会："让我们看看从对立的意见中可以学到些什么，然后再看一看有没有达成妥协的可能。"或者你可以鼓动沉默的旁观者："我相信大家都参与能使我们的讨论取得进展。我很想听听更多人的意见，你们觉得呢？"

建立具体的基本规则可以缓和对抗行为，不过，如果提不出改进或更好的建议，最好不要反对别人的意见。

2. 礼貌服从

在这种模式中，某人提出建议，其他人出于责任才去服从。讨论所表现出来的特点是平和、理智，没有丝毫的火药味。团队成员可能会礼貌地支持讨论的结果，是不是真正认同就难说了。他们不但对决策的质量，而且对大家能否积极支持决策和完全实施的能力心存疑虑。

如果你是礼貌服从式团队的正式领导者，就应本着弄清问题的态度来开始对话，而不是一开始就下结论，或限定一个狭窄的讨论框架。要反映出团队目前的状况及其对团队绩效的潜在影响，并询问团队对此的看法："不要囿于给定的观念，我们应该更广泛地讨论问题。你们看呢？"

3. 隐形反对

它与礼貌服从模式表现上相似，实际上却隐藏着真正的反对。在这一模式中，有人提议后，表面上大家都同意。然而，在公开的服从之下，大家实际上对提议持怀疑态度。因此，团队成员之间并没有真正的共识，如果有好的结果也只是运气好。

当你注意到隐形反对现象时，从旁观察并帮助团队认清这种隐形反对的结构及其对团队绩效的影响。“会上每个人都赞同采取下列步骤，但会后却毫无进展。你们对此是否也有同感？你们说这是怎么回事？”

制定鼓励反对者畅所欲言的基本规则。当团队遇到阻碍时，提醒团队成员遵守基本原则：“请不要忘了我们的约定，对每个重大决定，我们都要探索出不止一种的完全不同的解决方法。谁能再提出一个？”

对以上的基本行为模式及所建议的相应管理方法，我们只是简单的介绍而已，没有提供详细的指导。一个具体的团队情景可能类似于上述某个基本模式，却永远不会相同。一旦你掌握了上述四种行为的特点，并懂得团队行为如何反映团队结构的其他方面，你就能找出你的团队所特有的模式。此外，你可以学会观察人们的基本思维方式和企业组织中的各种因素是如何强化这些行为的。

要允许、鼓励提出不同意见，帮助团队将提出反对意见作为一种学习的机会，使反对意见成为团队创造力的一个来源。最后，如果你真要发动一场持续的变革，那么至少要在团队结构的三个层面上做出相应的调整。比如，减少无效的对抗行为，集思广益创造双赢的解决方案，对团队成员工作计划中的目标进行调整，激励团队成员朝着一致的方向努力，并对他们进行相应的奖励。

用授权团队来取代传统团队 

发挥团队的效用需要能够同时处理组织和经营管理上的模糊问题。

珊瑚营医院通过组建授权团队大大提高了医院的效率。奈思鞋业是英国最老的制鞋企业之一，组建授权团队后，它的退货率从每百万双退5 000双降到250双。这些例子充分证明了组建授权团队所能给公司带来的巨大成效。

有两种授权团队：长期团队，即围绕某种产品或服务建立的组织；临时跨职能团队，即负责解决难题，协调及制定有关较大的组织问题的决策。

自然团队是长期团队中最常见的一种类型，由为同一产品或服务工作的员工组成。比如，8位员工组装同一种产品，而且由同一位主管领导，就形成一个自然团队。授权的自然团队大体上自主负责。他们自己决定产品的质量和产量，理想的团队应能自主负责整个运作或决定整个生产过程的一个环节。比如，汽车生产线仪表板的安装。

临时跨职能团队，是为某些专门项目而建立的。如产品改型，或改进某个重大组织过程。许多跨职能团队高度自治，离开了正式的团队领导也能正常运转，他们自己定计划，对自己的工作负责任。

世界级的大企业大都把自然团队或重组团队与跨职能团队结合起来。把这些不同类型的团队结合起来，既能最大限度地产生授权感，又能增进绩效。

珊瑚营医院是个非营利公益单位，拥有1 300名员工。1992年成立以授权团队为基础的经营单位，目标是：重新设计医院工作，做到用80%的资源满足病人的需求，80%的病人在本病区解决（原先是50%）。这一举措可降低成本、减少无效周折，但最重要的是使医护人员把时间花在病人身上，而不是案头工作上。

10%的员工编进了团队，每个团队15人。这个系统一旦投入运行，各团队之间将进行交叉训练，这样初级医护人员就能学会为病人提供服务。

团队方式改变了珊瑚营医院病人服务系统的许多方面，特别是现在为病人提供服务时职能高度划分的情况。把坐轮椅的病人从一个病区推到另外的病区治疗的现象大大减少，因为由来自各部门员工组成的跨部门诊疗团队把多种服务承担起来，在病区就地解决。

珊瑚营医院的计划，让高薪员工兼做较多的常规工作从而降低总的护理成本。与大多数组织一样，部门间的推诿和死板的职能划分对医院的经营成本有重大的影响。

病人也从中受益。医护人员相互分担了很多责任，病人就能在自己方便的时候接受治疗服务，而不必要等专门工作人员抽出身来。而且，病人见到的面孔少了，整个护理系统就能给人更亲切的感觉。

另一个很好的例子是有关耐克鞋业。

耐克鞋业是英国的一家具有150年历史的鞋业生产和零售企业。它的单位员工产量提高了19%，准时交货率从80%提高到了97%，而这一切都归功于它的重组跨职能改良团队。从1990年起这个公司开始组建团队，生产部门的1 100位员工中被编成140余个团队，每个团队有5到8人。

20世纪80年代，由于亚洲竞争者的出现，英国的制鞋业面临灭顶之灾。

面对危机，耐克鞋业尽一切可能减少浪费。但是生产率的提高却引起了劳资关系日益紧张。

为解决这些问题，高层经理说服制鞋工人自愿组成团队。此前，鞋子的制造、包装和发运需要经过150个部门。通过采用丰田的生产模式，耐克鞋业把整个过程削减成了很少几个模块化程序。

整个工厂的运作只有两个管理层次：一位工厂经理和几个团队领导。过去的主管有的成了团队领导，有的承担了技术、营销或是零售任务。减少层次的过程开始很慢，随着越来越多的员工加入团队，这个过程就越来越快。在此过程中，在某些环节，变化带来的痛苦比公司担心的要缓和一些。

公司的高层管理人员感到，把权力交给员工的结果是公司获得了员工的忠诚："人们对工作有了新的热情，也愿意参与进来。"

团队的未来会怎样？首先，团队将迅速普及。2002年，对美国412家公司所做调查发现，75.3%的公司计划更多利用团队。显然服务行业在工作队伍改革方面落后于制造业，但也将扩大团队的使用。其次，将发展一系列支持系统支持团队的协作。我们希望团队训练能从原来40～60小时增加到160～200小时。按员工具备的技能付酬的方式也会迅速推广。

长期团队将被实质团队所取代。实质团队是临时性的工作模块，由跨职能团队的成员组成，共同解决某个特别项目。

"老板"的角色将不复存在。明天的领导者必须成为改进流程、通过企业的前景和价值来实施领导、建立互相信任的企业文化、发展强有力的伙伴关系的大师。显而易见，应把团队作为治理企业的一系列济世良方中的最新方法，但发挥团队的效用绝非一日之功。它远不是万灵药方，需要付出勇气、耐力，同时还要能够处理组织和经营管理上的模糊不清的问题。

对于那些锲而不舍的人，它将回报丰厚。不仅经营效果是这样，而且建立了公司文化，显示了人的价值。团队创造了一种自己是工作及企业主人的感觉。

第3章 避免团队失败的方法

没有培养新人的自我管理技能

“这些日子，我雇用的年轻人全令我不放心。莫西，你也有相同的问题吗？”林娜问。

莫西是和林娜平级的一位经理，她深有同感：“我必须时时过问他们的工作。我把项目交给他们中的一个，外出一天回来时，他们却什么都没做。类似的事发生过多少次了，你简直不会相信。”

“我们该怎么处理这种事情呢？我想，他们给我完成的工作量，最多只有8～10年前的小组给我完成的工作量的80%左右。”

“我也希望知道该怎么处理。我威胁他们，可一点用处也没有。而且，每当我发现一个能干的人，他就跳到别的地方去了。”

例子中的两位经理并不清楚自己的问题。他们的员工可能是缺乏工作动力和责任心，也可能缺乏他们希望获得的良好培训。但这些都不是问题的关键所在。他们的员工缺乏的是自我管理技能。他们不知道如何安排自己的时间和工作。如果没人教会他们自我管理的技能，其他任何手段都是无效的。

研究表明，现在很多加入工作队伍的人都不愿意被人监管，但他们却缺乏在没有监管的条件下工作的自我管理技能。同时，很多组织都在对自身进行重组，对各个层次的员工的自主性提出了更多的要求。这促成了一种尴尬的困境，对一、二线上的经理而言尤其如此。

如何才能培养新人的自我管理技能？

（1）要求员工学会管理自己，并且要向他们明确这一点。你可能会同每个员工进行如下谈话：

“我要求这儿的每个人都能管理自己。这是什么意思呢？我要求你能对每一天作出计划，并且在工作中执行这一计划。当交给你一项任务时，我要求你能动手来做，或者向我、向另一位员工找到解决问题的方法。我要求你能处理好自己的工作，而不需要我常常监督——这也是我希望你要求自己做到的。

“我们发现，很多来这儿为我们工作的人都缺少自我管理的经验。我们会送你去参加培训，帮助你把培训中学到的知识用在这儿的工作上。如果你能花上些时间和精力，掌握这方面的技巧并不是一件很困难的事，另外还要记住，你掌握得越好，就会拥有越多的独立性，而你的工作也将越有乐趣。”

（2）让每个新进员工都参加自我管理的培训。这种培训，尽管不一定被称作“自我管理”培训，但已在很多地方较为普遍地开展起来。寻找这样的培训机会：它教会员工如何合理安排自己的工作和时间，如何制定务实的计划并予以遵守，如何设定目标并激励自己去达到它们。

如果你目前有一批缺乏自我管理技能的员工，可能就会组团把他们送去培训。他们能够互相帮助，学会运用这些技能，也能够在培训变得艰难时（这经常会发生）风雨同舟。你甚至还可以为这些需要培训的员工找一两位其他部门的经理来上课。但不管你会怎么做，现在就来完成这项工作。

（3）把需要马上运用自我管理技能的任务交给员工去做。即便经过最好的培训，如果没有及时实践的机会，学生们会很快把所学的内容忘得一干二净。做好培训后的安排，这样当他们回来工作时，就能运用学会的技能了。员工们培训结束后，你可能就已经为每个人准备好了一项任务——做这项任务时，员工们会自觉地将所学知识在实践中进行验证。比如你可能会要求一位员工为某个项目制定一个计划，并与你进行讨论。如果你有其他善于自我管理的员工，他们可能会给你一些帮助。你要做的是，让员工运用学到的东西，并且坚持不懈。

（4）留意并认可自我管理中的每一个进步，而不管这一进步多么微小。没有什么比这更重要了。是不是有人以前对从何入手做项目一无所知，而现在却学会了怎样起步？留意这一点并对这位员工的成就表示认可。

接着，每进一步都要予以认可。在员工越来越擅长进行自我管理之后，你对他们的认可可以逐步减少——但必须保证他们能够继续运用这些技能，并在他们成功运用时予以认可。同样，你应该时时提醒每个员工，他们从开始到现在这个阶段，已经取得了多大的进步。

（5）当越来越多的员工擅长进行自我管理之后，让他们来帮助训练新进员工。这样做，你能够得到双重的回报。那些员工不仅自己更加擅长自我管理，还能够帮助你对其他人进行自我管理的训练。因为自己曾经有过这样的经历，他们将会懂得如何来帮助那些新进的员工。

此时，有两点要特别注意：

第一，很多员工不对自己进行管理的原因在于他们不知道如何管理。缺乏自我管理首先是一个能力问题。如果员工们缺乏能力，当他们未能实施自我管理时，对他们大叫大嚷或放任不管都无济于事。

第二，如果没人要求他们这么做的话，他们没有理由进行自我管理，所以他们不必学会如何去做。简而言之，员工未能管理自己的现象也是一个激励问题。

如果你希望员工们学会自我管理，就必须帮助他们培养这种能力，同时要给予他们激励。

要注重让员工从错误中学习

“艾玛，我还以为你很清楚应该怎么做，不会在征得我们同意之前让部门承诺下一个最后期限的。”

“我想我们应该积极地对顾客作出反应，何况我们没有任何理由不这么做……”

“你怎么想我不管。你知道，我不希望看到你们未经我的允许就做出什么承诺。明白了吗？”

从这次冲突中，艾玛学会了什么呢？先来征求你的意见，没错。但她也学会了不要独立思考。她并没有了解为什么征求你的意见很重要，为什么自己的行为可能会给工作群体造成损害。同时，你也没能了解在许诺期限时，她是出于什么考虑。简而言之，没有人从中学到多少东西，而艾玛学到的，大部分具有误导性。

有的员工对规章制度漫不经心，常常我行我素。对这些员工，有时确实需要严加管束，甚至可以把他们调到更能发挥独立性的工作岗位上去。但大多数员工并非如此，他们愿意照章办事，也希望有独立进行判断的机会。

怎样才能确保员工们既能按你的吩咐办事，又不变成唯唯诺诺之辈呢？上面的对话就是一个很好的例子。以下是实践的步骤。

步骤1：要让这位员工明白自己做错了，不要对自己说这只是偶然事件，以后不会再发生。越早处理，问题解决起来也就越容易。上面这位经理就是这样做的：问题在于他只做到这一步，而没有继续下两个步骤。

步骤2：了解这位员工为什么会犯这样的错误。这位员工思考问题的方式可能是正确的，动机也是好的（艾玛就是这样），但并不全面。他可能注意到了你忽略的一方面问题，可能在进行同样的思考前就作出了冲动的反应，原因多种多样。

步骤3：既然已经知道这位员工行事的原因，你就不仅能把自己的判断和发生的情况联系起来，还能将其与员工所采取的方法联系起来。你能向你的员工指出，想法是好的，但没有得到足够的信息。如果这位员工看到了你忽略的问题，你要就此向他表示谢意，看看该做什么工作。如果这位员工忽视了你的规矩，行事非常冲动，问题可能就比较严重了。但是，如果问题已清楚，处理起来就容易了。

简而言之，如果能遵循上面这三个步骤，你和员工就都能从这个事件中得到学习。这样，下次你们就能做得更好。说这位员工有所心得，是因为他更好地理解了你的规章制度；说你有所心得，是因为你对这位员工的工作态度和工作方式有了更全面的深入了解。

有的员工希望能尽量晚上班，尽量少出力，然后溜之大吉——尤其是当薪水很低、工作很无聊的时候。他们对工作一无所知，应该尽力使他们遵守纪律，至少使他们的工作表现达到你的最低要求。

幸运的是，这样的员工毕竟是少数。大部分员工都是真心希望能把工作做好，让自己引以为豪。作为回报，他们希望得到尊重，并能发挥工作主动性。但是，如果像对待上一段里描述的那些员工那样对待他们，他们很快就会堕落为那些员工的同类。换句话说，你既能帮助他们培养其献身工作的精神，也能毁了这种精神。

不能没有了解情况就对员工横加批评

布莱特说："不完全是这么回事。乔·汤布打电话过来，问我是否可以……"

"我不管谁打电话给你。你知道我特意关照过先不要送过去！"

"我知道，可乔打电话过来说他真的需要……"

"还要我多说吗？我才不管是谁打的电话呢。你这是明知故犯。我真不知道该如何是好。快出去，让我一个人想想。"

"可是……"

"就这样了。快走——趁我现在还没有真的发火！"

布莱特违背了上司的命令了吗？非但你不知道，他的上司也不知道。因为这位员工没能先说明事实，所以他的上司没有任何理由严厉责骂他。经理的这类行为会对员工的士气造成极大的打击。

那么正确的做法应该是什么呢？下面的例子说明应该怎样与布莱特谈话：

“布莱特，我听说你把我们草案的一个副本送到总部去了。是这样吗？”

“不，至少不是像你所想象的那样。乔·汤布打电话来要。他说他的老板有点紧张，希望能快点得到一个提纲。我告诉他会给他回电话的，然后就来找你。可是我没能找到你。听乔的口气，事情好像很严重，所以我问玛丽亚是否可以快点准备一个提纲——你知道，就是那份列出好处的提纲。她这么做了，于是我就把提纲送到乔那儿，并要求只让他和他的老板使用。说句实话，我不是想做一件错事——我只是觉得我们应该做点什么，我当时就是这么想的。”

现在，布莱特的上司至少了解了基本的事实。你觉得他还会像上面那样，把布莱特骂个狗血喷头吗？他当然不会。即使布莱特的决定不怎么恰当——况且现在还看不出来——他也有完全正当的理由。很清楚，讨论进行到这一步，布莱特的上司应该这么说：

“我还不能确定这是最好的处理方法，我们得谈谈。不过，你设法处理这件看上去似乎很棘手的事情，我还是非常感激的。谢谢你。”

然后，他们就能对布莱特的处理方法是否得当进行讨论了。

当听到某人显然犯了一个严重的错误，或是违反了什么规章制度，或是让你失望了时，你的自然反应就是认为确实做了你所听到的事情，从而立即采取措施。这样的反应是错误的，之前你必须弄清楚事实的真相。

那么你该怎么做呢？请遵循下列步骤。

步骤1，告诉自己，应先弄明白事实的真相，因为有可能你对事情的了解，还不足以使你作出判断。

步骤2，不要让感情占据上风。散一会儿步，完成一份报告，关上办公室的门大叫几声，做你必须做的事情。但在处理事情前要冷静地思考，因为一旦你的决定错误，要想抚慰便成了一件吃力不讨好的事情。

步骤3，如果不是有特别的原因要相信听说的事情，先从有利于员工的方面提出质疑。这样做，就能为了解事实打好基础，或许还能帮助你更快地平静下来。

步骤4，与那位员工面谈，告诉他你听说的事情，然后给他解释的机会。仔细倾听，积极思考，并向他提出问题。既不要听过算数，简单地接受他说的话——他的理由可能与事实相差甚远，也不要让他觉得你是在逼供。抽出必要的时间，去了解他对形势的看法。

步骤5，有必要的话，获取更多的事实。这样你就能处理面对的情形了。

请认真看待这一点：经理们所犯的一些最严重的错误，往往是因为他们在尚未了解全部有关事实的情况下就作出决定。是的，在质询一位员工时，他说的可能不是事实；是的，员工可能会在你同他谈话前慌忙掩饰自己的过错。但每次有类似的情况发生时——至少在一个运作相当不错的组织中，你最初得到的信息往往会欠缺关键的事实。如果依据这种不完整的信息行事，你就会做出错误的举动。

这并不意味着，你不能严格地对待自己的员工。也不是让你忙于分析，在得到必要的事实后仍不停手。这只是说，你应该作出明智的决定——为此就应该了解必要的事实。至少这对员工而言，是公正的。

不要通过批评和威吓来管人

你的管理风格不应基于批评和威吓，而应基于鼓励和支持。下面是上级与员工之间真实的对话：

“你真以为我会接受这份报告吗？”

“我不这么想……”

“算你说对了——你不这么想！你只是毫无计划地把数据塞进报告。我根本读不通。”

“或许你可以让我来说明这是怎么组织的……”

“如果你一定要向我说明的话，我可以说这份报告并没有组织好。你还想保住这儿的工作吗？”

从上面这段对话中可看到，首先，如果员工们一直受到批评和威胁，他们就会寻找尽量保险的工作方法。上面例子中的员工在报告中可能会有一两处创意；可以相信，修改之后，这些创意肯定就没有了，以后他也不会再在工作中采取主动。他会尽力完全按你的吩咐去做，然后就把你所要的东西交给你——不多，也不少。其次，如果员工只是不断受到批评，就很难知道怎样工作才会更有效。看一看上面的例子。当上司说报告组织得不够好时，那位员工明白了吗？没有。而他懂得如何修改，使之更符合上司的期望了吗？没有。而他只知道自己做了些不同的事情，但丝毫不知道这到底是些什么事情——除了报告要“组织得更好”以外。最后，这也意味着经理必须向每个员工说明自己要求的细节。而且在一开始，这样做是很必要的。如果员工从来没有做过类似的报告，或者没有为客户做过这样的报告，他可能就需要一些非常具体的指导。当他对这种报告比较熟悉之后，他就能独立完成任务。

因此，我们可以认为在管理工作中，如果经理们经常会这么认为，要使下属们表现良好，最好的办法就是对他们所做的一切吹毛求疵，那么这样做是行不通的，因为它让批评代替了经理的其他三个方面的重要工作。

1. 设定标准

批评员工已经完成的事情对获得好的结果毫无关系。要得到好的工作结果，就应该设定明确的标准，让每个员工都了解这些标准，然后参照这些标准对员工的工作结果进行衡量。

2. 提供反馈

每当要求一位员工改进自己的表现时，你应该向员工提供反馈。批评不是反馈的主要方面，不能代替反馈。好的反馈是客观的，以经理和员工都清楚的标准为依据。

3. 表示认可

如果什么也不对员工说就会使员工安于现状或消极怠事。如果工作确实令人满意，那就向这位员工表达自己的满意之情，并向其表示感谢。如果工作很出色，那么就一定让员工也知道这一点。对不令人满意的工作表现也要承认，但必须加以改进。如果你的员工至少不是很差劲，那每批评一次，就至少应该表扬四次。

运用这些信息有三点非常值得注意。

（1）管理风格不应基于批评和威吓，而应基于鼓励和支持。你不能驱使人们尽力而为，但却能成功地鼓励他们这样做。在开头的例子中，那位经理至少可以在员工的报告里找到两到三处值得表扬的地方。不要虚情假意，表扬那些平庸的或者不严谨的工作；也不要泛泛而谈说，“我非常欣赏你的工作方式”，没有说明你到底喜欢什么。对于员工而言，这些话没有丝毫的意义，他们需要的是具体的说法。

（2）提高工作的标准。最理想的是，你能为每一种类型的报告都设定一种标准。如果做不到这点，至少也应该有一个统一的标准，如“所有的报告都应该用日常英语写作，避免官僚作风”。和员工一起制定的标准往往是最有效的标准。但不管是否参与了标准的制定，员工对这些标准应该十分熟悉。

（3）设法让员工直接得到有关自己工作的反馈。如果你的公司有一大堆报告，就可以制定这样的制度，即每个员工的报告经过另外至少一位员工的检查。

如果把支持员工取得成功看做是自己的工作，那么就可以从团队以及每个员工那里得到最大的收获。员工们是在为整个部门或团队工作，而不是在为你工作。所以，要尽你所能，坚持让他们做好工作、帮助他们做好工作。

达到上面这些要求的最好办法，是把自己想象成一个教练。出色的教练并不是没有感情，但也不会感情用事。他们向自己指导的每个运动员，以及整个球队倾注热情，使他们有上佳的表现。这些教练心里都非常明白，他们的成功是建立在整个队伍表现的基础之上。你也应该这样。

处在经理之位，仍以平级身份对待下属

经理与普通员工所扮演的角色是截然不同的。作为一个经理，最不讨巧的事情是时常纠正手下的行为。有时即使工作进展得不错，你也得负责作出一些不受员工欢迎的决定，虽然这些决定对于组织整体而言是最佳的选择。除非工作能由一群“乌合之众”来完成，否则普通员工与经理之间总会存在分歧。如果想同时扮演两种角色，那么到头来只会两头不讨好。下属们会对你的“两面派”行为怀恨在心，而上司则要怪罪你办事不得力。你只好两头

受气。你会在大厅里偶然听到下面的对话：

“真不知道凯伦这些天是怎么了。星期二下班的时候她还和我们一块儿出去，像以前那样又说又笑。可今天她把我叫到办公室里，为了那项出价太高、进展缓慢的工作把我训了一通。一会儿当朋友，一会儿又要做我的老板。从没想到获得提拔后她会这样对待我们，太令人失望了。”

在一个工作群体中由普通员工提升为经理，你就得管理过去的同事了，这种处境的确让人感觉尴尬。尽管这样的选拔完全是一种正常的管理实践，也给新上任的经理增添了额外的心理负担。比较理想的情况是，你已经有所作为，让员工们意识到你们之间新的一种关系。假如情况没有变化，就应该首要解决这一问题。

召集所有的员工开一次会。会议不需要特定的主题，可以互相讨论会议的部分内容。但在讨论中，应特别提一下你作为经理与员工之间的关系：

“我认为自己从这个工作群体中提升为经理的确有一些好处。我对这里的工作——你们的工作以及我以前的工作比较了解，我也认识这儿所有的人，知道大家应该怎样一起工作，知道我们的长处与不足。

“但是这也意味着，既然我现在成为经理，我的处事方式将有所改变。也就是说，有时我会不得不作出一些并不受你们欢迎的决定。我还会同你们讨论工作表现、休假申请或是你们不会乐意接受的规定和要求。我可能不得不贯彻上级的决定——即使自己并不同意，因为我是管理集体中的一员。我们一起同事这么长时间，今后必须会有一段大家都不太好过的时间。

“我希望自己作为这个群体的一员，会起到积极的而不是消极的作用。我想开诚布公地谈谈这一变动，这将有助于大家作出适当的调整。”

最重要的一点是，你应该清楚一旦提升为经理，以前共事的人们将会用不同的眼光来看你。这并不必然意味着你们之间的社会关系不复存在。下面是一些“应该与不该”的提示：

不要再介入是非长短的闲聊，因为你现在的任务是支持团队中的每一个成员。

不要再介入大多数办公室中常有的周期性“贬老板”运动，因为现在你也是管理阶层的一员，而且你自己也会成为被贬的人之一。

应该将能与员工继续保持关系视为一个机会，可以开诚布公地向他们转达自己对上级决策的态度——即便你认为这些决策对群体没什么好处。有了对下属的了解，你就能对他们说：

“我认为这个决定存在一些问题，但我们大家还要团结起来，把它贯彻好。”

正因为你能和下属打成一片，他们往往比以前更加信任你，从而跟着你做一些勉为其难的工作。

应该以一个能看到日常工作中管理决策的影响的经理的身份，而不是普通雇员的身份，将与群体相处及工作的经验带到经理会议上去交流。

应注意，不应该将自己的新角色扮演得过火，与过去的同事作出没有必要的疏远。不要因为当了经理就一口官腔，摆出一副比以前同事高明的姿态。这样做的话，不仅会使就地提拔的好处丧失殆尽，还会在你与员工之间形成不和，不利于你今后的管理。

与下属打成一片和作为下属的一员，两者之间的界线是很鲜明的。模糊自己与下属之间的角色总归是不恰当的，而体贴、关心下属则永远正确。

作为经理，关键要赢得员工的信任与信心。当从普通员工提拔为经理之后，即使群体因为有共事的经历而对你心存信任，但他们对你的新角色会有一段时间的观察，以决定能给成为经理的你多大的信任度。在新的职位上犯一些错误难免，但处理这些错误的方式是坦率承认，知错就改呢，还是遮遮掩掩，不懂装懂，将会大大影响别人对你的信任水平。

刚开始时难以分清经理与同事之间的角色界限，后果还不是最严重的。无法向自己的群体成功传达角色变更的信息，或是无法恰如其分地扮演新的角色才是最要命的。

不要和其他人谈论员工的私人问题

出于各种原因，员工们总是不愿意自己的私事为外人所知。他们可能觉得这些事会让自己难堪；或是认为自己的事用不着别人来管；也可能是不想让自己疲于应付别人的询问或同情。但不管如何，是不是要为某件私事保密，完全应该让他们自己来决定。

问题在于，尽管不甚情愿，很多员工还是不得不让你知道一些事情。你是上级，他们得让你了解一些个人问题的细节，以便向你解释自己为什么会旷工，为什么要求给予方便等。让你知道这些事情的唯一原因是，在工作与个人要求之间作出平衡——这是他们唯一的办法。

如果某个员工真的乐意告诉你一些私事，完全是因为他相信你判断和处理事情的能力。他希望你不会在得到明确的许可前在办公室里大肆宣扬这些私事。

你辜负了别人对你的信任，尽管是出于好意，可这正是问题的症结所正。你搞僵了和员工的关系，因为没有遵守保密的承诺，或者压根儿没认识到他不想把自己的事情搞得满城风雨。这种基于相互信任的关系一旦被破坏，员工就会对你失去最基本的信任。

这类事情真的比较棘手。有的员工可能并不在乎你告诉别人他的私事。实际上，有些人之所以告诉你一些事情，是因为他们觉得其他员工从你嘴里得知这些事，要比他们自己说出来方便。

离婚就是这样一桩常见的棘手事。员工对此事的态度有很多种类型。

第一种类型，如果你的员工同她的丈夫离婚了，她可能会不想让办公室里的同事知道。如果别人通过其他渠道得到消息，她自会有一套说法，但她是一个非常注重个人隐私的人，不愿有同事知道任何个人生活的细节。

第二种类型的员工则可能更愿意让同事们知道她离婚的事，尤其是当她需要有一段时间来处理的时候，但她可能并不想自己公布。她认为你是她的上级，如果能做好这个传话人，同事自然会慢慢地知道，用不着她操心。如果有别的员工前来安慰，她会很乐意同他们交谈的，但要自己说出来却会令人难堪。

第三种类型的员工希望别人知道她离婚了，但更愿意自己公布这事，因为她希望别人都能听到自己的陈诉。她会想：偶尔的差旅可以让她从家事的烦恼中抽身出来，喘息一会儿；日常家务则给了她一个在家中照看儿子的机会。

人们对困难的反应是非常个人化、非常个性化的。说不上有什么对错，而别人也往往爱莫能助。因此，帮助处于困境的下属的最好方法是：①表示你提供支持的意愿，如果被拒绝，也不要生气；②要尊重员工的意愿，尽量满足他们的要求。

不要随意指使员工

每一位员工都希望自己的特长以及对工作的专注得到认同。员工们希望得到经理的信赖，但决不愿意自己成为被随意指使的对象。大多数员工都明白，工作中有很多自己职责范围内理应完成的任务。但要是你老让同一个人不断地重复一项工作，却不曾对他这种特别的专长给予认同，员工就会感到十分懊恼。

每一位员工都希望自己的特长以及对工作的专注得到认同。你应该了解员工的这种心理并加以利用。为了不让员工有被随意使唤的感觉，可以做好下列的其中一条（都做当然最好）：

（1）无论何时，当员工做了一份额外工作，或是为工作付出额外的努力时，都应该及时向他们致谢。

（2）在与其他经理或组织打交道时，应维护自己员工的正当权利，没有必要每次都为自己的单位出头争活儿干，特别是当其他单位并不太忙的时候。争取在大组织里与其他部门通力合作的同时，多为自己部下的利益考虑考虑。

（3）不要发号施令，多用请求的口吻。宣布让你的员工做质检随访与请他将这项任务安排在工作计划之内是有天壤之别的。如果是请他做这项工作，而你们又相互信任的话，他多数会跟你讲自己的工作量太大了。这样，你就可以和他就解决问题的最佳途径作探讨。

（4）尽可能让员工“自告奋勇”。如果有数位员工能胜任某项工作，即使知道他们中间有人难以从别的事项中抽身，也将工作交给整个单位，让员工们自己来作出安排的决策。他们可能会互换工作挤出时间来完成任务；也可能会对工作的期限与进程安排提出建议；他们兴许还能得出与你相同的解决方案——但这可是他们自己的方案。

（5）你并不会大权旁落。大家还是把你当成老板，你有最后的决定权。但要是员工在工作安排上有发言权的话，给他们加压时就会少一些怨言，他们也会十分乐意接受你的最后决定。他们提出的方案甚至可能比你的更有效，因为他们才是在第一线工作的人。

（6）一成不变地做事会让部下感到单调和枯燥。如果你只是在任务迫在眉睫时偶尔指使一下员工，后果可能不会很严重。

这里说的只是“偶尔为之”，实践中很容易将事事都看得非常紧迫，尤其当公司确实处于紧张环境下时（这是现在常有的现象）。用不了多久，员工们就会因为你对他们的淡漠而横生怨意，怀恨在心。这时，即使是在“正常”的日子里，工作效率也会降低——工作紧迫感随之产生，这就需要及时处理，于是又给你使唤员工制造了借口……这将会是一个恶性循环。

奖励工作出色的员工固然重要，但有效的激励方法除了物质奖励，还应包括对员工的认同。员工们也知道，你不可能总是给他们以物质上的奖励，即使是对他们业绩的正式认同，也不会随时随地都有。在很多组织中，这些正式的奖励机制是由更高层的管理人员掌握的。

但是，对于出色的工作，一句“谢谢”对你来说，没有任何损失，却能得到丰厚的回报。即使在我们这个并无多少权威主义影响的文化中，很多人喜欢“讨得别人的欢心”。在实现甚或超过你对他们的期望时，下属们会得到最大的满足。当他们真的做到这一点时，用一句简单的“谢谢，我真的非常满意”就足够了。

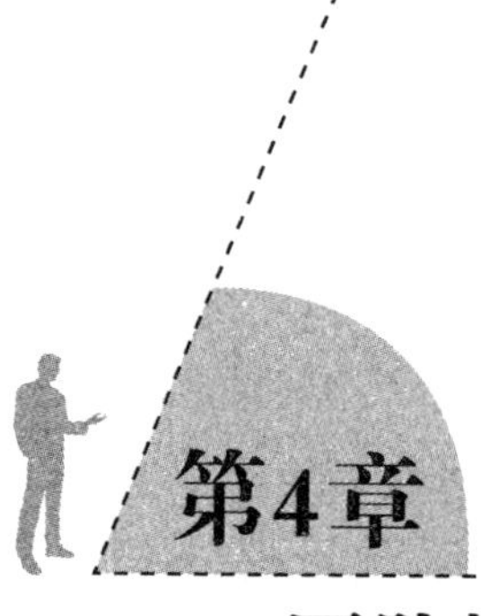

第4章 团队招聘与选拔的方法

只有找对人才能做对事

你也许已经给了你的员工很优厚的待遇，或是为了培养他们而花费巨大的心血和财力。而他们却弃之不顾，甚至将你的客户、内部资料乃至员工都席卷而去，这不仅对你的企业造成重大损失，还对你本人的自尊造成莫大的伤害。为了尽可能减少这类事的发生，你应该做些什么呢?

在一开始找到优秀的人才，对企业来说是至关重要的。而且这显然比以后解雇差的人员要容易一点。但是由于某些原因，一些企业老板在招聘员工组成企业中最重要的第一线服务队伍时，往往忽视一些警示性的迹象。

1994年，在美国发生了一起工作场所恶性暴力案：一家快餐连锁店的老板要求他雇用的一名男子离职，这个男子拒绝了这个要求。最后，这位男子持枪在店里出现。当他发泄完怒气时，6人被击伤。

调查此案的警察和店家管理者发现，该男子曾被同一街区的另外几家快餐店解雇，都是因为他曾经暴露过一些举止上的问题，而且就在这家雇用他的连锁店的人事档案中还有一份“不推荐他重新受雇”的书面材料。由于该店管理不善，他的档案被搁在连锁店总部，于是他设法通过一种不引人怀疑的办法再次被雇用。

美国西南航空公司是全美八大航空公司中规模最小的一家，但它近30年来连续盈利，这在航空业中是绝无仅有的。它成功的奥秘在于招聘空姐的政策很特别：为保证乘客真的对空姐满意，请了20多位乘客来做评委，给应聘者打分。它认为，如果这些乘客不喜欢应聘者，那么这些小姐长得再漂亮也毫无意义。而且由乘客自己挑选的空姐，至少在培训方面的成本会降低，因为她们本身就是乘客喜欢的空姐。

因此，只有找对人才能做对事。因为一般来说，高素质的人较少犯错误，他可以让你的企业获得更高的生产率，更重要的是这种人能独立地解决工作中出现的问题。所以你要试着只雇用那些聪明的，并能够了解你的工作系统的人。这种人效率更高，会以自己的方式去提供良好的顾客服务。他们不仅比同业竞争者雇用的员工工作得更出色，还不需耗费太多的精力来指导他们，能节约培训的成本。即使你付出再多的薪资也很值，因为你使自己更有效率了。举一个汽车销售的例子：

一位汽车销售商手下的全部雇员每月能为他卖出100辆车，平均每人卖8辆车，就表示他大概需要12位业务员；而另一位经销商的业务员平均销售量是每月12.5辆，如果每月售出也是100辆车，那么他只需雇用8个人，其办公室里减少了4套桌椅、4部电话和4位支薪人员，他将省下4个人的工资做奖励金以吸引更杰出的业务员。如此一来，他这里能赚到高薪的事实就会传遍业内，他就能吸引业内最优秀的业务员来为他工作。这一切都归功于他以较少的业务员就可达成销售目标，使每一辆汽车的销售成本降低，结果大家都是赢家。

招人三步到位

如果一个经理所做的决定中有一半以上是正确的已经算很好了，这已成为大家的共识。经营业绩优异的公司的经理一般能超过平均水平，这大概是他们的公司能够一枝独秀的原因。然而，在选择员工时，很多公司做出正确选择的机会甚至达不到50%。选择员工的程序不完善，往往根据没有事实基础的个人想法来进行，与感情，猜测、臆断及偏见相互纠缠。

“三步法”是一套选择员工的正确逻辑程序。掌握它，在选择合格人才以及提高企业绩效方面，你便会胜人一筹。

在运用“三步法”招聘之前，必须做的是归纳填补职位空缺后希望获得的成效，然后分析能够取得这些成效的人选。这一阶段所做的一切对面试和评价至关重要。其结果为要求候选人所具备的素质提供了基本依据。

这个过程使你在招人前就知道什么人最适合填补这个空缺，这是整个选才过程最关键也是最容易被忽视的环节。

“三步法”的第一步是列出你对这个员工的表现有何期望。

填补这个空缺会给公司带来什么成效？能满足什么需要？希望达到什么结果？

所有工作都可以定量。即使像研究工程师这类看似难以衡量的工作，也可以评定其表现。比如，为工程师确定一个目标：在12个月内设计出3个新方案。如果他干了1年却拿不出一项新产品，你就该质问自己为什么要聘用他。

因此，审查希望实现的结果是得出合理期望的最简单最直接的办法。我们可以假设这样一种情况：如果去年聘了这个人，他应该已经取得了什么成果？主要分以下几个阶段进行考察。

首先在形成阶段，你会问自己是否真需要人。可能发现你所需要的已经存在于公司内部，在某个人，甚至几个人身上能找到。

有时你也会发现自己的期望不现实。扩张的决定可能与公司的现实能力不相符。

期望一旦形成，就可以准备这一阶段的下一步工作了。此人应具备什么素质才能实现你对他的期望？答案来自两个方面：成功模式和个性特点。

成功模式由经验、成就和技巧组成。它不取决于有多少年的经验，重要的是应聘者在相关经历中取得过什么成就。

只有1年工作经验的人很可能在能力上并不亚于一个把1年经验重复了10遍的人。

其次，在归纳分析阶段，最好把所有经理召集起来，共同商讨加入本公司职员必须具备的个性特点。

每个公司都应该有一个普遍的个性要求，它决定公司的个性。其包括：什么样的个性？展现给外界什么形象？如果你的公司是个充满活力、行动迅速的机构，那么应聘人也要具备这些特质。

研究本公司的成功者是最佳途径。一旦发现本公司最重要、最有成绩、最富效率的人的共同个性特点，你就找到了评估优秀求职者的标准。

面试也很重要。面试的基本假设是求职者将来的工作表现会跟过去相同。通常情况下，这个基本假设是成立的。如果了解了候选人过去取得过什么成绩以及如何取得这些成绩，对他今后的工作表现就会有一个大体的了解。

面试前，应该分析个人简介、申请表以及你听来的信息，深入挖掘被面试人的背景，获得有关他们的成绩、他们对未来的设想等方面的第一手资料，然后对照自己的需要，准确评估这些资料。

成功完成面试的最好办法是结合归纳分析阶段的结果，即明确对候选人的要求，他们应对公司做出何种贡献以及他们将来如何与公司协调一致。如果没有归纳分析阶段，面试就成了一般对话了。

面试前，要决定你将花多少时间调查候选人哪些方面的经历。对经验丰富的招聘人员来说，跟年轻人谈话时应该更注重他们的教育背景；与经验丰富的专业人士，则应深入了解其最近几年取得的成绩。

面试过程中，要让候选人不断说话。因为，你的兴趣在于候选人说什么，以及他们所说的是否符合你所要求的成功模式以及个性特点。

面试的成功建立在“八二原则”上，即80%的时间是候选人在说话，而20%的时间是你在说。遵守这一原则，你就会提出正确的问题，恰到好处地得到对方的回答，了解到所需的关于候选人的情况。

不要问能用“是”或“不是”来回答的问题。开放的、需要展开讨论的问题效果会更好。诸如“你喜欢上一份工作吗？”这类问题是封闭性的。你很可能只会得到一两个字的答案，从中几乎得不到任何有关候选人的有用情况。而这样问就好多了：“你为什么喜欢这个工作？”

面试后是评价。在面试后，就应该对候选人做更为详细的评价。把最后的人选与分析阶段得出的要求进行比较，然后在候选人之中进行选择。

分析在面试阶段得到的信息，确定该人选是否具备你所期望的成功模式和个性特征（是完全具备，或不太具备，还是不能确定）。

在比较两个人谁是最佳候选人时，综合一个候选人的所有评价结果，由此得到这个人的整体印象，与另一个候选人所有评价结果进行比较，判断其中一位哪些方面比另一位强。

必须服从直觉，直觉在招聘中起非常大的作用。即使整个招聘过程都没有问题，假如直觉中有一个声音在耳边低声说不行的话，也必须把它调查清楚。如果在选择过程中不能消除心中的疑虑，最好不要聘用这个人。

招人要注意的八个问题

选择人才要避免最精明的经理人也会常犯的错误。即使最精明的经理人，也可能落入雇工错误的陷阱。

以下是在招聘中常犯的一些错误。

1. 仓促招聘

匆忙地进行招聘，一般容易使标准降低，或者忽略了应聘者的负面因素。由于招聘工作一般需要90~120天，因此，如果一位身处高位的要员突然辞职，招聘他的继任者的工作就应立刻进行；如要增设新职位，更应提前3~4个月进行招聘。

2. 依赖面试评价应聘者

常用的面试对于提高招聘的准确率贡献很小，仅仅能增加2%的准确性。换句话说，如果我们抛硬币，有50%的概率是正面朝上，如果加上面试，这个概率只能变成52%。

为什么面试的效率这么差，却依旧是常用的选拔手段呢？专家们提出了三种解释：第一种是绝大多数管理者在面试前没有规划好面试的结构，也没有确定好何为合格的答案；第二种是应聘者们比绝大多数的管理者要有更多的面试经历，对如何呈现一个好印象也更有技巧；第三种是面试的确能使管理者了解应聘者是否容易相处与合作，这也许是为什么面试对于应聘者未来工作绩效的预测力不高，但管理者依旧采用的重要原因。

3. 用最好的人，而不是最适合那份工作的人

不要为了符合应聘者的能力，而把职位提高至超出本来的要求。为了避免聘用资历过高而最终可能厌倦或离开的人才，雇主需研制一份实际的要求细则，并在招聘时以它为范本。

4. 用成功员工作榜样

以一个成功员工的特点作为选择的标准，听上去似乎挺有道理，但问题在于区别成功与不成功员工特点常常是不清晰的。比如说，在一个对70多个公司近千名优秀推销员推销技巧的分析中发现，这些优秀推销员都有三个相似的特征：①在遇到拒绝时具备高超的表达技巧；②外表整洁；③穿着相对保守、不新潮，特别爱穿黑色的鞋子。但是，当研究者对这些公司中业绩最差的推销员进行分析时，发现他们也具有上述相同的三个特点。这表明：在对业绩优秀者与业绩不佳者的特点进行区分过程中，必须验证这种区分方法与技术的有效性。否则，管理者们可能会挑选出貌似优秀实际上却很差劲的应聘者。

5. 采用归纳法

询问应聘者一些能具体以数据表示的成就，以证实他的自我介绍。采用计分法也可有效地对应聘者作出测试。以10分为满分，看他如何作自我评估。通常而言，如果自己有某方面的弱点，而又不希望被发现，他会给自己打7分；而充满信心的人，则会给自己打8分或9分。但事实上，自己有某方面弱点的应聘者都会给自己打8分或9分。

6. 提“无意义”问题

与年龄、性别、婚姻、种族或宗教有关的问题，可被视为对应聘者的歧视。所提问题应与这项工作所需的能力有关，如“你是否可以加班工作和出差？”

7. 忽视对应聘者过去经历的查证

对招聘者而言，这会是一个致命的失误。向推荐人查证，可获悉应聘者过去的表现，并发现他潜在的弱点。如果获得的材料对候选人是负面的，便应对提供者作出解释，表示他所提供的信息有助于评定候选人，使他发挥最大潜力。而在这样的情况下，秉着对候选人的负责，提供者本人坦诚的态度是最重要的。其中一个提问技巧是：“如果你要向这位应聘者提出忠告，以帮助他在事业上更进一步，你想告诉他什么呢？”

8. 评价依据个性

不少人力资源管理者都持有这样一种观点：传统的个性因素对于管理上的成功或其他职业的成就是十分重要的。但是许多的统计研究发现，个性因素与特定职业绩效间的相关程度很低。个性测验对于我们认识或培训员工可能是有用的，但对于雇用员工来说却可能并不适合。技能测验或职业知识测验已愈来愈多的被证明对于工作绩效有较高的预测力。所以尽管了解应聘营销岗位的人员是否自信或精力充沛是必要的，但更重要的是要了解他们是否能保持或扩大消费者的数量，即他们是否具有这些职业技能。

快速主动的招聘模式

公司应该不断进行自我改造，更新招聘策略。美国军方先发制人的招聘策略值得商业界学习。筹资人和体育星探则提供了另外两种招聘模式。

多数公司是这样招聘的：当职位出现空缺之后，部门经理与人力资源部取得联系，希望有人能立刻填补空缺。招聘人员通过媒体发布招聘广告，应聘者的简历被详细审查，召集合格者面试。如果一切顺利，新人可以在一段时间后上班。

公司经理们应该学一学美国军方快速主动的招聘模式。在美国几乎每一个城镇都有军队征募官员，想参军报国的人可以随时登门，招募人员总是在位恭候。如果一个潜在的应征者打电话来，绝对会有一个真人应答，而不是一个语音信箱。

公司在招聘方面能从美国军方可以学到很多东西，美国军方采取的是积极主动的、持续进行的招聘策略。例如，海军就总是在“寻找一些优秀的人员”。长期以来，美国军方非常重视建立应征人员档案，并在新一轮征兵中充分利用这些信息。

美国军方是创造招聘广告语的领先者，例如那个脍炙人口的“尽你所能”。许多这样的口号今天在许多成功的公司里成为时尚。不过，美国军方可是用了几十年了。美国军方应用高科技招聘技术也是一马当先，它使用的光盘和充满动感与个性化的网站是许多公司望尘莫及的。

公司能从其中汲取哪些经验呢？首先是要认识到公司在哪些方面出了错误，而美国军方又在哪些方面采取了正确的做法。

美国军方邀请经过精心挑选的少数候选人参加面试，并最终确定最佳的人选。对于第二、第三、第四名候选人，他们采取了一种较为特别的做法：他们会与这些候选人在以后的一段时间内保持联络。尽管每一个招聘人员的风格总会有差异，但是大多数招聘人员会这样做：确定哪些工作或利益是申请者最感兴趣的，在3个月的联系之后，大多数招聘人员会给面试者寄一份有针对性的后续记录或是适合的手册或是最新信息。只有当对候选人明确拒绝后，这种联系才会结束。包括陆、海、空军和陆战队等在内的美军各军种，其招聘流程都是长期连续和积极主动的。他们在不能达到招聘目标而受到批评时，也绝不放弃这种特点。他们的策略是重新评估是在哪里出现了问题，然后进行彻底的自我改造以适应招聘市场的新变化。他们的效率非常高，常常能争取到那些本来打算进军商业领域的人士。

美国军方并不是先发制人招聘模式的唯一范例。筹资人和体育星探同样提供了公司能够采用或适应的招聘精英职员的指导方针。

以筹资人为例，他们必须十分擅长说服人们掏钱资助某一特定的事业。可以这样认为，资助者就是他们的招聘对象。很多情况下，他们招募的资助人会被别人连珠炮似的加以游说，力劝他们资助另一家而不是这家公司。确保获得资助人的资助往往要花费数月甚至数年之久，但是一个明智的筹资人对其锁定的目标有足够的耐心。

那么，筹资者的座右铭是什么？是发现并说服潜在资助人。筹资者认为，他们的工作就是获悉谁拥有时间、兴趣和资金，有助于成就他们的事业。经常地，发掘一个潜在的资助人耗时甚长。筹资人——这些聪明的人际网络工作者知道，只要保持耐心和持之以恒，艰苦的耕耘终将获得丰厚的回报。因此，他们不断使用各种方法招募资助人，如举办筹资活动和精心设计的公关活动。

招聘者必须像筹资者寻找潜在资助人那样，发掘潜在的员工。公司需要发掘哪些人？答案是：那些最近在报纸和行业杂志上频频露脸的人物；被丰厚条件吸引而离开公司的旧员工；公司上轮招聘中的第二、第三候选人；那些拒绝了公司提供的工作机会的候选人；公司内部员工推荐的人选；先前已经参加了招聘会或者曾经申请过工作职位的人。

此外，很多员工不会满足于最高薪水，而宁愿选择那些为其量身订制的工资、福利、工作灵活性和补贴等组成的薪酬包。薪酬包解决了他们最关心的问题，这就是“我从中得到什么”。

把员工当明星般对待，可以做到非常节省成本。例如：招聘伊始，就要让应聘者感觉自己像是国王或王后。要确保前台接待员、人力资源部门和招聘经理办公室里负责接待应聘者的员工的态度诚恳、舒适和友好。

可以考虑向应聘者赠送糖果、鲜花、气球、音乐会或戏剧表演的门票。你可能从未听说过有人这样做，然而这样做的理由非常充分，它能够向候选人表示他们与众不同，你的公司也变得与众不同。有哪个公司曾经如此周到地对待他们？又有哪个公司曾经采取过行动，对自己中意的应聘者表示过的确喜欢他们？

在招聘方面，美国军方、筹资者、体育星探与商业性公司面临的问题大同小异。紧随时代的步伐，而不仅是为填补空缺而疲于奔命，公司应该不断进行自我改造，更新他们的招聘策略。

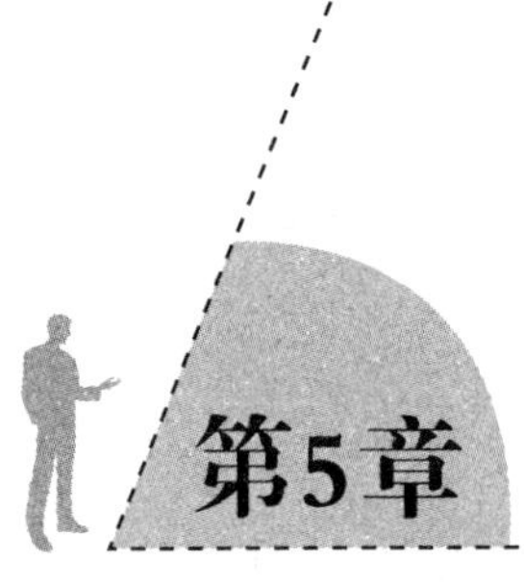

第5章 高效团队的沟通方法

效率来源于信任

速度就是一切。速度是对个人和团体的组织能力和业绩的衡量基准。因此，公司往往要求一个人兼干几项任务，要求团队只管动手做，而忽视了计划或设计项目。导致的结果，是所干的事情会由于计划不周而把人弄得焦头烂额。人们通常只注重眼前结果，而忽视了长期的影响。

其实，一味追求速度，人们反而得不到期望的速度。也就是所说的欲速则不达。速度是通过信任关系达到的，必须让大家相信所采取的行动符合大家的共同利益。

信任是关系的基石。可以至少从以下三个方面来理解信任：

首先，信任是我们选择生活方式的原则和基础，是我们评价自身和他人行为的标准。它表达了我们对自己和他人最注重的品质所在。

其次，信任是自尊的衡量标准，即自我感觉。没有了信任，我们可能会自暴自弃。如果信任不深，我们可能会对他人过于猜疑。当我们具有高度的自尊时，就会朝气蓬勃，更容易信任他人。有了信任，我们就不会滋长骄傲，而只有谦虚；不会自负，而只会勇于承认自己的错误。

最后，信任是由内而外产生的。我们首先做到自己值得别人信任。这意味着要认清价值观，学习新技能来支撑这些价值观，然后行动，这称之为信任能力。培养信任能力或许是个人、团体和企业组织面临的最大挑战。

信任通常在工作契约上获得体现。工作契约往往是管理者与员工达成的一种隐性协议，确定双方对风险、技能、劳动和报酬权衡的理解。它还解释了双方的相互对待方式。

在以关系为基础的企业中，契约规定了工作关系的性质、质量及真诚程度。它是我们相互对待和公司管理经营体制的一种具有约束力的义务。

这种新的契约将让每个人获得自尊和尊重，承认员工来自不同背景，具有不同程度的自尊和不同的技能。员工能全面融入公司，与公司共同走向成功。这能增强员工的主人翁精神，并使其个人远景目标与公司的战略方向高度一致。

这种新的契约不仅是关于薪酬福利，而且与关系和贡献紧密联系。因此，业绩可以通过客户和同事来评估，也通过自我评价来评估。

这种新契约的关键在于重新界定管理层和员工之间建立信任工作关系的能力。我们所讲的这种新的信任程度，是要将过去以“我”为中心的公司文化，转变成一种以“我们”为中心的文化。

为了能实现这个目标，应当对契约进行有效管理，以发挥其效能。每个人都有责任确保协议顺利达成。当团队有一个自理结构来确保团队成员各尽其责时，效能就取决于团队所设立的目标。

虽然契约的基本原则是既定的，但随着员工发展和成熟，学会他们应如何以不同的方式工作，契约的应用方法在时刻变化。从这个意义上来说，契约可以由契约订立者灵活解释。

工作关系和客户关系正由害怕竞争逐渐转为以信任为基础的合作。由于文化是建立在互相尊重的基础上，因此关系重在诚实可靠的沟通和对话，而绝不是阳奉阴违、虚情假意。

这样，企业创造业绩的效率将大大提高。内部冲突减少了，信任程度提高了，员工就会更注重客户需求，提高工作效率和质量。内部沟通增强了，目标一致了，员工工作起来就更灵活机动。如果大家没有部门保护主义，业务流程就会简化。

我们的目标是要创建一种以关系为基础的公司，以信任和相互尊重为原则的工作场所。

不信任员工是企业最大的成本 

如果能使工作场所摆脱不信任，工作的局面会立刻有所改观。

在软件大国爱尔兰，各软件公司都变控制管理为信任管理，公司对员工更多地提供价值观的满足而不仅仅是物质上的满足。

要搞好现代企业，就要把信任作为企业最好的投资。信任是未来管理文化的核心，它代表了先进企业未来发展方向。著名的日本松下集团，其商业秘密从来不对员工保密，他们在新员工上班的第一天，就对员工进行毫无保留的技术培训。有人担心，这样可能会泄露商业秘密。松下幸之助却说，如果为了保守商业秘密而对员工进行技术封锁，员工会因为没掌握技术而生产更多的不合格品，加大企业的生产成本，这样的负面影响比泄露商业秘密带来的损失更为严重。而对于以脑力劳动为主要方式的企业

（如软件业），其生产根本无法像物质生产那样被控制起来，信任也是唯一的选择。

相反，如果对员工不信任，就会成为管理中最大的成本。人们会为不信任付出很高代价。不信任的直接后果是听不到团体中的创造性意见，甚至可能降低公司的生产能力。一旦消除不信任，工作就会明显改观。

在把不信任转变为信任的过程中，经理人的作用十分关键。请问，谁更有可能说“请认真点好吗？”到底是老板还是下属？在大多数公司里面，老板更有可能说这种话。

下属们通常只是用躲避或抵制作为对不信任的回应。另外一些人则把这种不信任一级一级往下传。由于害怕上司的惩罚，有人就不信任自己的下属人员。许多会议都因不信任而不欢而散。人们相聚时的精力差不多都用于维护自己的尊严，和以不信任回报不信任，这对业绩的改进没有任何帮助，谁也不愿意这种情况发生，但总是有人自觉或不自觉地将企业推向“不信任”的陷阱。

克服不信任、否定态度和僵局的办法是：承认和尊重员工提出来的每一个想法。不加挑剔地倾听意见，把每个想法都写在图表上。鼓励与会的每个人都提意见——不只是地位较高的人。促使大家敢想敢干，不因某种条件限制而停滞不前。不要因为某种条件的限制而放弃任何可能性，等到开拓出充满希望的方向之后，再考虑这种限制。

克服不信任的关键在于始终抱赞成态度，它能使员工将精力放在问题的解决之上，并使之意识到自己的行为会对公司的业绩产生直接影响。只有做到这些，目前花在不信任和回报不信任上的巨大精力，才可能被各方面用来发明新产品、解决新问题和采用新方法，并用以做出周全的决定。如果能使工作场所摆脱不信任，工作的局面会立刻有所改观。

请对我直说

想办法让员工把看法说出来。

员工们常常会有一些上级不会有的见解，对于工作怎样完成，要同谁打交道，自己拿到手要处理的工作会产生什么问题，员工们心里非常清楚。如果忽视他们的见解甚至对这些见解不屑一顾，你就失去了能使组织运做得更好的宝贵信息。忽视员工的想法，这样的做法一旦固化，下属们就不会再提任何建议。

要想成为有效的领导者就必须和大家沟通，明确表示你愿意随时听取他们的意见。

首先，要让人们敞开心扉，告诉你他们对你作为领导是怎么看的。对每一种观点都要加以考虑，并予以认真评述。但不要和他们争论或者试图纠正他们的看法，你应该感谢他们，并从他们的角度来理解这些意见，作为正确的意见接受下来。你要下决心聆听和考虑他们的意见，创造一种多听他人意见的气氛，这样才能对自己的行为做出明智决定。通过征求并接受反面意见，可以了解下属对你有什么期望，而不必去揣摩他们有什么想法。

好的征求反馈的方法有助于做好这件事。避免使用疏远别人或令人感到是在受责备的言辞。比如可以这样说："我一直在考虑自己的领导作风。我知道大家觉得我……"后面再补上具体内容。

这句话向听者表明：你知道自己做的某些事不受人欢迎，也表示你对此是负责的。另外，由于你愿意与对方谈论一些个人的事情，听者还会因此而感到自己受到重视。这是使别人站到你这一边的关键一步。他们会帮你实现你所希望的变化。不要讲："我听说，你说我……"这听起来有指责的味道。不要牵涉到对方，只谈自己。

其次，要让对方告诉你，你做的哪件事让别人对你有那种看法。可以这样问："据你观察，我的什么做法让别人对我有这种看法？"

这样问就表明：你知道自己做的某些事情使大家产生了看法；你不知道是哪些事；而对方知道；对方可以跟你说。这时应该明确表示你并不希望自己像别人所说的那样，并且说明你打算改变这种情况。可以这么说："你知道，我不希望别人这样看我，我希望能改变你的看法。"你没承认也没有否认别人的看法，也没有责备谁错了。你只是说不希望别人用目前的这种看法看待自己，而且希望有所改变。仅仅是这种做法，就可以使别人对你有新认识。

最后，征求下属的建议。问他们希望你怎么做。不要问只用"是"或"不是"就能回答的问题。如果问那样的问题，为了避免可能出现的不快，别人很可能随口附和你，但他们对你的看法却不会有所变化。

如果你让别人有机会告诉你，他们如何看待你和你的所作所为，反过来他们也会给你提供一些信息，帮你更有效地领导他们，更好地与他们共事。最终，他们对你的看法也会改变。要表明自己的诚意，就要用毫无威胁感的方式不断征求反面意见，要明确、不断地向员工们说明。因为，员工通常不愿表示出与上司相左的意见。你欢迎不同的看法，而且会认真对待这些意见还需要你用行动来证明你的诚意。

有时，你是有独到见解的人，因为你更清楚怎样做才能使某项工作符合公司的整体目标；或者，因为你知道改革正在酝酿中，还没有公布，因为你与工作流程中相关的其他部门的人员更为熟悉。但即使在这样的条件下，不征求反对意见，虽然不见得是糟糕的管理方式，但也不会是一种好的管理方式。

如果相信上级能够倾听并考虑自己的想法，员工们会更加服从指挥，更加拥护你的决策。如果不鼓励员工进行思考，他们就不愿意开动脑筋，他们会一字一句地按上级旨意办事，直到更高层管理人员发现这样做事行不通为止。

要重视员工会议

员工会议是公司内部员工互相交流的一个场所。事实上，员工很少能有机会在其他场合进行交流。成功的员工会议可以增强交流和认同，解决员工在人际关系上所出现的问题。

必须重视员工会议在公司内部沟通中的作用。成功的员工会议包括三个主要的部分：由下属在会议上汇报其最近的工作状况；鼓励员工提出建设性意见，制定合理的行动计划；讨论你所在部门在过去一段时间内，有没有好的做法增进公司的整体业绩。

一般来说，员工在人际关系上出现问题，有两种原因：要么是缺乏交流，要么是缺乏认同。

如果处理得当的话，这两类问题均可以通过员工会议加以解决。会上，你可以同下属即时进行交流，可以当着众人的面认可他们的成绩。这样做并不仅仅意味着让你充当拉拉队队长的角色，更大的动机在于，员工们必须承担起责任来进行自我推动。而作为经理所肩负的职责，就是创造一个可促使下属自我推动的环境，计划周密的每周员工例会将是一个很好的沟通场所，有助于增强员工认同彼此出色的工作。

成功的员工例会所应该有的第一个部分，就是每个下属都要让到会的每个人知道他最近的工作情况。尤其要问到的是：“过去的一周里完成了什么工作，以及所遇到的挑战是什么？”举个例子：一个负责人事招聘的员工可能会提到，这一周通过他们的努力填补了公司的多少个职位空缺，又有哪些职位空缺，是因为某位经理的决定拖延或中介公司提供的人选不适合，而没有得到预期填补。

让每个人谈论自己的境况能让所有的职员了解其他人在做什么。一方面，很多时候，职员们并不清楚别人在干什么，这样很容易想当然地认为自己在做所有的工作。而一旦他们听到其他人也在做工作时，才会更正确评价同事的贡献。另一方面，员工可能并不了解自己的工作对其他人的影响。这样，员工之间容易产生抱怨，由于缺乏交流，而无法及时解决。

常规例会让每个人有可能最大限度地了解周围的最新动态。但是，关键在于首先要允许和鼓励下属们分享信息。这种会议不是“从上向下”传达指示，而是“从下向上”反馈情况，收集信息，并让大家彼此了解和尊重各自在工作中所作出的贡献。

员工例会的第二个部分，是要在做决定的过程中引入建设性的意见。尤其要问道：“针对现有状况，我们要怎样做来彻底改造所在部门的工作流程？”通常的结果是最好的想法往往来自那些看上去是冷眼旁观的人。

很多另谋高就的职员在原公司的人力资源部门提及离职的原因时，理由很多是因为没人在意及理会他们的想法，对此，他们倍感失望。如此一来，每天的工作只是机械地重复着早晨上班，晚上下班，使他们的积极性和创造力受到极大的抑制。其实，我们只需简单地征求他们的建议，就能满足他们最基本的心理需求，并产生截然不同的积极效果。何乐而不为呢？

在会议上，员工提出的问题，可能已超出了你力所能及的范围。但你的目的是帮助员工们去关注在现有资源下能做些什么。首先，你应该将建议的所有权赋予提出建议的人，从而真正地鼓励员工着眼于现有的做事方法。接着，你要制定一个很小的、容易执行且适合一周工作量的行动计划，并征求自愿者担当该项计划的先头兵。如此授权不仅给予了员工提出更好建议的充分自由，也树立了你自身的权威，使得修正后的方法上打上了你个人的烙印。

员工例会的第三个部分，是你的部门在过去一段时间里，比如1周或1个月中，有没有更好的做法增进公司的整体业绩。这有利于增强员工的团体意识以及使员工能意识到自己对整个公司的意义。招募员工是为了给公司增加收入、减少费用及节省时间，凡是涉及这三方面中的任何一个今后有可能影响到公司发展的问题，都应该在员工例会上进行讨论、研究甚至一再提及。“我们可以采取什么不同的做法？”这一想法与开始的问题是自然相对应的，因为它反映出特定的时期整个部门的工作将如何进展。它也同样令大家有机会进行案例分析，从而使类似的情形在以后得到更有效的解决。

每周的例会究竟要达到什么目的？这也是检验员工例会是否有成效的标准之一。首先，当你鼓励员工之间彼此交流、认同及信任时，就意味将强化整个公司的企业文化。因为当一个人脑子里缺乏周围的信息，脑子形成一种真空时，这部分空间会充斥着胡思乱想，而通过员工例会能增强了解及认同，使无中生有的猜测减少，这样会使每个人活得更轻松些。其次，当你的下属们与你及他们相互之间有更多的面对面的机会时，同事间的友谊将会最终得到发展。

这样非经常性地检验员工的表现，无论对个人还是整个团队来说都是受益匪浅的。这些问题会激发大家讨论一些更深入的，关于本部门所扮演的角色与整个公司其他部门之间关系的话题。

总之，也许你还会有其他的方法来促进员工之间的交流。但无疑，员工会议是一个最有效、成本最低的方法。事实上，成功的员工会议能解决公司员工内部交流的60%的问题。

不向员工隐瞒坏消息

在危机管理中，最关键在于让员工知道真相。

如果员工在第一时间了解到企业重大事件的真相，他们在危急时刻就会挺身而出，帮助企业渡过难关。

很多公司高层对其员工重视不够。他们理所当然地认为，员工已了解企业实况，应该对企业忠心耿耿，为公司赴汤蹈火。但遗憾的是，多数情况并非如此。

员工是最复杂，最敏感的群体。员工们坚信，通过自己的辛勤工作和对企业的耿耿忠心，他们有权了解企业的最新信息。长期工作培养出员工强烈的主人翁意识，因此，他们相信自己应成为公司决策的重要组成部分。

特别是当企业发生危机时，很多公司管理层出于逃避责任的目的，遮遮掩掩，不愿意让员工知道事实的真相。但事实上，管理层越是这样，情况会变得越坏。

暴雨滂沱，洪水泛滥。汹涌的湖水迅速逼近一家坐落于湖边拥有50名员工的广告公司。疏散工作势在必行。

工作可能因为暴雨而被推迟，但客户的工期逼得正紧，丝毫不能耽误。在这危急关头，公司十分需要员工的支持和配合。作为管理者应该向员工解释公司现在面临的困难，以求得员工的支持。于是，管理层决定让部分在一楼工作的员工搬至二或三楼继续工作，其他员工需要到45分钟行程之外的临时场所办公。

为保证按时完成任务，执行董事发了一纸态度强硬的通知，命令每个人坚守岗位。通知写道："鉴于工期紧张，大家必须坚守岗位，无一例外。"

大出意料的是，当天就有5人称病早退。第二天，50名员工只来了15位，剩下的要么打电话请病假，要么干脆不露面，使那位执行董事大为恼火。

人算不如天算，你总有需要员工帮助的危急时候，而那正是员工报复的时机。为了避免这一天的真正降临，从现在开始就要做好员工感情工作。如果案例中的那位公司执行董事了解危机管理三原则的话，结局会大不相同的。

原则一：主动求助。危机来临时，要积极向员工求助，而不是想当然认为他们会主动出手。设身处地地想想，如果在帮助别人之后，对方不是感激你，而是觉得理所当然，久而久之你也会产生反感，拒绝帮忙。主动向员工求助，坦率说明他们的帮助对你有多重要，并及时地对他们的贡献表达谢意。

原则二：不要过河拆桥。"雨过天晴"，一切恢复正常之后，别忘了举办个感谢会，向在困境中支持过公司的员工表达谢意。毕竟很多时候，员工可能在公司最需要他们的时候离去。

原则三：选择沟通的最佳方式。如果那位执行董事换一种方式，使用员工例会或小范围的会议，那么员工可能会更配合些。他还可以郑重地向员工说明，在当前困难时期他们的努力和支持对于公司有多么重要。

在危机管理中，最关键在于让员工知道真相。这样，你才能取得员工的信任，共渡难关。举个例子，由于产品质量问题，公司面临巨额诉讼。作为管理者，你应该向员工隐瞒事情的真相，还是向他们公开这一切？你也许会认为为了稳定人心，最好还是先不要告诉员工为妙。事实上，你大错特错。这是学鸵鸟把头埋在沙子里以为安全了的愚蠢做法。如果员工从其他途径了解真相，他们的第一反应是什么——我们被欺骗了。相反如果管理层能诚实地向员工说明公司面临的困境和员工进行充分交流，取得他们的支持，那局面就不一样了。

实现有效沟通

沟通存在于团队管理的每个环节。有效的沟通能为组织提供工作的方向、了解内部成员的需要、了解管理效能高低等，它是搞好团队科学管理，实现决策科学化、效能化的重要条件。一个团队如果不能有效沟通，那么就不能协调合作，就不利于团队的发展。但是，真正实现有效沟通却并不是一件容易的事情，每个人的想法不同，不同人的价值观不同，以及身处环境不同，这些因素可能影响到有效沟通。例如，一个业绩好的销售员为了保住自己的领先地位，就不可能全盘说出自己认为很有效的工作方法；一个员工可能因为害怕惹祸上身，而不愿说出一些事情的真相；一些经理人为了保住自己的位置，可能不会对上级的一些失误提出任何异议。

耕柱是一代宗师墨子的得意门生，但他老是挨墨子的责骂。有一次，墨子又责备了耕柱，耕柱觉得自己非常委屈，在许多门生之中，大家都公认耕柱是最优秀的，却偏偏常遭到墨子的指责，这让他很没面子。一天，耕柱终于忍无可忍，便愤愤不平地问墨子："老师，难道在这么多学生当中，我竟是差劲到如此地步，以至于要时常遭到您老人家的责骂吗？"墨子听后，不动声色地说："假设我现在要上太行山，依你看，我应该是用良马来拉车，还是用老牛来拖车？"耕柱回答说："再笨的人也知道要用良马拉车。"墨子又问："那么，为什么不用老牛呢？"耕柱答道："因为良马足以担负重任，值得驱遣。”墨子说：“你答得一点也没错，我之所以时常责骂你，也只因为你能够担负重任，值得我一再地教导和匡正啊。”

由这个故事我们可以看到有效沟通的重要性。试想一下，如果耕柱没有和墨子进行有效沟通，那么，耕柱一直以为墨子这样做是有意为难他。那么，他就可能做出违背老师意思的事情，或者不利于团队的事情，还可能产生让人不堪设想的后果。正是因为耕柱没有按照自己的想法自以为是，能和老师敞开心扉，畅所欲言，把心中的谜团倾诉给老师，才使得他最终明白了老师的良苦用心，没有造成误解。这也告诉我们有效沟通能够使我们揭开事实真相，消除误解。不仅如此，有效沟通还有快速达到沟通目的，让他人迅速了解沟通内容的作用。

那么，团队中又应该怎样进行有效沟通呢？

首先，应该明确沟通目标。对于团队领导来说，目标管理是进行有效沟通的一种解决办法。在目标管理中，团队领导和团队成员讨论目标、计划、对象、问题和解决方案，因为整个团队都着眼于完成任务，这就使沟通有了一个共同的基础，彼此能够更好地了解对方。即便团队领导不能够接受下级成员的意见，但他也能理解其观点，下级对上司的要求也会有进一步的了解，沟通的结果自然能够得到改善。如果绩效评估也采用类似这种办法的话，同样也能改善沟通。

其次，在团队中，作为一个领导者，应善于利用各种机会进行沟通，甚至创造出更多的沟通途径。与成员充分交流并不是一件难事，难的是创造一种让团队成员在需要时可以无话不谈的环境。

对于个体成员来说，要进行有效沟通，可以从以下几个方面着手：

第一，知道沟通时要说什么，换句话说就是要明确沟通的目的。如果连沟通的目都不明确，就说明你自己并不知道该说什么，又怎么能把话传递给别人听呢？这样，自然也就不能达到沟通的目的了。

第二，知道自己该什么时候说。沟通不仅要知道自己该说什么，还要掌握好沟通的时间，知道在什么时候沟通更容易成功，什么时候沟通效果适得其反。例如，沟通对象正大汗淋漓地忙于工作时，你在旁边不断地和他商量一些事情该怎么做，那么，显然会招来沟通对象的反感，说得有些不合时宜，结果也不会好到哪里去。如果沟通对象心情非常好，正在和大家侃侃而谈，这时候你要称赞他几句，然后适时地谈一下自己的一些要求。那么很可能你的要求会顺利得到沟通对象的应允。所以，要想很好地达到沟通效果，就必须掌握好沟通的时间，把握好沟通的火候。

第三，必须了解说话对象。俗话说："对什么样的人，说什么样的话。"针对不同的沟通对象，说话的方式方法都会有所不同。例如，一个喜欢听赞美的沟通对象，我们可以顺气说好，多多赞美他，他一高兴，我们就可能顺利达到沟通目的。如果沟通对象是一个很务实的人，那么我们就要给他分析利弊，让他知道这样做的好处，然后才能达到沟通的效果；拍他马屁，说奉承话，反倒只会招来他的反感和不信任，起到相反的效果。

第四，要选对沟通对象。如果你想要涨工资，那么，你就要找负责涨工资的老总，而不是副总。否则，你和副总沟通半天，他也不能决定你工资是否能涨，还要去向老总申请，只有找准沟通对象才能使沟通迅速见成效。

第五，知道该怎么沟通，也就是懂得沟通技巧。你知道应该向谁说、说什么，也知道该什么时候说，但你不知道怎么说，仍然难以达到沟通的效果。沟通要用对方听得懂的语言、文字、语调或肢体语言等等，而你要学的就是透过对这些沟通语言的观察来有效地使用它们进行沟通。

有效的沟通才能顺利实现沟通目的，才能建立良好畅通的沟通渠道。这样，整个团队才能顺畅地向前发展。

倾听是沟通的桥梁

有人说："沟通就是，我说的便是我所想的，怎么想便怎么说。如果团队同伴不喜欢，也没办法！"从目的上讲，沟通是磋商的意思，即队员们必须交换和适应相互的思维模式，直到每个人都能对所讨论的意见有一个共同的认识。只有大家对讨论内容有了共同的认识，才是进行了有效的沟通。在团队中，团队成员越多样化，就越会有差异，也就越需要队员进行有效的沟通。沟通无时不在，怎样使自己的沟通更高效，关键在于学会倾听。倾听是有效沟通的桥梁，倾听不等于简单的听到，而是要做到有效地听取信息，给予倾诉者及时的反馈信息和极大的关怀。

对美国500家大公司进行的一项调查表明，超过50%的公司为员工提供了听力培训。有研究表明：那些很好的倾听者更为成功。在工作中，倾听已被看做是获得初始职位、管理能力、工作成功、事业有成、工作出色的重要必备技能之一。

以前美国乡间，有许多地方不愿意使用电器。有一家电器公司想在农村拓展业务，就派了一位代表到乡下去考察，以便借机推销。那位代表到了乡下后，先去询问当地经销处的经理。经理说："乡下农民不是不愿意买电器，只是因为他们生性俭朴，甚至可以说是一毛不拔，不愿意把钱都花在购买昂贵电器上，并且农民们对我们公司的产品并不是很满意。我已经尝试过了，一点希望也没有。"这位代表听后，觉得在这种情况下推销电器的确是不合时宜，但是他还是决定先去看一看。

有一天，他来到一家农户的门前，敲了敲门，门打开一条缝，一位农妇探出头来。那位妇女一见推销电器的人，便显露出非常令人讨厌的神情，并把门紧紧地关上。他没有放弃，又敲了敲门，那位农妇不得已便打开了一条缝，一股脑地说出她对公司的不满。

他一看情形不对，就心生一计，装着很客气的样子，对那位妇女说："对不起，我打扰了你。我不是推销电器的，我只是想买你家的一些鸡蛋。"妇女听他这么说，就半信半疑地把门打开了一半。他就接着说："我看你们家养的多明尼克鸡又肥又大，我想生出的鸡蛋一定很好吃。""你怎么知道我家的鸡是多明尼克鸡？"那位农妇的好奇心被吊起来了，她又把门打开了一些。"我自己也养鸡，但是不如你们家养得好。"那位妇女听到这里，给了他一个美丽的微笑，然后打开大门问他："那你为什么要买我们家的鸡蛋呢？"他便装作很内行的样子说："白鸡生白蛋，黄鸡生黄蛋，做蛋糕是用黄蛋做得好吃。我妻子很喜欢吃蛋糕，自己又没有黄蛋，所以特地来向你买。"这位妇女听得津津有味，便热情地迎接他进去。

他走进院子里，看见牛栏里养着几只奶牛，便又称赞道："我想你养的鸡下这么好的蛋，一定比你丈夫卖牛奶挣的钱多吧？"这时，那位妇女很热情地告诉他许多养鸡的方法，并且主动领他去参观她的鸡棚。他们交谈了很长时间，那位农妇越说越起劲。临走的时候，那位妇女忽然主动告诉他："我们的邻居也养鸡，但他们的生意比我们的好，听说他们家鸡棚中装了电灯，这大概和他们的生意好有关。现在我们也想装，你看怎么样？"他知道时机已经成熟，便竭力劝说她家也装了电灯。

这位代表懂得察言观色，能够从妇女的言谈中倾听出内容，然后随机应变给以有效的回应，使在你来我往中达到有效沟通目的，从而销售出了自己的产品。

仔细观察，我们往往会发现这样一个现象：在善听者和善说者之间选择，人们更喜欢善听者，因为人们都喜欢发表自己的意见，希望自己的意见能得到他人的认可。所以，一旦有机会表达，他们就会尽情地把想说的话都说出来。如果你在此时能静静地听他们说，不失时机地点点头，或者说上几句鼓励的话或者问一些问题，那么他们会觉得自己的想法很有价值，这时候他们会充分表达自己的想法，从而达到有效沟通。做个倾听者还能给对方留下和蔼可亲、值得信赖的良好印象。反之，一个不善于倾听的人，总是留给人主观武断的印象。例如，在现实生活中，有的领导干部，无论在什么场合，总喜欢自己侃侃而谈，从来不在乎别人的感受；也有些领导，下属汇报工作时，刚开了个头就截断人家的话茬，即使是去征求意见，也常常打断人家的话头。还有的人做思想工作，没等人家说明原因，便匆忙截住，开始给大家讲道理。这样会使大家感觉很憋闷，不舒服。这样的领导长期不注意这种不良的习惯，会慢慢变得没有人缘，下边的员工也不愿意向他说心里话，他再也听不到真实的情况。

一把坚实的大锁挂在大门上，一根铁杆费了九牛二虎之力，还是无法将它撬开。钥匙来了，它瘦小的身子钻进锁孔，只轻轻一转，大锁就“啪”的一声打开了。大铁杆很是纳闷，便问钥匙：“钥匙，你怎么能打开这么大的锁呢？”“因为我了解它的心。”钥匙说。

钥匙了解大锁的心，所以，它能轻而易举地把大锁打开。这也启发我们在沟通的时候一定要多倾听，了解对方是怎么想的，然后告诉他，他该怎么办。否则人就像是这个大铁杆一样，不了解铁锁的心，不论怎么做，都打不开那道心门。

协调使工作更美好

每个成员都希望自己所在的工作环境是和谐、轻松和愉快的，这样的工作氛围不是哪个企业生来就有的，它是每个员工积极主动地创造出来的。这样的环境不仅使员工工作愉快，工作效率大大提高，也会使团队的发展更加顺畅。要想创造这样的环境不仅需要企业负责人积极地宣传、引导，更需要员工积极地去协调各方面关系，为自己、为企业营造这样的良好氛围。

首先企业员工应该协调好和上司的关系。在与上司交往的时候应注意以下几个方面。

1. 要尊重上司

作为下属，不管你职位如何高，都不能忘记：你的工作只是协助上司完成经营决策；你不是决策者。即便上司的决定，你不是很满意，甚至和你的意见南辕北辙，你也不要鲁莽地顶撞上司，要相信上司的判断力。当你想要提出自己的意见时，可以寻找一个恰当的机会提出来。如果你的意见没有被上司采纳，并且没有继续提出的必要，你就应该完全放弃自己的意见，全力去执行上司的决策，完成上司的计划。

尊重上司，不仅尊重他的决策，还要尊重他的一些合理习惯。不同的上司有不同的性格，有的健谈，有的不善交际；有的性子慢，有的性子急；有的上司作风专制，有的上司作风民主。无论上司的习惯你是否喜欢，都应该尊重他的习惯。这样上下齐心，才能把工作做好。

2. 要服从上司

上司是决策者，所以，上司的命令一定要服从。服从上司的命令，才能赢得上司的信任，给上司留下一个良好的印象，在长期的交往中，就能和上司建立良好的关系。到这个阶段，当你有什么好的建议，提给上司，上司就可能给你提供发展平台，让你去做，这样就有利于工作的顺利开展。否则，不服从上司，凡事都要跟上司讨教讨教，那么，这个人在这个公司就待不了几天，更不用说得到上司的赏识，进一步获得发展的机会了。

3. 学会主动解决问题，不让上司头疼

上司是个决策者，所以，员工在工作中发现问题时，不要去问上司，而是要先自己找到解决方案，然后让上司去决策。这样上司工作起来就感觉很顺畅，员工也因此给上司留下良好的印象。当公司出现一些问题，如果你有能力解决，积极帮助上司解决这些问题，上司也会一点点地赏识你了。那么，工作就会顺畅。

企业员工应该协调好和同事之间的关系。我们每个工作日的大部分时间都是和同事们在一起的，和同事建立良好的关系，不仅能营造良好的工作氛围，也能从同事那里获得帮助，使自己的工作取得更大的进步。协调和同事的关系可以从以下几方面着手。

（1）有宽容的态度。谁都有犯错误的时候，如果同事或有意或无意冒犯了你，不要太在意，首先让他知道你认为他错了，然后，就不必计较太多。这时，你的同事内心会感到一种愧疚，总有一天他会回报你。当然，如果遇到了一个蛮横无理，占了便宜还卖乖的同事，也不必容忍，否则，他会认为你懦弱，会得寸进尺。可以不理会他，以后避免和这样的人接触，尽量不要把矛盾闹大。否则，人和人之间有了结，就不好化解了。

（2）要懂得与人方便。俗话说："与人方便，与己方便"。你可以在举手投足之间帮助他人，你可以多替他人着想，这样同事之间才会关系和睦。

否则，如果你处处想着自己的利益，不顾及他人的想法，就可能会受到他人排挤，不利于你工作的开展。

（3）要诚信正直。诚信正直是一个人的基本道德品格。一个诚信正直的人才会得到大家的尊重，才值得大家的信任，才会建立良好的人际关系。否则，工作常失信于人，做背弃信义的事情，为了私利颠倒黑白，那么，这个人就不会得到大家的信任，就会受到排挤。

（4）敢于承认错误。有时候，同事之间闹了矛盾，如果大家都碍于面子谁都不去主动化解，那么一个小小的矛盾就会转化成大矛盾。如果自己做错了事情，就要勇敢地承认错误，每个人都有包容心，他们不仅会原谅你，还会和你建立良好的人际关系。当你没有错误的时候，为了化解矛盾可以找到自己做的不妥的地方，主动和同事和好，同事看你如此大度，便会自动承认错误，以后还会更加尊重你。和谐关系是非常宝贵的，不要因为一些鸡毛蒜皮的小事破坏和谐关系。

最后，企业员工要和自己的客户或者合作伙伴建立良好的关系。如果你和一个股票公司的老总关系很好，那么，当你想要炒股的时候，就可以咨询他，他也许会给你提出更多好的建议，或者介绍你给他的朋友，这样，你的人际圈会扩大，你成功的机会就会更大。

要想和客户或合作伙伴建立良好的关系，就需要从以下两方面入手：

① 常主动热情地联系客户或合作伙伴。即便是以前的客户或合作伙伴也不要忘记联系。也许哪一天你就需要他们的帮助。你总是和他们主动热情地联系，那么，对方也会热情地回应你，和客户或合作伙伴吃个饭，下个棋，过节的时候给客户或合作伙伴送个祝福，送个小礼物，这都会增进和客户或合作伙伴的关系。长此以往，便能建立良好的人际关系。② 对客户或合作伙伴负责。有责任，双方才能长久互信。如果没有责任，工作上出了问题，溜之大吉，双方就不会建立关系，更不用说是友好关系了。凡事

用负责任的态度去对待，会赢得客户或合作伙伴的信任，有利于建立友好关系。

如果每个团队成员都能做到和上司、同事、客户或合作伙伴建立和谐友好的关系。那么，人人都能做到轻松愉快地工作，工作效率会大大提高，那么，整个企业运作就会非常顺畅，发展必然顺利平稳。

沟通障碍及克服措施

现代社会信息高速发展，在现代企业中，人和人之间，部门和部门之间，企业的上下级之间，以及其他各个方面之间，特别需要双方进行沟通，互相理解，互通信息。但是，在现实生活中，人和人之间却常常隔着一道道无形的“墙”，阻碍了彼此的沟通。无论现代化的通信设备有多么的神奇，却无法穿透这个看不见的“墙”。如果沟通的渠道长期阻塞，信息交流不畅。那么就可能造成员工感情不融洽，关系不协调，就会影响工作，甚至使企业每况愈下。

以下因素能造成沟通障碍。

1. 个人因素

（1）偏见。每个人对他人都有一个第一印象，这种第一印象先入为主，总是影响到之后的交往。例如，一个人看另一个人尖嘴猴腮，那么，他就会在心里认为这个人是个奸猾小人。之后，在谈吐中，就会越看这个人越奸猾。同样，如果第一印象感觉彼此谈不到一起，就会影响到以后的交流，造成沟通障碍。

（2）武断。人做事可以果断，但却不能优柔寡断，也不能武断。判断事物是需要讲求凭证的，说话要有依据，没有道理、没有根据的话只会误导他人，给沟通造成障碍。

（3）缺乏兴趣。因为对谈话内容缺乏兴趣，有些人就会心不在焉，听不明白别人说话的内容，所以，就可能出现答非所问，造成沟通障碍。

（4）自我表达困难。这是指个人表达不清楚，语言表达困难。

（5）地位。因为每个人的职位地位不同，看待事情的角度就不同。例如，老总要从宏观角度去考虑企业的发展，而员工则更多地从个人角度考虑问题。这样在理解问题的时候就可能有差异，就会造成彼此沟通障碍。

（6）文化差异。生活在不同文化背景下的人们考虑问题会有差异，这种差异会影响到人们看问题的角度，就可能造成沟通差异。

（7）缺乏理解。因为谈话双方不能互相理解，总是喜欢站在自己的立场上去思考问题，就往往造成误解。

（8）个性。每个人都有每个人的性格，有的人泼辣，有的人温柔，有的人行事严谨，有的人做事草率，性格不一样的人看问题就不同，例如，严谨的人讨厌草率，而草率的人则认为严谨的人太过认真。

2. 人际因素

人际因素主要包括沟通双方的相互信任程度和相似程度。

沟通是发送者和接收者之间“给”和“受”的过程。信息传递是双方的事情，而非单方面。所以，沟通双方的真诚和信任程度对沟通起着至关重要的作用。上下级之间，同级之间的员工如果多了猜疑，那么,就会减少坦率交谈的机会，也就不可能进行有效的沟通。沟通的准确性和沟通双方间的相似性有着直接的关系。如果沟通双方的性别、年龄、智力、种族、社会地位、兴趣、价值观、能力等方面都非常相似，那么，他们之间沟通起来就会更容易理解彼此，更能达到有效沟通。

3. 结构因素

信息传递者在团队中的地位、信息传递链以及团体规模等结构因素也会影响到有效沟通。人们常常会发现，地位的高低不同会影响到沟通方向和频率。例如，人们都愿意和地位较高的人沟通。地位悬殊越大，他们之间沟通障碍就会越大；信息传递层次越多，它到达目的地的时间就越长，信息失真率就越高，越不利于沟通。组织机构庞大，层级较多，也不利于信息沟通的及时性和真实性，影响沟通。

4. 环境差异

谈话的环境可能影响到沟通，造成沟通障碍。例如，整洁的环境、开放式的办公环境等都会影响来访者的知觉。

面对沟通中的困难，我们该怎么克服障碍，实现有效沟通呢?

第一，要提高沟通时心理承受水平，克服沟通障碍。例如，在和他人沟通中，认真地去感知，集中注意力，以便准确地传达或理解信息，避免因为信息传递不准确造成沟通障碍。在沟通中提高思维能力和水平，迅速理解谈话的内容或者传递的信息，以便对方准确接收或表达。与他人谈话要镇定自若，创造一种相互信任、和谐轻松的沟通氛围，以便更好地沟通。

第二，准确使用语言文字。语言文字使用是否恰当直接影响到沟通的效果。使用语言文字时一定要简洁、明确，叙事说理要言之有据，条理清晰，富含逻辑；措辞得当，通俗易懂，不滥用辞藻，不要讲空话、套话。尽量少用专业术语。在沟通时可以借助手势语言和表情动作，增强沟通的生动性和形象性，使对方容易接受。

第三，学会有效的倾听。有效的倾听能增加信息交流双方的信任感，是克服沟通障碍的重要条件。在倾听的时候多和他进行目光接触；偶尔点头或提问，表示自己在认真听；不要做小动作，以免使对方分心；不要妄加批评和争论，尽量做到求同存异。

第四，缩短信息传递链，拓宽沟通渠道，保证信息的双向顺畅沟通。

第五，尽量根据谈话内容选择谈话环境，以助于实现良好的沟通。

总之，100个人对一个问题会有100种理解，理解很容易产生偏差！我们可能受各种因素的影响，导致我们的分析、理解出现偏差。为了尽量减少偏差，我们在和他人交流的时候应该多提出自己的疑问，不放过任何一个产生疑问的问题，不以自我为中心，多从对方的角度考虑问题，从而尽量避免产生误解，给彼此的沟通带来障碍。沟通出现障碍是不可避免的，只要我们积极去努力，就能最大化地正确理解对方的意思。

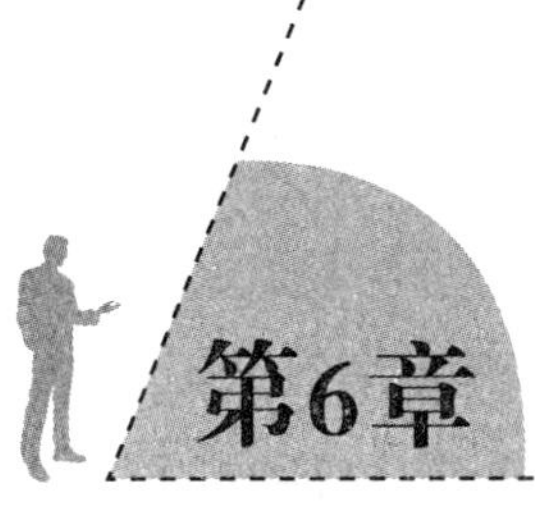

第6章 高效团队的业绩评价方法

运用“同一立场”的思维方式

“同一立场”的思维方式能使你用积极的心态看待员工所做出的业绩。业绩评估包括确定目标、鉴定取得的成果和制定业绩评估标准。这些标准应该对每位员工的职责评价都是适用的。应该注重以下三个方面：①评估员工的工作表现，而不是进行人身攻击，也就是对事不对人。②评估要有效、具体，而不是泛泛而谈或夹杂着主观情绪。③与员工就他怎样改进工作和你应该做些什么达成一致意见。

在进行业绩评估时，你应该向员工表明，评估是针对员工具体的行为或业绩，而不是针对个人。这是建立“同一立场”思维方式的关键。只有这样，你才有可能和你的员工共同探讨怎样解决工作中的问题。

举个例子：

上司：“你总是迟到。你们部门的一些人认为你很懒。”

员工：“我不懒。如果你这样认为，那么你根本不了解我。”

由于主管的话语中流露出“这个员工懒惰”，因此马上就产生了个人品性、感情和争辩等一系列问题。这样的反馈会刺伤员工的感情，以致员工忽略了绩效的问题。更有甚者，管理者也许会忍不住责骂员工“粗鲁迟钝”，这非常接近人身攻击。其实，在上面的例子中说员工总是迟到是很不具体的。具体化，最好是用数据或书面材料说明，事实才不会被感情所代替。事实最具说服力，感情却会促使员工为自己的过失进行辩解，指责他人并继续其不良表现。所以，如果要把迟到作为员工实际的工作表现，就必须将其进行量化。比方说：到今天为止，15天中你总共迟到了5次。

如果上司能以“同一立场”的思维去对待员工，那么情况可以变好。在业绩评估时要与员工进行有效的沟通，建立“同一立场”的思维方式很重要。如果运用得当，你就可以取得以下优势。

上司：“你要注意，上班要准时。一些客户在上午8：00打电话找你，你却不在办公室。”

员工：“你说得对。只有依靠他们，我才能有现在的业绩，也许这就是原因所在吧。”

上司：“有什么需要我帮忙的吗？”

你不得不对员工的工作做出评估时，你还会认识到，员工的工作业绩不理想可能是管理不当的结果。你会特别注重自己该做些什么和说些什么。一旦意识到自己的职责所在，你就会采取措施加强你和员工之间的联系，使其在平等的基础上发挥最大的效用。

你能对员工的工作表现提出自己的意见，从而让他们意识到要成为公司优秀的一员应具备什么条件。对于员工良好的工作表现，你应及时加以肯定并予以鼓励。你还可以提出你对员工的更高期望值，激励员工付出更多的努力。

你部门的发展必须体现出全体部门员工的利益、能力和追求。只有用“同一立场”的思维来看待周密安排的业绩评估，你和员工才能共同制定一致的目标。

“同一立场”的思维方式能使你用积极的心态去看待员工们在过去做出的业绩。同时，作为员工的良师益友，从解决问题的角度，指出员工存在的不足并帮助他们改进自己的工作。

这样一来，你就掌握了另一种帮助员工解决问题的工具，这是你最重要的工具之一——取得成效的工具！

因此，通过对员工进行业绩评估，你和你的公司就能获得有用的反馈意见，帮助你们优化人力资源。通过评估，你可以和员工共同制定新的目标，并重新组织员工来取得最大的成效。

与员工面对面地进行业绩评估

了解员工的想法，进而达到相互理解，这样做是至关重要的。坐下来与员工面对面地进行业绩评估，与员工进行充分的沟通和交流，是业绩评估成败的关键。如果你认为，评估是管理者的职责，而与员工没有关系，那你就大错特错了。评估应该是在管理者与员工在双方都认可的某个业绩评判标准下进行的一种互动性的活动。从这个意义上来说，与员工面对面地评价他们的业绩及今后的行动，是每个管理者都应该采取的一种无可争议的方式。

和员工面谈之前，你应该有充分的准备，如果你对所谈的问题和你自己的情绪没有绝对的把握的话，你千万别急着开场。与员工见面之前先把下面这些问题考虑好：你认为可以接受的最起码的行动是什么？有没有其他的解决办法？你希望对方何时得到改进？

面谈时应尽量避免分心和被别人打扰。把办公桌上和脑子里一切与评估无关的东西通通清理掉，挂断电话，关上房门。让员工感觉到，你十分重视这次面谈。确信自己已阅读了所有必要的资料并备好待用。

谈话开始时你可以先随便聊聊，营造一个宽松的气氛有利于进一步的沟通和交流。你们要面对面地交谈，最好不要隔着办公桌谈话。这样你就可以通过形体语言告诉对方：你们属于同一个集体，正在努力解决共同的问题。

谈话前可以把需要讨论的内容用标题的形式简单地列出来，以便让员工做到心里有数。首先向员工说明一下谈话的原因和你所做的安排。一定要让员工明白每个员工都将和你进行这种谈话，因为这是你和他们工作的一部分。如果你在做上述说明时员工有什么问题，你应该马上给予答复，让员工明白你愿意回答他所提出的问题并且理解他提出这个问题时的心情。对员工关心的问题应给予明确的答复，然后听听员工对此的意见。如果你觉得员工对你的答复表示满意，你就可以开始下一步了。

了解员工的想法，进而达到相互理解，这样做是至关重要的。这样做等于向对方表明，你很愿意听听他的心里话。你可以因此而激发员工的工作热情。由于员工有这样一个机会说出自己的问题和担忧，在接下来的讨论中，你们之间就不会产生误会。你可以把员工的这种表白当成一种预警系统，通过它，你可以做到有先见之明。因此，一开始你就应该先请员工发表意见，这样你就与员工建立了一种能够交换意见的友好关系，这对接下来的谈话是有利的。记住，你是在请员工谈论他喜爱的话题——他自己。

在对员工进行评估之前，你应该认识到与员工讨论他的工作表现最容易使他产生抵触情绪。因此，你应该先弄清楚员工都有哪些难对付的行为，以便找到有效的对策。

难以对付的行为之一就是对立情绪。这对管理者而言，这是时常会碰到的事情，有些员工常常会情绪激动，甚至气急败坏。对此，你要能沉住气。最重要的是要理解人，你需要用事实来说话，但要注意方式。比如你可以先让员工发泄不满情绪，然后再向他说明道理，引导他改正。

询问员工你能为他提供什么帮助。你也许不愿意问员工这个问题，因为：①这问题有危险。②你觉得结果会很糟。③你认为应该是员工，而不是你来提出这个问题。

但是你应该问这个问题，因为：①员工听了高兴。②员工会告诉你这个领导当得如何。③你会得知大伙儿在谈论些什么。④你将得出正确的看法。⑤也许可以使员工提升工作业绩。⑥将有利于你和员工统一行动。

在对员工进行业绩评估时，你应该完成这样一个任务，那就是当员工需要作出决定时，你应该根据自己的经验给他们提出一些建议，让他们能够有所选择。员工也许没有你那么清楚，所以你应该提供帮助。

接下来是评估工作的实质性阶段：通过对业绩进行评定，综合各方面的因素，得出有益的评估结果，并顺利地传达给员工。

记住，只有员工完全明白了你对他们的要求，他们才能遵照执行。另外，你一定要让他们意识到不按要求做的后果。只有做到这一点，你对员工的工作说明书进行仔细分析，与他们讨论他们的工作职责、工作要求和工作成绩才能有效果。

问问你自己，这次业绩评估你给员工提出的目标是否应该在数量上加以限制。一次谈话员工能够接受多少批评意见呢？在半年或者1年内就要求员工在诸多方面取得进步也许期望太高。然而，你应该清楚员工到底能够取得哪些成绩，并请员工做出相应的承诺。

计划一下，看你打算如何帮助员工认识提高工作业绩的必要性。服从并不等于接受，只有员工自己表示要改进自己的工作，你才能得到最满意的结果。

多大的改进才算够了呢？也许以下两点必须改进：

（1）让员工自己制定具体的改进计划。

（2）把改进和改正区分开来。改正是改变总目标，改进则是朝着正确的方向迈进。

如果员工的工作仍然没有起色，或者该员工缺乏改进自己工作的能力或愿望，那你可以和他最后谈一次，给他最后一次机会，如果还是不行只好让他走人。

好了，现在再来看看那些工作出色却不能获得提拔的员工。这些员工分为两种：一种是明明知道却接受得不到提拔的现实；另一种是对此一无所知或者不肯接受。每个公司都有应该提拔却不予提拔的员工。

出于多种原因，工作出色并不一定就能得到提拔。对于那些不可能得到提拔的员工，你必须把他们的工作目标讲清楚。落实以下几点：

（1）有什么方法可以让这些员工继续出色地工作？这些员工需要你不断地进行鼓劲。

（2）用什么来激励这些员工？要回答这个问题，得看他们最近有什么要求没有得到满足。

（3）有什么具体的东西可以激励这些员工？经常委以重任，适当下放你的权力。

（4）你怎样丰富他们的工作内容，让他们承担更具挑战性的任务？与授权不同，这种工作内容的变动是永久性的，别人在工作中会碰到，你自己在工作中也可能碰到。

（5）能不能鼓励他们多参与管理，让他们参与更多的决策？

（6）他们有没有能力辅导其他员工？要认识到，传播知识对公司的成功是一种重要的贡献。相对来说，与工作出色而且又将得到提拔的员工谈话就容易得多，但不应该承诺他们一定能提升。现在你的任务是注重他的新工作，而不是他的现实表现。反复向他说明尽管他将承担新的工作，但他现在仍然要像原来一样努力工作，新的工作只会让人干得更出色。

听听员工以后有什么实际打算并与他共同制定未来的规划。员工可能的发展举措包括：①现行工作的开展。②个人培训。③对新岗位或新职位的打算和安排。④业余时间的打算。⑤专题讨论会、学术会议、工作会议。⑥自我发展和自学计划。⑦大学进修和攻读学位。

无论员工表现好坏，能否得到提拔，与他谈话时你都可以参考以下行为准则：①以你的工作日志和评估表为准。②从优点说起。③尽量使你的分析与员工的自我鉴定统一。④谈话时随时准备停下来倾听员工的意见。⑤了解员工对你的分析有何意见。⑥员工对你的评估提出意见之后，你予以说明。⑦做不到的事不要答应对方。

执行工作改进计划。评估进行到这个阶段，你可以确认以下两点：①在规定的时间内员工应该完成的具体任务。②在同一时间范围内你应该完成哪些具体工作，以帮助员工改进工作，克服困难和障碍。

接下来，你应该将你们商量好的计划制成文件，以便双方遵照执行。计划应该包括：①员工得到改进所必须完成的具体工作。②你帮助和支持员工所要完成的具体工作。③为了使员工工作顺利，更令人满意，更有发展前途所要做的具体工作。

所列出的以上具体任务应该成为你们工作的重点。另外，该计划应该包括长期目标和短期目标。你们还应该制定一个行动计划，并把其划分为可行的具体步骤。

您可以按以下办法制订行动计划：①询问员工愿意承担什么工作。②你想让员工承担何种工作，请员工提出补充建议。③与员工商定他首先要做的工作。④询问员工你能如何帮助他。⑤你觉得能为员工做些什么，请员工提出补充建议。⑥与员工商定你所要做的具体工作和完成的时间。⑦记录在案。

立即动手改进你的评估体系

专家建议绩效评估过程和文件要尽可能的简单。

当莫特知道得到晋升的时候，心里非常激动。他认为新职责范围会扩大，会有一次加薪机会。升到新职位后不久，当人力资源部进行绩效评估时，他的期望又进一步升高，认为离大幅度涨薪的日子不远了。

但是时间过去了6个月，评估还没有结束，加薪也无着落。而且，莫特从来没有接受过一次试用期绩效评估。这个绩效评估本来也应该会给他带来小幅加薪的。

就这样，在一年之内，莫特看到三次涨薪的机会从他的指缝中溜走，因为要么没有绩效评估，要么就是绩效评估没有结束。他将他的感受归纳为一句话："我被骗了。"

努力要留住人才的雇主当然不愿意看到员工对企业丧失信心，然而，不完善的或糟糕的绩效评估体系往往会导致这样的结果。当评估不公正、不及时、不精确时，企业就没有办法对优秀员工进行奖励，对处于边缘的员工提供鼓励和指导，对工作低于标准的员工给予及时和适当的反馈。

那么，如何对那些不是那么令人满意的绩效评估体系进行改进呢？要做的事实在是太多了。一些措施是值得引起注意的。

要决定绩效评估体系中包含什么内容是件令人头疼的事，专家建议绩效评估过程和文件要尽可能的简单。必须避免使用长达16页的评估表格或多达95项的评估指标，这会让人忘了评估本来的目的。简化的评估表格有好多优点，包括评估中的一致性。这一点已由美国爱达荷州州长办公室中的实践所证明。该州行政官员安·哈尔曼认为，过去使用的绩效管理体系包含了太多的指标，导致评估缺乏一致性。例如，对于同一个员工的考核，某一个经理会想：“既然你一直在做你的工作，说明符合该岗位的绩效要求”。

哈尔曼说：“但另一位经理会想：‘你在这儿已经有些年头了，闭着眼睛也可以做，肯定超过企业的绩效要求了。’”哈尔曼对绩效管理体系作了改进，推出了该州新的绩效管理体系，在这个新系统中，评估层次从5个降为2个：你要么达到绩效标准，要么没有达到。

很多人担心这样做不能将员工区分，但问题的关键在于标准的设定，如果经理人能找到好员工的标准，并将其放入评估表，那么一切都顺理成章。

当然制定评估标准时必须保持灵活性。用一把尺子衡量所有人是不行的。有些能力如“团队精神”适用于每个人，可以在这些方面对每个人都评分。但是，诸如“战略敏捷性”等只适用于副总裁以上的管理层或只适用于特定的群体。

麦斯公司（Mezzialnc）是一家网络基础软件公司。该公司商务经理米歇尔在诠释其绩效管理体系时说：“各关键指标的总体定义能适合每个员工，但为了确保灵活性，对于每项工作，指标的要求不同。”例如，一项衡量客户服务的标准可以被应用于面对内部客户的职位（如人力资源或信息技术支持部门）或面对外部客户的职位（如销售人员）。“要推动你的员工，但又不能设立太高的标准，以至于每个人都达不到，”米歇尔强调，“但如果每个人的表现都出类拔萃，那么你的标准可能设定得不够具有挑战性。”

标准应该尽可能地清晰和可衡量。想一想那些溜冰裁判，他们给溜冰者彼此之间的评分仅有几分的差距。他们之所以如此精确，是因为他们精确地知道他们要寻找什么。

另外一个问题是员工的参与。在麦斯公司的评估体系中，员工目标必须由员工和经理共同讨论完成。这有两个原因。“首先，员工会关注被期望达到的目标，这是很好的自我反省，”梅赛（Mercer）咨询公司的人力资源咨询总监科琳·奥尼尔说，“其次，这些自我评估可以帮助经理看到每位员工的盲点。”

选择评估时间也是一项非常重要的工作，对评估的有效性产生影响。现在，很多公司都从在单个员工的周年日评估转向所有员工集中在一天进行评估，必须考虑这一措施的优劣，然后再决定哪一种方法最适合他们的组织。例如，集中一天评估使得评估体系和公司预算、计划一致，员工的绩效和贡献可以与公司全年目标对照，更精确地衡量。但是，对于计时制的工人或那些经常变换岗位的人，则可能仍需要在其个人的工作周年日进行评估。

一些人力资源专家偏爱周年日的评估方法，因为他们认为，集中一天的评估方法给经理们的负担太重。奥尼尔说：“如果一下子需要看50份报告，精力有可能分散了。”但是，她也相信集中一天做评估可以确保更好的一致性和公正性。她说：“当经理们把所有数据摆在面前时，经过比较他们会作出更好的决策。”奥尼尔引用了梅赛客户团队的研究。此项研究显示，集中一天的评估方法并不会大幅增加经理用于评估的时间。

在已经建立起绩效评估体系后，人力资源部门还可以走得更远一些。你可以问自己：人们是否真的在运用这个评估体系？你从员工意见调查中得到的员工抱怨是不是越来越少？你是否看到员工和岗位越来越匹配？通过这些问题，可以判断这个评估系统是否取得了成功。还可以通过调查来衡量新的绩效评估系统是否成功，比如，员工是否明白被期望的目标，讨论是否如期举行。“看一下企业运营结果和评估结果分布之间的关系，”奥尼尔说，“是不是每个人的评估结果都很杰出，业务却在衰退？是不是所有的销售人员评估时都拿到了5分，但销售在下降？”

全视角绩效评价——多几只眼睛看人

工作是多方面的，工作业绩也是多维的，不同个体对同一工作得出的印象是不相同的。正是根据此原理，人们在实际工作过程中开发出了全视角绩效评价系统。该系统通过由与被评价者有密切关系的人，包括被评价者的上级、同事、下属和客户等，分别匿名对被评价者进行评价，被评价者自己也对自己评价。然后，由专业人员根据有关人员对被评价者的评价，和被评价者的自我评价向被评价者提供反馈，以帮助被评价者提高其能力水平和业绩。

据最新调查，在《财富》排出的全球1 000家大公司中，超过90%的公司在职业开发和绩效考核过程中应用了全视角绩效评价系统。全视角绩效评价系统之所以如此盛行，就在于它有以下几项优点：①综合性强，它集中了多个角度的反馈信息。②信息质量相对比较可靠。③通过强调团队和内部、外部顾客，推动了全面质量管理。④从多个人而非单个人那里获取反馈信息，偏见对考核结果的影响可以得到部分消除。⑤从员工周围的人那里获取反馈信息，可以增强员工的自我发展意识。

全视角绩效评价的主要目的，不是对员工进行行政管理，如提升、工资确定或绩效考核等，而应该是服务于员工的发展。实践经验显示，当用于不同的目的时，同一评价者对同一被评价者的评价会出现差异；反过来，同样的被评价者对于同样的评价结果也会有不同的反应。当全视角绩效评价的主要目的是服务于员工的发展时，评价者所做出的评价会更客观和公正，被评价者也更愿意接受评价的结果。当全视角绩效评价的主要目的是进行行政管理，服务于员工的提升、工资确定等时，由于牵涉到个人的利益，所做的评价公正性会削弱，被评价者也就会怀疑评价的准确性和公正性。因此，当公司把全视角绩效评价用于对员工的行政管理时，一方面可能会使得评价结果不可靠，甚至不如仅仅由被评价者的上级进行评价；另一方面，被评价者很有可能质疑评价结果，造成公司内部关系紧张。

全视角绩效评价一般采用问卷法。问卷的形式分为两种：一种是给评价者提供5分等级，或者7分等级的量表（称为等级量表），让评价者选择相应的分值；另一种是让评价者写出自己的评价意见（称之为开放式问题）。两者也可以综合采用。从问卷的内容来看，可以是与被评价者的工作情景密切相关的行为，也可以是比较共性的行为，或者两者的综合。

目前，市场上常见的评价问卷都采用等级量表的形式，有的同时包括开放式问题。问卷的内容一般都是比较共性的行为。采用这种问卷进行全视角绩效评价有两个优点。首先，成本比较低。美国CCL公司提供的全视角绩效评价问卷，包括1份自评问卷，11份他评问卷，其价格只有大约200美元。其次，实施起来比较容易。采用现有的全视角绩效评价问卷，公司所需要做的事情就是购买问卷，发放问卷，然后将问卷交给供应商统计处理，或者按照供应商提供的方法进行统计处理就够了。但是，这种方法也有其不足，最主要的一点就是问卷内容都是共性的行为，与公司的战略目标、公司文化、具体职位的工作情景结合并不是很紧密，加大了结果解释和运用的难度，会降低评价的效果。

因此，一些公司开始编制自己的全视角绩效评价问卷。采用这种方法编制的问卷，能确保所评价的内容符合本公司的具体要求，使得评价结果能更好地为公司服务。

在实际工作中，越来越多的公司开始采用折中的方案。即先从外部购买成熟的问卷，然后由评价者、被评价者和人力资源工作者共同组成专家小组，判断问卷中所包括的行为与拟评价职位的关联程度，保留关联程度比较高的行为。最后，再根据对职位的分析，增加一些必要的与工作情景密切相关的行为。采用这种方式，既能降低成本，同时也能保证问卷所包括的行为与拟评价职位具有较高的关联性。

在进行全视角绩效评价时，一般都是由多名评价者匿名进行评价的。采用多名评价者，确实扩大了信息搜集的范围，但是并不能保证所获得的信息就是准确的、公正的。同样，虽然匿名评价可能会使评价结果更加真实，但是更真实的评价并不一定就是更有效的。

在全视角绩效评价的过程中，受到信息层面、认知层面和情感层面因素的影响，可能会导致所获得的评价结果不准确、不公正。从信息层面来说，评价者对被评价者的情况不是特别了解；由于没有掌握相应的信息，或者了解的信息是不全面的，会使评价结果出现误差。

从认知层面来说，评价者可能只是根据他们对被评价者的整体印象，而不是具体的行为表现来对被评价者进行评价。

从情感层面来说，评价者可能会无意识或者有意识地歪曲对被评价者的评价。为了维护自己的自尊，一般的被评价者在评价时，会给自己较高的评价，而给其他人以较低的评价。

在同一公司工作的员工，既是合作者，又是竞争者，考虑到各种利害关系，评价者有时还会故意歪曲对被评价者的评价。比如，可能会给跟自己关系好的被评价者以较高的评价，给跟自己关系不好的被评价者以较低的评价。

由于以上原因，如果不对评价者进行有效的培训，会导致评价结果产生很多误差。为了提高评价结果的准确性和公正性，在进行全视角绩效评价之前，应对评价者进行选择、指导和培训。在培训的时候，最好能让评价者先进行模拟评价，然后根据评价的结果指出评价者所犯的错误，以提高评价者在实际评价时的准确性和公正性。

虽然评价是全视角绩效评价中的重要一环，但是全视角绩效评价最后能不能改善被评价者的业绩，在很大程度上取决于评价结果的反馈。评价结果的反馈应该是一个双向的反馈。一方面，应该就评价的准确性和公正性向评价者提供反馈，指出他们在评价过程中所犯的错误，以帮助他们提高评价技能；另一方面，应该向被评价者提供反馈，以帮助被评价者提高能力水平和业绩水平。当然，最重要的是向被评价者提供反馈。

在评价完成之后，应该及时提供反馈。一般可由被评价者的上级、人力资源工作者或者外部专家，根据评价的结果，面对面地向被评价者提供反馈，帮助被评价者分析在哪些方面做得比较好，哪些方面还有待改进，该如何改进。还可以比较被评价者的自评结果和他评结果，找出评价结果的差异，并帮助被评价者分析其中的原因。

在全视角绩效评价实施过程中，会出现一些问题，比如：员工可能会相互串通起来集体作弊；来自不同方面的意见可能会发生冲突；在综合处理来自各方面的反馈信息时比较棘手。

因此，当英特尔公司在建立全视角绩效评价系统时，他们采取了一些防范措施，以确保考核的质量。

1. 匿名考核

确保员工不知道任何一位考核小组成员是如何进行考核的（但主管人员的考核除外）。

2. 加强考核者的责任意识

主管人员必须检查每一个考核小组成员的考核工作，让他们明白自己运用考核尺度是否恰当，结果是否可靠，以及其他人员又是如何进行考核的。

3. 防止舞弊行为

有些考核人员出于帮助或伤害某一位员工的私人目的，会做出不恰当的过高或过低的评价。团队成员可能会串通起来彼此给对方做出较高的评价。主管人员必须检查那些明显不恰当的评价。

4. 采用统计程序

运用加权平均或其他定量分析方法，综合处理所有评价。

5. 识别和量化偏见

查出与年龄、性别、民族等有关的歧视和偏爱。从英特尔公司的经验来看，虽然全视角绩效评价系统是一种很有实用价值的绩效考核方式，但它与任何一种考核技术一样，其成功亦依赖于管理人员如何处理收集到的信息，并保证员工受到公平的对待。

对低绩效的员工心不能太软

重要的是时刻牢记你的目标：消除糟糕的表现和行为。

一位经理花了很大力气，才从某大公司挖来一名关键的信息系统专家。公司满腔热情地给他安排了工作，却很快发现他不能胜任。这位经理试图指导和帮助他，但是他的工作表现始终没有起色。

其他同事来到这位经理面前，建议他采取行动，他却迟疑不决。此时，他知道自己雇错了人，但是由于负疚而迟迟没有动作。他告诉这位新员工，他将给他一些时间寻找新的工作。但是这位新员工的表现却越来越差，直到一位重要客户拂袖而去，其他员工也士气低落，这位经理才把他解雇。

这位经理得到的教训代价不菲：“下次我决不犹豫，立刻采取措施。”

在解雇员工时瞻前顾后，原因何在？

许多企业主管都像这位焦虑的经理一样不忍心正视没有达到标准的工作绩效，更不用说毫无绩效的情况了。绩效低劣的员工是指那些屡犯错误，赶走客户，在企业组织中造成不满和士气低落等问题的员工。快速成长的公司对绩效低劣的员工尤其不能容忍，他们会削弱团队的实力，给潜在客户和商业伙伴留下不良印象，加剧对公司综合生产率的负面影响。作为经理，你必须采取措施及时纠正这种状况。

如果你尽了最大的努力对员工进行指导，但他依旧置若罔闻，或者你降低了工作期望值和标准，他还是没能达到要求，这时你就应该重新审视对他的录用决定。很多经理在3周或更短的时间内就意识到自己在录用员工上的错误，但通常在3个月之后才决定纠正这个错误。

经理们犹豫不决的原因多种多样。例如：他们觉得承认错误是一件尴尬的事情；他们对错误的录用感到内疚，对解雇曾满怀期望的人于心不忍；他们对录用员工的时候没有明确表达工作绩效的期望而感到遗憾；他们知道自己没有做好员工的绩效反馈和指导工作；他们不愿意再次经历昂贵耗时的程序找到合适的人员来替换。

对于经理人而言，这可能是一个痛苦的经历，但还是应该采取行动。让自己理性一点。

在计划解雇一名员工之前，你应问自己是否公平地对待过这个员工：“我是否让他认识到自己绩效低劣的事实，并给予他改进的机会？”也就是说，你是否采取过以下这些行动。

是否为这个员工确立明确的绩效期望值？这与你对员工绩效的管理水平有关。运用绩效管理技巧留住最佳员工的效果，取决于你和他们建立伙伴关系的程度。这种伙伴关系，是成年人之间建立共同协定的关系。

是否就这名员工的绩效没有达到目标，向他做出具体的反馈？一项研究表明，在60%的公司中，产生绩效问题的首要原因是上司对下属的绩效反馈做得不够或是没有做好。在针对79家公司的100多名员工所做的一项调查中，经理人的反馈和指导技能一致被评为平庸。这些结果表明很多经理人都是拙劣的导师，而他们的员工通常也意识到这一点。

是否详细地系统地记录该员工的绩效数据、事件、绩效反馈及改进评估的谈话结果，以及是否在上述评估谈话中，使该员工认识到存在的问题并对如何解决问题达成一致？在绩效讨论的过程中，让员工评估他们自己的绩效。如果员工承认问题，那么，问题解决会顺利得多。如果员工否认问题，那么该员工对建设性的指导置若罔闻。

是否把给予这位员工一定的试用期或者改进绩效的最后期限，作为解雇前的最后手段？曾经有一位经理告诉他的一名员工，如果他在30天内仍然不能完成自己的工作项目，就必须走人。结果该员工在期限内完成了任务。所以，要确保给予员工足够的改进时间。

是否寻找解雇之外的其他方法？你犯了录用某位员工的错误，并不意味该员工不能有效地完成其他工作。该雇员不适合这项工作，可能是他绩效低劣的真正原因。因此，可以考虑重新评估该员工的才能、动力和兴趣。也许工作可以重新设计，也许在你的领域内有其他更能发挥该员工才能的工作。

假设你已经不止一次直言不讳地把工作绩效低劣的情况反馈给员工，指导他如何改进，为他确立具体的绩效目标，记录他未能改进绩效的情况，而且考虑过不解雇的解决方法，然而都无济于事，那么，你的最终选择是解雇他。

经理人无论出于何种原因解雇员工，都是一件最令人忧虑和烦恼，却又不得已而为之的事情。令人烦恼的因素多种多样，你不仅夺走了这位员工的生活来源，而且，你这么做会影响组织中的其他成员，包括你最想留住的员工。

重要的是时刻牢记你的目标：消除糟糕的表现和行为。在有效地惩戒员工或者采取纠正措施之前，你必须表明你真诚地关心他的成功。考核程序对事不对人，是基于“目标推动行为，结果维系行为”的原则。

年度工作评估的效果是有限的 

现代公司不应该在年度评估上浪费过多的时间。

“好吧，约翰，轮到你做年度工作评估了。我只问你一个问题——你对自己过去一年的工作有何评价？”

“嗯，我感觉还是不错的。我准时完成了更多的项目，是不是？”

“是这样，我希望你知道我对此非常欣赏。另外我也注意到你的报告写得更加精练、更加切题，语法错误也减少了。”

“是啊，我一直在这上面努力，”约翰看上去似乎很开心，“我对自己的进步感到很高兴。”

“不过另一方面，我要求你把交上来的几个报告重新做一遍，因为我认为你缺少充分的调研。”

“真是抱歉，但我已经在做一些工作了。你不觉得我后来做得好多了吗？”

“我真的没有注意，不过下一两次我会特别留心，并让你知道。还有另外一件事——我发现这几个星期你多次离开工作区。我希望你确实把时间花在了工作上。”

“这多半是为了那个改型项目，”约翰回答说，“我不会再在上面花时间了。”

“能听你这么说，我很高兴。现在我们来看一看——把得分与扣分加起来，我想这就是你去年工作表现的得分了。这听起来很合理吧？”

约翰想了一会儿，然后答道：“是啊，这还用说。”

你在管理课程上可能学到的有关进行工作评估的要素都已经包括在以上那段对话之中。经理给了约翰充分的发言机会，并且以两个积极的表现开始评估。他客观地提出了约翰的消极表现，而且也给了他辩白的机会。最后经理对约翰的工作表现打分，而他也接受了这一评估结果。

那么，结果会是如何呢？约翰可能会继续做更多精练的报告，这些报告也不会有什么语法错误。他会努力把调研工作做好，但却不能肯定经理会向他提供帮助。他还会继续离开工作区，不管是出于什么原因，直到经理再次对此发话。他会对得到的分数感到失望，因为他认为上次评估以后自己已经有了提高。

那么，约翰的工作表现会有多少改善呢？答案是：零。

你不应该在年度评估上浪费时间。年度工作评估是件不讨人喜欢的事务性工作，但很多企业都有这方面的要求。这种评估改善不了工作表现，而它也确实不是为改善工作表现而设计的。因此，按企业的要求去做好了，做的时候要小心谨慎，而后用其他方法来切实地改善员工的工作表现。

那你该怎么样做呢？

（1）看到好的表现时，应该当场予以肯定。等到评估时间到来后再告诉某人他做了件出色的工作已太迟了。

（2）一有不良表现出现，就当场予以处理。案例中的经理本应该一直在约翰身边帮助他改进报告，提高他的调研能力的。如果他对约翰离开工作区的次数太多引起了重视，那么在引起重视的当时就应该对他提出质疑。他和约翰都应该清楚地知道问题所在，知道他在克服这些问题上有何进展。

（3）将年度评估视为对你与员工们都已经知道了的工作情况的简明回顾，为员工打一个恰当的分数，并以此作为一个新的起点。

这不是正确与否的问题。如果你期望有种最好的年度评估，它能够真正对改善工作表现起到作用的话，那你几乎注定要失望的。

有些经理会向员工们征求对年度评估的意见。还有的经理甚至要求员工们详细地用书面形式汇报自己所做的工作，并给出自己认为应该得到的分数。这些都没有解决最基本的问题，不过确实可以让经理了解一些细节。

员工的优秀程度与他们给自己的评分之间往往会有一种负相关。真正优秀的员工对自己的要求很高，他们对所取得的成就与自己的理想之间的差距一清二楚。而平庸的员工刚好相反，他们目标不高，视野不宽，他们只知道自己干得多累才取得了现在的成就。这样，先进的员工可能会把自己的评分打得比平庸的员工还要低。并非说自我评估不可取，而是说应该对结果作一个平衡，使之能够反映你所见到的业绩。

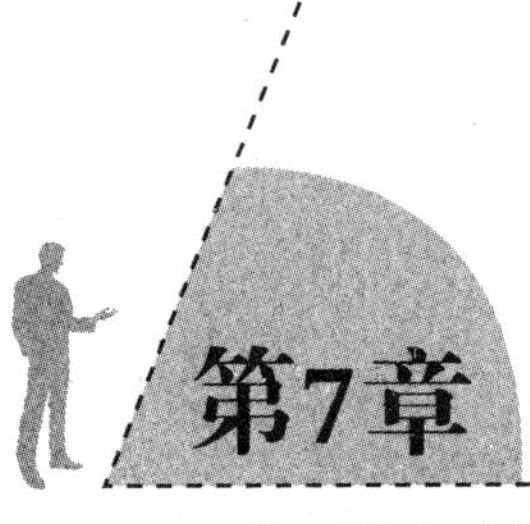

第7章 高效团队的薪酬设计方法

适当确定固定报酬和浮动报酬的比例

对于员工的薪酬而言，固定薪和浮动薪的比例问题一向很重要。从美国企业的经验来看，浮动薪一般都占到了50%以上，而对于一些持有大量公司股票期权的高层经理而言，这个比例可以达到80%甚至更高。这只是一个笼统的比例，具体数字应当结合企业和员工的具体情况加以分析：

从员工的种类来看，对于效益较为明显，且工作创造性要求较高的技术类和销售类员工而言，浮动薪的比例应更高，这有利于提高其积极性，化压力为动力。像许多企业就取消了技术人员的基本工资，而销售人员没有底薪更是司空见惯的事情。管理类员工则应当适当提高固定薪的比例，毕竟他们工作的绩效更不易衡量，而且贡献的延续性较强。

从企业所处的发展阶段来看，在企业处于发展前期时，员工的固定薪应当更高。这是因为，这时员工的工作更具储蓄性。从整个企业组织结构和制度的构建和完善到一项前所未有的新产品、新技术的开发与研制，从销售网点的一个个建立到销售网络的逐步扩张，前期员工的努力是企业可持续性长远发展及日后获得高额利润所不可缺少的重要因素。而这些努力在开始时是很难在企业的利润表上反映出来的。而在企业处于成熟期后，业务的开拓和企业的发展更需要员工开创性的工作，而不是坐享其成，适当的提高浮动薪的比例就可以引导员工向这个方向努力。

从企业的性质来看，高科技企业的员工薪水中浮动的部分应当更多，而成熟产业或者夕阳产业的员工薪水则应当以固定薪为主。

对内具有公平性，对外具有竞争性

对内公平合理是薪酬体系的主题，解决的是内部一致性问题。只有公平地对待每一名员工，才会保持组织内积极向上的气氛。高薪并不一定能够留住人，企业中拿最高薪水的人离职的现象并不少见，这在很大程度上是因为企业对不同的绩效支付的工资差别不够，从而使他们认为与其他人相比自己仍受到了不公的待遇；而对外具有竞争力，则是指公司本身的薪酬水平与市场竞争者的薪酬水平的比较。在目前人才市场情况来看，公司薪酬水平的高低仍是决定公司能否吸引并留住员工最重要因素之一。优秀员工作为一种稀缺资源，要得到就必然要付出更大的代价，表现在薪酬水平确定方面就是较市场平均水平要更具竞争性。

薪酬的发放形式还要注意以下几点。

1. 尽量少发红包

薪酬的发放方式应当力求公开、透明，应当尽量减少直至不使用私下发红包的方式。公开的薪酬发放方式可以产生很好的示范效应，“看，达到这样的业绩就可以拿到这么多钱，”从而引导员工向公司设定的目标努力。但是许多企业的老板都习惯于给员工私下发放红包，以奖励其对企业作出的突出贡献。私下发红包容易引起员工之间的相互猜疑，破坏企业内部的和谐气氛，而且红包的多少由老板一个人说了算，本身就与现代企业制度所倡导的科学公开的绩效考核体系相背离。特别是很多员工本身就属于企业的高级领导，给他们发红包更容易在企业内部造成不良的影响。

但是公开发放薪酬要建立在拥有科学、完善的绩效考核体系基础之上。否则，完全公开有可能使员工争先钻制度的空子。在实践中，中小企业中很少有能够完全公开发放的。所以从短期看，这种方式有其存在的合理性；但从长期企业制度的完善来看，则应当逐步废除。

2. 适当降低期望值

在给员工调薪时，如何既能控制人力成本的增长又不减少对员工的激励呢？一种有效的方法就是先降低员工对其薪酬目标的期望值，比如对员工预期的调薪幅度和调薪范围做低调处理。这样当员工发现其事实上的调薪幅度超过其预想时，就会产生一种满足感。即使没有满足感，与这种方法实施前相比，他对企业的不满程度也会大大降低。

3. 适当缩短奖励间隔，保持激励及时性

根据心理学家的有关研究，频繁的小规模的奖励比大规模的奖励更为有效。所以，企业管理者可以把本应一次性发放的薪酬分为几次，从而减少了薪酬发放的时间间隔，保持了对员工激励的及时性。另外，还可以把一部分薪酬变为不定期发放，让员工有更多的惊喜，增加激励的作用。

虚拟股票计划

虚拟股票期权计划最早是在美国硅谷的高科技企业中发展并成熟起来，其初衷是为了缓解创业型企业发放骨干员工高额奖金的现金不足，而把现金奖励折算成企业的股份，如果企业上市成功，则这些骨干员工手中的股份就可以升值为一笔巨大的财富。

具体做法是借鉴股票期权的操作及计算方式，将奖金的给予延期支付，而不是真正意义上的股票认股权。其操作方式是由控股公司推荐、委派、提名并在公司领薪的总经理等主要负责人实施年收入法。年收入由基薪和加薪奖励两部分组成，基薪以年度为单位，根据企业的资产规模、管理复杂程度以及其他参考因素确定的基本报酬，加薪属于风险收入，与经营者的经营成果，工作业绩及贡献挂钩。有两种形式：一种是经考核后视经营业绩增发1～5个月的基薪；另一种则是上市公司的经营者可以获得和特别奖励等值的股票，但在一定时期内不得兑现，不得流通，但享有分红、转增股本的权利。当获奖者任职超过两年，期股累计超过5万元时，可兑现超过部分的20%。经营者在任期满，正常离职满1年后可以按事先约定的时间兑现股票。

虚拟股票期权采用的是内部结算的办法进行操作，主要操作方法如下：

（1）确定用于虚拟股票期权的资金额度，资金来源于积存的奖励基金。

（2）分配期权时，充分考虑到对主要技术人员和技术骨干的激励作用，重点向这部分员工倾斜。在获得虚拟股票期权的人员中，占总数20%的科技人员获得了总额度的80%，其余人员则获得剩余的20%。

（3）期权授予时，通过一定的程序的考核，最终确定每一位有权获得虚拟股票期权的人员的具体数额。

（4）公司与每一位参与者签订合约，合约中约定虚拟股票期权的数量、兑现时间表、兑现条件等，以明确双方的权利义务。

（5）虚拟股票期权以上海贝岭股票的股数计量，并以签约时的市场价格按一定的比例折扣作为基准价格；期权兑现时也以股数计量，并以兑现时的实际市场价格结算，差价部分为员工实际所得，公司代为缴纳所得税。

虚拟股票期权制度是在我国关于股票期权的规定尚不明确的条件下的一种有效尝试，这种方式为贝岭这个高科技企业的发展凝聚了人才，留住了员工，并充分地发挥了他们的创造性。

"金色降落伞"条款

"金色降落伞"是指按照控制权变动条款而对失去工作的管理人员进行补偿的一种附加条款，一般在与管理人员签订合同时一起签订。这个条款通常要求支付一大笔钱或在某一特定期间按一般补偿金比率的全部或部分进行支付。

"金色降落伞"在美国的企业中得到了广泛的应用。到20世纪80年代中期，《幸福》杂志所列500家大公司的25%就已经在雇用合同中对最高管理者使用了这个条款。1985年，比阿特丽斯公司就依照这个条款为6位高层管理人员一共支付了2 350万美元的补偿，其中一位只在公司工作了13个月的经理人拿到了270万美元；而同样在1985年，雷弗伦公司的董事长拿到了包括解雇费和优先认股权在内的3 500万美元。这些例子在公众中都引起了巨大的轰动。

“金色降落伞”曾经被认为是公司收购防御措施中的一种。对公司原高层管理人员支付的大额补偿金被认为是对收购活动的一种抵御，因为这样会加重收购者在现金流方面的负担。但是，包括上述两个极端例子在内，大多数情况下的金色降落伞的开支都不到全部收购费用的1%。这个比例对于资金实力雄厚或志在必得的收购者而言，几乎可以忽略不计。所以它并不是一种有效的收购防御策略。

尽管如此，“金色降落伞”在现实中的应用并没有减少。根据美国经济学家兰伯特和拉克的实证研究，在雇用合同中采用“金色降落伞”条款的企业股价平均提高了3%左右。这又是什么原因呢？这是因为，“金色降落伞”的效用更多地体现在对高层管理人员即管理类员工的延迟支付，从而使他们更专注于公司的长远发展和股东权益而不是短期效应。一般来说，即期的业绩并不能准确的估计出管理者对公司的真实贡献，但随着时间的推移，可以得到更多的公司长期赢利的信息，进而可以估算出他们的价值。所以，为了使管理者不偏离股东权益最大化的目标在其雇用合同中就应当包含延期补偿条款。“金色降落伞”的实施，就是防止虽然管理者付出了大量努力，并且公司长期业绩有很大增长潜力，但是由于公司被收购，管理者被解雇，所造成的延期支付无法实现的现象发生。“金色降落伞”把应当在管理者整个合同期内的延期支付提前化了，提前到了管理者被解雇的那一天。

这样，管理者对公司的专门性投资的积极性就能够得到保持。即使由于公司被接管而自己因此失业，也可以得到一笔可观的补偿，管理者在工作时的顾虑自然就没有了。如果意料之外的控制权的变动，失去公司的可能性很高，管理者就不会愿意投资于公司专门技术和知识。

“金色降落伞”的另一重要优势就是可以促使管理人员接受可以为股东带来收益的控制权变动，从而减少了管理者与股东的利益矛盾和冲突。在没有实施“金色降落伞”的时候，管理人员在面对有利于公司发展和股东利益的并购要约时，出于保护自己地位和利益的目的（在收购后往往会更换整个高级管理层），往往会予以拒绝。“金色降落伞”就解决了由管理人员抵制而造成的交易费用过高的问题。但是，“金色降落伞”的问题也同样来源于此。如果这个合同的补偿金额过大，就有可能诱使管理者在面对收购者时以过低的价格将公司售出。所以，在与管理者订立合同时，“金色降落伞”的补偿金额应当慎重考虑。目前来看，在补偿金中加入适量的优先认股权是一种有效的解决方式。

福利计划的实施技巧 

上海贝尔有限公司总裁谢贝尔曾说：“深得人心的福利，比高薪更能有效地激励员工。”而在调查一些高校毕业生的就业意向时，很多学生愿意去一些欧美企业或是国有大型企业，除了大公司相对规范的管理制度外，良好的福利待遇是他们所看重的。不妨看看以下两组数字。数据一：跨国大公司在过去的50年里，平均工资增长了40倍，而福利增长了500倍；数据二：在世界500强企业中，员工的工资与福利已几近达到1：1的比例。而这些福利大多投在住房福利、养老保险、医疗寿险等长期项目的福利中。可见，福利计划已经成为吸引人才的重要因素。而员工在满足了基本需要后，在福利方面的要求自然与普通员工有很大的区别。那么，在福利计划设计与实施中如何发挥福利的最大作用，满足员工的特殊要求呢？你不妨参考一下下面的几个技巧。

1. 自助餐式的福利计划

有这样一个例子：某公司的高层领导为感谢广大员工一年来的辛勤工作，特地准备了一项福利：为每一位员工准备一个公文包。公司高层本以为广大员工会喜欢这一份礼物，没想到却收到了很多抱怨意见，有的高层经理说："我平时上班根本用不着公文包，发一个只好留在家里。"女性员工更是反对都用一样的公文包，"那样太没个性了"，有人甚至说，"如果能给我一个热水器就好了，我正需要。"

公司发放福利的本意是为了更好地提高员工的士气，激励员工更加努力工作。然而福利发放不当，却起了相反的作用，伤害了员工的感情。福利只有针对员工需要才能起到激励员工的作用。因此，如果公司能够让员工自由地选择他们所需要的物品，其效果将是显著的。

而在员工的需要方面，员工因为普遍的待遇较高，基本的需要已经满足，所以在更高的需求层次方面就呈现出更为明显的多样化。有人想去旅游，有人则可能主张更好地锻炼身体。如果忽视这些需要的不同，千篇一律地设计公司的福利计划，对员工积极性的打击是非常明显的。

在具体操作中，弹性福利制度容易把握不住成本，而且很难找到一个实行标准。在这方面，日本许多企业实施的自助型积分制很有特点。他们只将一年公司福利的30%运用到自助型福利当中，拿来记分，共分为七大类，包括团体分，个人积分等，根据考核后，如一年的分数达100分，能参加一次旅游，达到120分的，可以休假，其中旅游也分A、B、C三个团，不同等级可以到不同的地方。这种制度就是在统一的基础上加上了些弹性的色彩，取得了良好的效果。

员工的自助餐式福利计划不应对普通员工的福利造成影响。注意以公司的承受能力为基础，尽量控制员工的差异性，全部采用自助餐式也是很不实际的。所以，对于关系到广大员工安全、保障的"大件头"的福利，每个员工都应享受，如房屋津贴、养老、医疗等；自助方面，即弹性福利，则应从康乐方面下手，并且要做好员工反馈工作，尽量做到老中青结合，普通员工和员工结合，做计划时应该尽量多姿多彩。

2. 让员工了解福利的全部内容

对企业而言，福利是一笔庞大的开支。但是，我们常发现企业的员工在计算自己的年收入时，仅关注一年从工资卡上拿了多少现金，年底有多少奖金。如果你问他们：福利是不是收入？大多数人会坚持认为福利不是收入，是企业应该给员工的待遇。

福利的范围很广，几乎是没有界限的。大至房屋津贴，小至生日卡片都在这个范畴之内，企业设立托儿所、医院这也是福利的一种。目前，许多企业员工并不了解自己所享受的福利状况，依然肤浅地认为福利就等同于现金。不仅如此，众多企业也是仅仅对其总体的福利开支进行费用统计，但是对于员工个人福利却没有统计过。

对员工而言，公司给予其的福利开支很多带有隐蔽性。比如，脱岗的培训机会和带薪休假。去外面的大学和培训班培训的开支大小很好计算，但是在企业自己的培训基地里面的费用计算起来就没那么容易了。而国际上一般大企业都设立了自己的企业大学，员工很少再出去深造，但员工很少将这部分费用算到自己的收入中。至于带薪休假则是给予员工的一项特殊福利政策，一般员工可能也有，但假期的长度不能和管理层相提并论。而带薪休假实际是等于单位工作时间报酬的增加，但许多员工意识不到这一点。

所以，企业应该加强与员工在福利计划设计方面的沟通与交流：将福利方面的开支做个明细说明，让员工明白公司到底为他们付出了多少；如果你确信公司的福利计划具有竞争力，为了让员工信服，还可以把你在福利方面的调查结果公开，让员工感受到自己企业福利计划的竞争性。

3. 避免现金福利的最大化

现在，许多员工特别是IT业员工当中，流行这样一种观点："福利一降再降，现金越来越吃香"，认为现金比非现金的福利更具吸引力。而对于企业特别是一些新兴的、规模较小的企业来说，由于福利计划操作复杂，而且一旦提供便难以收回，容易降低企业运营的灵活性，所以一般倾向于提高员工工资而减少福利开支。

但是，员工与员工对福利的要求不同，不同年龄层次的员工对于福利的要求也不同。年轻的普通员工面临成家立业的压力，往往会认为福利现金化是该时期最好的选择；对于年龄较大的员工，吃、穿、住房都不再是问题，所以长期的激励福利更受欢迎。

从稳定员工队伍的方面考虑，现金福利最大化也是不明智的选择。延期支付是公认的防止员工流失的有效措施，其中各种福利计划的设计就是重要的一个方面。比如，在美国企业中应用广泛的养老金计划中，员工享受养老金的数额和比例要视为企业服务的年限而定；还有，许多企业为员工提供的各种贷款其还款的比例和利率也与在企业的服务年限有关。例如，上海贝尔公司为了解决员工的购房置业问题，就曾为公司的员工提供了无息购房贷款的福利项目。而且规定在员工工作满规定年限后，此项贷款可以减半偿还。

如果企业将这部分福利都以现金的形式提前发放，挽留员工的效果可想而知。

企业从长远计划来说，应该创造企业文化环境，而福利现金化是比较短期化的，不能解决福利应起的作用。企业对员工的关怀，简单的现金发放是体现不出来的；而简单的发放现金更不能买来员工的忠诚。如果把每个员工的养老保险都变为现金，那么员工的安全感就没得到。在一个没有安全感的组织中，建立积极向上的企业文化无疑是空中楼阁。

4. 福利设计需渗透人性化

企业应当在亲情化、人性化方面讲求福利创新，不可直接沿用传统的福利方式，要从细微处下工夫。员工可能并不在乎福利项目所花费的金钱，但不会对公司的亲情置之不理。在员工生日时送上生日蛋糕，增设球场等公共设施等，都会收到意想不到的效果。而专门为员工的家属提供的特别福利，更容易使他们感受到公司的关怀。母亲节时的一张贺卡、家属一同参加的公司宴会、给员工妻子的一盒化妆品和孩子的一份礼物，常常可以使员工激动万分。

股票期权制度

在美国，企业管理层股票期权激励方案的广泛推行，给管理者带来了丰厚的收入。美国强生公司总裁拉夫·拉尔森1998年的总收入是6 947万美元，其中期权收益为6 684万美元，占其总收入的99%；美国通用电气公司总裁果杰尔·韦尔奇1998年的总收入超过2.7亿美元，其中期权收益占96%以上，工资和奖金两项合计所占的比例还不到4%。1998年，迪斯尼公司的总裁艾斯纳，其工资加奖金总计不过是576万美元，但是股票期权则为他带来了将近5.7亿美元的收入。美国最大的网上拍卖公司eBay的技术骨干韦布所获得的薪酬是：年薪45万美元+雇用签约奖金10万美元+保持网络畅通奖金30万美元+股票期权50万股。如果按当时eBay每股180美元的市场价格来计算，单股票期权一项就价值9 000万美元。下面一起看一下，几个著名公司具体股票期权制度：

1. 微软公司

微软员工的薪酬主要由三部分构成，一部分是工资，另一部分就是公司股票认购权，最后一部分是奖金。微软通常不付给员工很高的薪酬，但是有高达15%的一年两度的奖金、股票认购权以及工资购买股票时享受的折扣。每一名微软雇员工作满18个月就可获得认股权中的25%的股票，此后每六个月可获得其中的12.5%。10年内的任何时候员工都可以兑现全部认购权。微软每2年还配发一次新的认股权，雇员可用不超过10%的工资以八五折优惠价格购买公司的股票。

在前几年互联网发展的高峰中，作为软件界巨头，就像其他成熟的技术公司一样，微软的管理人员和工程师也纷纷跳槽到互联网新创企业和风险投资企业。微软公司为了留住顶尖人才，最近又悄悄推出一系列新的奖励制度，包括超过往常数量的员工股票期权和额外的休假等。在新的奖励制度中，股票期权计划分配给高级管理人员和重要的软件工程师，最多可达20万股。据知情人士透露，微软最近提拔的30多名副总裁中，有些人就有资格享受该项奖励。

2. Intel公司

Intel公司从1984年开始面向公司的高层管理人员授予股票期权，主要用于对高层管理人员的年度管理绩效的奖励。1999年，Intel公司对经过管理部门的推荐或者公司补偿委员会批准的高级管理人员授予股票期权。股票期权授予数量取决于以下几个公司内部因素如：前一次赠与的数量、过去几年中的工作贡献和工作范围等。一般而言，最初授予的股票期权在授予5年后才可以行权。Intel公司在1984年的股票期权计划中提出公司会在非经常情况下对主要高级管理人员和其他高级员工赠与额外的股票期权，以认可他们在未来领导公司前进中的潜力。这类股票期权的授予等待期一般要长于普通股票期权的授予等待期。公司在1999年的股票期权计划中开始实施不仅包括其主要高级管理人员的股票期权制度，并且开始进行全体员工的股票期权计划。

3. 摩托罗拉公司

1993年，摩托罗拉公司提出了一个包括其CEO在内的高级管理人员最小股票持有指引方案，该指引方案规定，如果CEO所拥有的股票少于其基本工资的4倍，或者其他高级管理人员所拥有的股票少于其基本工资的3倍，则这些高级管理人员必须保留50%从1993年12月起开始行权所获得的股票。直到达到指引方案规定的最小持股标准。摩托罗拉公司的最小持股标准为：elected officers所持有的股票不能少于5 000股，而appointed vice-presidents则不少于1 000股。

4. 戴尔公司

1999年8月，戴尔公司中国分公司的每一位员工，大约得到了200股美国戴尔公司的股票期权。在被授予的3个月后，该公司股票已经上涨了50美元，从而使每一位雇员获得了大约1万美元的账面收益。戴尔公司中国分公司的负责人相信，股票期权将会对员工产生极大的激励作用，并将为公司引来更多的人才。

5. IBM公司

1994年4月，IBM公司股东大会批准通过了一个针对其高级管理人员和员工的长期绩效奖励计划。这一绩效奖励计划对符合条件的员工奖励以包括股票、股票期权、股票增值权、现金以及这些奖励形式的组合。此次奖励计划中赠与的股票期权数量共计291 05600股，占IBM优先普通股总股本的5%。这之前IBM曾进行过两次股票期权的授予，一次为1989年的长期绩效计划，另外一次为1986年的“元老股票期权计划”。在IBM的股票期权计划中，股票期权的行权价为授予日的市场平均价格，获受人用现金或股票来行权。在股票增值权的行权中，合格获受人不直接买相关的股票期权，而是直接接受现金或股票。该现金或股票的价值为行权当日股票的平均市场价格与股票期权的行权价的差价部分。

技术人员的“负债工作法” 

在市场竞争如此激烈的今天、开发新产品是企业生死存亡的大事。无疑，市场开发首先要做的就是产品开发。如何让企业中的技术类员工保持高效率，创出好成果，就成为问题的关键。效率从何而来，海尔集团在摸索中得出了一种卓有成效的方法——负债工作法。

开始的时候，海尔从研究所所长开始，全部采用了项目承包制，月薪被取消了，开发人员的收入只能与产品的销售挂钩，而平时的生活费只算提前支取。这最终是让开发人员按所开发的产品的市场效益拿钱。这办法操作起来是很细的——设计的时间目标：是不是按时完成，有没有拖期；设计的质量目标：一个是在开发过程中，生产中没有不良反馈，并符合标准化通用化；另一个则是市场上对产品质量的反馈。产品上市以后产生了效益，按一定的比例，给从事开发的技术人员提取报酬。

这个办法用了一段时间之后，海尔感到对于技术人员来说，设计之初没有销售额的目标，投产后卖多少算多少，收入只是多一点和少一点的区别，工作压力并不是太大。还得给他们加压。改革又往前进了一步，海尔对技术人员包括项目开发人员和项目组织人员，采用了负债开发——企业给你这么多资源，你要创造出相应的价值，你要按时开发出产品。开发出的产品还要有质量保证和销售额的保证。

比如，一个项目的负债额是10万元，项目成功后，按目标应该达到年产5万台的产量。达到这个目标后按规定应得到3万元。批量投产后，如果一年超过了5万台，就等于完成了负债额，然后在5万元的基础上递增，产量达到6万台时，开发人员就可以得到6万元的收入。假如没有达到5万台的产量、就要按比例倒扣，差2万台，就只能收入1万元了，而此人的负债额就有4万元（总负债额的3/5），这个人以后就必须用开发其他项目把这次的负债额补上。

这就最终把产品开发人员推上了市场。他们的收入只能由市场说了算。所以他们在开发产品时一定要想着市场需要，同时他们还要时刻关注着市场的销售情况。他们不再只是坐在办公室里写写画画，市场上反馈了什么技术问题或难题，马上去帮助解决处理，因为他们非常怕销售受影响。

从开发人员都“负上债”以后，海尔新产品开发速度大大加快，开发周期平均比以前缩短了30天左右，而且新产品上市一个成功一个。从1998年海尔的负氧离子健康空调先于日本一年面世，从而带动了整个空调市场向绿色环保产品转型后，它的绿色产品不断升级，始终走在市场的前面。这正是技术人员“负债开发”带来的。

现在，海尔提出的负债经营的思想已深入到整个集团，认为每一个人的工作都要或多或少地占用企业的资源，因此可以把企业将你管辖范围内的所有资源提供给你作为你的负债，在外部市场效应内部化后，每一个员工都应该追求达到最好的效益，所以你必须通过经营使资源增值。如果达不到，就等于浪费了企业给你的资源，当然就应该自己掏钱索赔。

作为管理者，首先，必须明确自己的负债是多少，外部提供了多少资源你就有多少负债；其次，利用资源和信息共享形成外部创新的空间，让负债人通过创新进行资源再增值，他的收入是增值的一部分；最后，用增值的资源作为完成更高的目标的基础，为自己不断地提供新的资源，激发自我创新的动力。

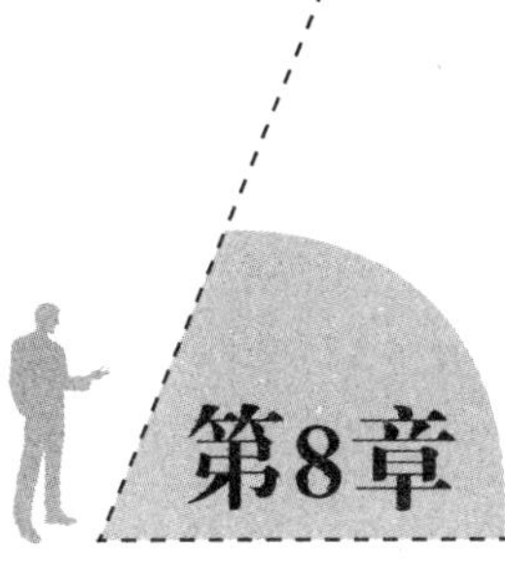

第8章 成功授权的方法

为什么要授权

管理者应该有一位一授权就能马上接受任务的员工。你也许会问：为什么授权如此重要？我为什么要努力提高授权技巧？授权有什么好处？这些问题提得都很有道理。好的授权要耗费时间和精力，但为什么还要去掌握呢？

时间管理咨询专家哈喻洛得·L.泰勒清楚地表示："授权是管理者最重要的组成部分。"管理及领导权威史蒂芬·R.卡维在他的全美畅销书《高效人士的7种习惯》中指出："……有效授权也许是唯一且最有力的行为。"以上都表明了授权的价值，但授权有什么益处，以至于有如此大的威力？为什么授权对于有效率的管理者来说如此至关重要呢？

显而易见，授权的益处之一是能节省时间。作为管理者，有很多事需要你去把握和处理，你总会觉得时间不够用，很多事不能及时去做，但如果你能把一部分工作分配给别人，那么时间上的压力会减轻不少。

但如果你只是把工作丢给其他人，却无周全的计划和准备工作，那你的授权尝试就会失败，并且你必须收拾残局。在这种情况下，你反而使自己的时间压力剧增，而不是减轻。因此，在授权一项活动或任务时，最重要的是制订计划和充分准备。

一般来说，担任的管理职位越高，你花在具体事务上的时间越少。取而代之，你要花更多的时间去“计划”，成功的授权可以节省你亲自做具体事务的那部分时间，使你更好地为组织贡献你的力量。通常，在一个组织中，作出决定和执行任务应当由尽可能低级别的职员去完成。这对组织顺利有效地运作是切实可行和必不可少的。例如，一位文具供应公司的员工如果能够决定订哪种裁纸刀并知道如何下订单，那这个员工不必上司介入就完全可以独立完成工作任务。他的上司就可解放出来，把精力投入到重要的决策和任务中去。

如果你的员工完全能处理一项任务，你就不应再在这上面花费时间。不然，既浪费时间，又无法给他人提供发展的机会，而且会削弱整个组织的力量。作为管理者，你的职责是培养你的员工，帮助他们建立信心，而不是让他们受挫。所以你应该学会授权。

培养员工应该是每个管理者的基本职责。如果培养员工不是一个组织最基本的信念和行为，那么这个组织就无法长久地生存下去。管理者应该有一位一授权就能马上接受任务的员工。如果没有，就要培训出这样的员工。

授权恰恰是培养员工能力最有力、最有效的方法之一。授权为员工们提供学习及成长的机会。正确使用授权技巧还能激励他们的进取心，使他们获得工作的满足感。当你将一项重任托付给他人时，你就已表示出对他的信心，这有助于他建立自尊。

如果员工们认为你为他们的成长提供机会，他们可能会被激起斗志，全身心投入到工作中去。他们认为你确实对他们的事业发展感兴趣，而不是只顾你自己。他们会格外努力地去成功地完成你授权的任务。他们希望让你、让他们自己都满意。

你为什么不愿意授权 

阻碍管理者成功授权的一个重要原因是对员工缺乏信心。很多管理者不愿意授权，他们总会找出很多理由来为自己辩护，但很多时间，大多数阻碍存在于管理者自身。

除去障碍首先要采取的步骤是确定问题的所在。说起来很容易，但不能清楚阐述问题的所在通常是无人能找出解决方案的主要原因。如果花时间去了解问题的确切所在，你就更有可能解决问题，并且更加有效地开始授权。

在分析授权的这些障碍时，一定要正视自己。由于你的目标是使自己成为更有效的授权者，要达到这个目标，你必须清除阻止你有效授权的障碍。但是在采取行动之前，你要识别并了解这些障碍——这需要坦诚。

举个例子：假设你要博迪（最有能力的员工）准备一份重要的组织工作进展报告，这项工作对她而言，是一个很好的发展机会。然而，你最终决定自己来完成这份报告，因为她工作太繁忙，至少这是你认为的原因。但你是否坦诚面对自己呢？

你也知道博迪组织工作的能力很强，而且很会写文章。如果由博迪来写这份报告，你的上司也许会将她的工作与你相比较，可能会觉得她的报告比你以前提交的要好。那么在你的心中博迪就会成为一种威胁。你宁肯自己干——因为她“太忙了”（但这仅仅是借口而已）。但如果你坦诚地面对，你会意识到，这并非真正原因所在，真正的原因是你知道自己觉察到有威胁，所以放过了一次理想的授权机会。

作为一名管理者，你可能曾经考虑过一项任务授权，但接着你对自己说：“我能干得更好。”这毫不奇怪，如果一项工作，你干过多次，你当然轻车熟路，也是情理之中，但你的目光不应仅仅停留在某一项任务上，作为管理者，你必须考虑授权和不授权所带来的长期影响。对你而言，重复做同样的工作，对你的发展没有任何帮助。对你的员工而言，由于没有发展的机会，而处于平庸的状态。所以“我能干得更好”这种想法对管理者而言，是一种错误的思想，是对授权本身优越性的背离。

假设作为一名管理者，你在你的部门工作了5年时间。在前3年里，你每年都做本部门的预算申请。由于懂得固定程序，你可能比别人更擅长这项任务。为准备这份预算申请，你要用上你的组织才能，与部门中的其他人进行广泛的讨论。

去年，你考虑让玛莉琳——你手下的一名主管，帮助你准备这次预算申请。你对她过去的表现感到十分满意，希望给她增加一些预算过程方面的经验。玛莉琳也同样有此愿望，并且她擅长你经常使用的电子表格数据处理软件。虽然在准备材料时，她犯了个小错误，但在你的提醒下马上意识到并及时作了纠正。除此之外，她的工作完成得相当成功。

现在，预算准备工作又一次开始了，这时，上级要你负责另一项任务，他要求你把这项任务作为首要的任务来做，并说它将会花掉你“所有醒着的时间”。这时你考虑让玛莉琳去准备预期申请，可是你发现自己不知不觉地在想：“我能干得更好。”

在思考的时候，你往往确信自己能同时兼顾上司分配的任务和预算申请。可是如果真的这样干的话，每星期60小时的工作量会持续1个月以上。现在，你必须决定是把预算准备工作交给玛莉琳，还是继续自己干。下面的问题有助于你决定是否把工作授权给玛莉琳：

（1）尽管我能干得更好，但玛莉琳是不是同样能令人满意地完成这次预算任务呢？

（2）如果我来进行预算工作，却没有尽全力完成上司分配的任务，会出现什么情况？

（3）如果我把工作交给玛莉琳处理，对我，对她，对组织会有什么好处？

（4）我、玛莉琳和组织会分别有什么风险？

（5）如果我同时做这两件事，又如何处理其他的工作？

作为管理者，常常会遇到“我能干得更好”的障碍。假如碰到了，要采取行动确保你的员工受过培训，具备完成授权任务的条件。在你的支持、鼓励和指导下，他们会在工作中成长起来。希望你很快地说：“他们能干得更好。”这应该是你希望达到的目标。

阻碍管理者成功授权的另一个原因是对员工缺乏信心。对于管理者而言，这是最具毁灭性的。当你因为对员工缺乏信心而对授权有所保留时，事实上，你使员工失去了发展能力的机会，而这些能力正是你建立信心的基础。这就造成一种无休止的恶性循环。一名管理者抱怨员工无法处理好被授权的任务，随之而来只好自己来完成工作。如果员工无法工作，那么比起天生的才能，你更应考虑一些他们的培训环境。

如果你感到无法进行授权是因为你对员工缺乏信心，那你主动拿出行动来。等待他们采取行动来建立你对他们的信心的想法很天真。你必须展现领导者的魅力，勇于承担风险，打破恶性循环。如若不然，情况只会变得越来越糟。

一些管理者经常认为自己没有多余的时间花在授权上面。这种想法看上去是可笑的，因为好的授权的主要益处之一就是为管理者节约时间。但是对于大多数管理者而言，为什么缺乏时间往往又成为授权的障碍之一呢？

要成为有效的授权者是很花费时间的。你得花时间准备授权计划，与员工见面，布置授权任务，还要跟踪检查他们的工作进展。同时，你还得投入时间培训那些可能被授权的员工。既然授权的诸多方面都需要花费时间，那么管理者们回避授权又有什么好奇怪的呢？事实上，情况并非如此。

对管理者而言，如果你不授权，那么这些任务都必须由你自己来完成，所花费的时间比授权所花的时间多得多，而且如果你能正确地掌握授权，节省时间的余地会更大。

许多管理者因为害怕失去“CAP”（控制、权威、权力）而放弃授权。你对自己说，“我不想授权是因为我会失去CAP（控制、权威、权力）”时，事实上，与这种顾虑进行的思想斗争就已经开始了。许多管理者发现这是最难以克服的障碍，因为他们必须放弃一些看上去是管理者的本质所在的东西。

当你把一项任务授权之后，对于责任的转移，你的心里可能会涌起一种特别的感受。你可能会觉得失去了控制、权威和权力。你不知道你是否会因为下属出色地完成任务而依旧获得好评。其本身也许并不消极，你应该正确地对待它们，否则它们就会成授权的障碍。一些极端的情况，如果任其发展会成为你最担心的事情，它们就变得具有破坏性了，并且会严重地削弱管理者的管理效果。所以，没有理由让这样的想法存在。

哪些应该授权

对于决定哪些工作可以授权而言，没有普遍的标准。因为情况千变万化。然而，下面的这些指导方针和例子将帮助你在分析你自己的具体情况时做出决定。

1. 授权那些经常性的必须做的事情

这些工作你已经做了很多遍，并且是公司例行规定的必要任务，你对它们了如指掌，知道这些工作关键所在、所具有的特性以及具体操作的细节。它们是最容易授权的工作，因为你很熟悉它们，所以你能很容易地解释清楚，然后把它们委托给员工去做。

你有没有被要求定期参加一些连你的副手们都能轻易地对付的“碰头会”？

一个地方银行的董事长被要求参加每月一次的由社区所有金融机构参加的午宴。午宴主要起到一个社交作用，其中几乎没有什么事情是他的助理不能解决的。董事长意识到这是个只需要“去做”而不需要“策划”的任务，于是打电话给他的助理，向他解释这个聚会的作用。这位年轻的助理渴望有这样一个机会能在很专业的环境中与他的同仁们会面。这就是授权的一个完美的机会。

2. 授权专业性强的事情

你会给家人做手术吗？不大可能，除非你碰巧是个医生。你会在法庭上做自己的辩护人吗？不大可能，除非你碰巧是个律师，你会寻找这一领域最专业的人来做。在公司里也是同样的道理，你必须发挥员工的专长。

要小心“超人综合征”，有些时候你需要将一些日常工作交给律师、会计、税务经理等专业人士或其他临时性的“超负荷”员工。要让你的需要与员工技能相适应，利用他们的才能，你可以将精力花在更有效的方面。

3. 授权“职业爱好”

某位销售经理已经连续几年参加在芝加哥举行的一个商业展销会。她已经把这个任务视为和旧友见面的机会，而实际上她已经不需要再亲临那个展销会了，因为她手下的任何一个销售代表去也能取得同样的工作成效，这些工作早就应该让他们去做，她没有给交出去是因为她觉得这些工作对自己来说太富有趣味性了。

这些想法是错误的，当然她自己保留一两个也可以，但是至少要意识到它们的特征：简单、有趣，而有其他人比她更胜任这份工作。把自己最感兴趣的工作分配给其他人可能看起来是荒谬的，然而正是这些工作让你流连忘返却不足以体现出你所付出的时间和精力的价值。它们往往与你的专业领域和以前在公司担任的职位有着千丝万缕的联系。

4. 授权发展机会

作为管理者，你首要的职责是给予你的团队成员良好的发展机会，达到这一目标的好方法是将恰当的任务分配给恰当的人。你清楚你的工作，也了解某些任务能使团队成员获得进步，那么，你就应该给予他们发展的机会。

某位市场部经理被要求每个月就本部门当前的项目作15分钟的汇报。他这样做了1年，这使得他有机会和董事们见面，因此他乐意这么做。他同时也意识到他所在的部门中有人会从这样的汇报中受益。当他与副手们谈到可能授权其他员工去做这个汇报时，他发现有几个人十分希望在董事们面前汇报工作。

接下来的3个月，作为一个试验，他让自己的副手去作每月的汇报。结果让这位经理很满意。董事长表扬他，说他的副手们表现很好，并对他主动授权让别人来汇报表示欣赏。员工们也珍惜这个机会，并且在汇报技巧方面表现出惊人的进步。

这位经理以一个授权给员工以发展的机会，并将它付诸实施，这让大家都受益。

哪些不可以授权

虽然多数管理者都错在授权不足，但还是有个别的管理者错在授权过度，有些工作是完全不能授权的。下面是确定哪些工作不能授权的基本原则。

1. 不要授权人事或机密的事务

人事方面的决定（评估、晋升或者开除）通常来说，是很敏感的，而且往往难以做决定。一旦有些人事工作需要保守秘密，那么这项工作和职责就应该自己亲自行使。

分析你部门工作的分类和薪级范围看上去很花时间，这似乎是首先可授权的工作。但由于牵涉到很多的利益，所以应该是管理者自己做的工作，不适合授权。

2. 不要授权关于制定政策的事务

你可以在涉及政策制定的一定范围内授权，但绝不要授权他人关于实质性的政策制定工作。政策会限制相关的决策制定。

在规定的、有限的范围内，你可以授权他人承担一些制定政策的任务。信贷经理制定总信贷政策，销售人员往往也有权在一定的金额范围内为特定的一些客户提供信贷额度。

3. 不要授权危机问题

危机会不可避免地发生，假如发生危机，管理者应亲自坐镇，制定应对方案，很多事都应该亲力亲为，这不是你该授权的时刻。当处于危机的时候，要保证自己在现场起一个领头的作用。这样，有利于稳定人心，避免事态进一步恶化，为解决问题赢得宝贵的时间。

4. 不要授权直接由你负责的员工的培养问题

作为一名管理者，你的职责是去创造条件，使员工在与你共事时能使他们自己得到发展。你的员工应该在他们的成长和发展过程中得到你的帮助。他们依赖你的经验、你的判断、你对组织和它的需求的了解来辨别对他们成长有帮助的工作。这不是你该授权的工作，虽然你可以从他人那里得到一些帮助，但这是你的职责。

5. 不要授权你的老板分配给你亲自做的事情

你的老板叫你亲自做一件事情通常会有他特殊的理由。如果你坚定地认为将它授权给你的一个员工去做更为合适的话，先和你的老板商量一下，弄清楚他是要你做还是叫你给别人做。错误的理解可能会使你和老板之间产生误会。因此，对这种事要与老板沟通，应谨慎，千万不要自行其是。

记住，这些关于什么授权、什么不该授权的建议只是基本原则，应在实际工作中灵活掌握。它们对你决定一项任务是否该授权应该有帮助，但是你必须具体情况，具体解决。根据这些基本原则，有些任务你应当授权，但遇到特殊的情况可能需要你自己去完成。例如，你可能有一项常规性任务非常适合授权，但是你如果要授权，有可能任务不能按时完成，只有你亲自做。

不要太小心翼翼。如果利弊似乎相当，那就大胆地授权，并监控其发展进程。如果你有些担心，你就自己多参与一点，但是不要停止授权。随着经验增多，你会掌握更多的技巧，所以，在小心地避开授权的禁区的前提下，应多寻找授权的机会。

授权应具体而且正式

关于成功授权有一个不变的主题：先计划好时间，以免将来浪费时间。或者说，与其以后你不断抱怨，不如现在你将它们解释清楚。授权会议是体现这些警示最佳的方式。

有些经理在准备授权时，有很好的意向和构思严密的计划。他们对工作进行分析，挑选出正确的任务进行授权，制定非常实际的工作目标，并将这些目标分配给合适的员工。但是，这些很好的准备工作却被后来的行为破坏殆尽。原本与员工一起花上足够的时间开一个授权会议是十分关键的，但有些经理却草草说几句，员工们糊里糊涂，不知道自己该干什么。授权的前期准备工作做得很到位，却由于对授权的正式性、严肃性不够重视而前功尽弃。

不要急急忙忙地授权。走廊上漫不经心的讨论和嘈杂的会议室不是一个足以传递授权重要任务的场所。应该安排充足的时间来安排授权，理想的选择是在办公室认认真真地举行一个授权会议。讨论和提问时间要充分。有时一个重要的授权会议可能需要1小时，就是分配一个简单的任务，也要10分钟，不要想当然地认为，员工能很容易地领会，你应该向他们解释清楚。如果因为你没有传递充分的信息而使员工没能很好地完成任务，那么责任在你。所以，授权必须是一件很严肃的事，应该谨慎对待。

授权的第一步就是计划授权会议。你必须在授权会议开始前认真考虑整个授权过程。也要清楚了解：如果员工被授权从事这份工作，他们需要得到什么支持、资源甚至权力，同时应预测员工们会遇到什么样的问题和困难。

一旦你准备召开授权会议，请参考以下所列的五个步骤。

1. 表明目标

清楚地向被授权员工表达你要求达到的目标，只有在有清晰的目标时你才开始行动，当你明确这些目标后，将它们写下来。用最多的20个字将项目目标陈述清楚，包括可衡量的成绩标准。如果你觉得写不下来，就重新分析这个授权，将它最小化和具体化。定期地让自己和员工反复重温这些目标。如果它是一个很小的任务，简单复查一两次就足够了。但一个为期6个月的项目可能会需要每个月都进行复查，以确保这些目标仍然可行。复查这些目标可以避免工作中产生的困惑。不要过分强调遵循固定的工作方法，这样将给员工们太多限制，并会削弱授权的影响力。用不着教他人怎样做事情，只教他们去做什么。而他们将用创造力来给你惊喜。你所表明的目标是双方对一个客观成绩的认同。

下面是两种不同的授权方式，你可以看出两者的差异：

第一种方式：“罗斯，将这些人事调整报告以公函形式复印500份，发给各店铺经理。马上就给我去干。”

第二种方式：“罗斯，公司的销售网络包括500个店铺，而我想尽快地通知各店铺经理有关公司的人事调整情况。我希望你能够处理这项工作，你能不能考虑一下，并且在半个小时之后和我进行讨论？”

罗斯可能会让你大吃一惊。她可能会建议你同时把即将复印的公司新闻通报备忘录也发给经理们；或者她会认为唯一可行的方式是发给经理们500份表格式信件；可能她不知道该如何完成这个任务。很好！你现在有机会教她两件事：第一，给500个人传递信息，有很多种不同的方法；第二，你在授权她去做这份工作时会不断需要她的主意和帮助。

2. 设定时间表

如果被授权员工认为无法按期完成任务，在允许的情况下，你应和他一起制定出更可行的时间表。允许员工制定他们自己的时间表比他们被动授权要好。如果被授权的人能够自行决定任务的时间安排，将使他们对面临的任务有更强的使命感。

但是，情况有时候确实需要你来制定完成时限。要确保授权员工明白该项工作中有哪些任务应该优先处理，也要让他们明白不是你授权的每一件工作都必须优先处理。当然，明确时限是必要的，要避免像“任何时候你完成都行”和“那就下个月的某个时候吧”之类的表述。一定要建立一些汇报程序，以使自己能够监督工作进程。此外，还要建立必要的复查机制，这样做可以给被授权者一个关注日程中其他任务的机会。对于一个简单的任务，一两次复查就足够了。复杂任务则要求举行有具体议程的例会，以及制定整体任务进程中各分步的时限。告诉被授权者，如果没有充分的理由，所有的检查时间和最后完成时间是不能变更的。

3. 分配必要的权力

无论你何时分配工作，你都应该给员工执行工作的足够权力，应让每一个被授权员工了解你赋予了他权力，尽可能将你的员工介绍给予任务相关的人士，包括上司、同事和支持人员。你应明确被授权员工现在有足够的权力来完成这项任务，并且让他知道你期待他能够解决工作中的所有困难。

4. 明确责任分担

将一项任务完整地授权能够提高被授权者的兴趣和成就感。在每个授权中让自己对员工们充满信心。如果对某个员工没信心你就不应该授权给他。

明确被授权者对任务所负的责任有助于解决两件事：一是让员工知道这已经是他们自己的事了，他们须对工作结果负责；二是给他们的工作形成了一种正面的压力和动力。

因此，授权时你应强调被授权员工可自由地作出与工作相关的决定。

5. 授权任务必须被彻底接受

被授权员工必须明确承诺接受分配的任务并将为之努力，你需要的不是被强加的接受。你同时需要他们对所设目标和完成时限的接受。或许你最好与被授权者一起将目标和时限记下来存档。

当你浏览了一个授权会议中所需要做的一切之后，你会明白为什么人们要花时间来认真面对它。当授权完毕时，你应该确信，被授权员工应明白以下几点：①任务目标；②完成时限；③实施任务的权力；④所负的责任；⑤任务结果的验收方法。

如果你只是很随便地授权或布置一项任务，就等于告诉被授权者这项任务不是那么重要，即便事实上很重要。相反，如果你认真严肃地举行了一个授权会议，你就给员工们传递了一个信息：这项任务对我们很重要。被授权者因此可能会给你肯定的反馈，并且认真负责地来完成它。

放手，但定期检查不可少

一旦授权，你还应当采取必要的监督措施。一旦你把一项任务授权，就要让你的员工有充分尝试的机会，不要干涉。让员工去做，哪怕做得并不好。一旦把任务委托出去，你就千万不要越权。要明白你委托给员工的是整体的、重要的工作，而且你的确已经授权了这些工作。授权就像是放风筝，要给它足够的空间去翱翔。如果你把任务收回或是简化了，你的干涉只能挫伤员工的积极性，使他们难以圆满地完成任务。犯错不是放手的必然结果。

你作为上级，在一些问题上，给员工及时的指点是必要的，但必须明确区分越权和指导的界限。策划一系列的成功授权来帮助员工成长和提高并不是说你授权的时候要寻找一切机会避免犯错。不是所有的授权任务都能正确地完成。实际上，错误是你从经验中学习的一个必不可少的部分。它告诉你什么是不能去做的。知道什么不该做的人比从来不被允许去冒险而犯错误的人要明智。从不犯错误人的往往听命于犯过错误的人。当然，你不希望你的员工因犯过多次的错误而失去信心，你会限制他们犯错的机会。

员工没能正确地完成任务可能意味着你的授权没有进行彻底，你的控制有可能也不管用。如果员工没有完成授权任务，你应该寻找原因，回头看看所设的目标是否陈述清楚，是否现实，在整个授权过程中你是否进行了督导。正确的督导体系可以防止大的或严重的失败。

一旦员工意识到他们犯了错误，你就不要反复地提及。这样会让你的员工感到沮丧，要多强调正面的东西，对他们做得对的方面要及时肯定，然后再帮他们分析错误的原因。假设你的卡车司机在最后期限内把急需的货物送到了你最重要客户的手中，但是回工厂的时候因快速行驶而发生了交通事故。这时，对他及时送货而让客户满意要表扬，但要和他认真谈谈他的开车习惯。你只能给自己几分钟的时间生气，过后就让它结束。不要揪住一个人的错误不放，这样做是愚蠢的。

同样，要注意的是主观的努力，而不是客观的环境。当你批评完员工以后，不要忘了表扬做得好的地方，这样会促使员工重新思考他们的行动。在任何时候，人们一次能接受的批评是有限度的。如果超过了这个限度，他们就会开始自卫，开始否定批评的正确性并把它拒之门外。因此，当有人真正把一件事情办糟的时候，尽量去帮他逐渐把事情弄妥帖，而不要把一切责任一股脑地往他身上推。

当你授权时，你要放手让员工有展示自己才华的空间。这表明你对他有信心，对增强员工自己的信心也大有好处。但是你必须继续定期检查，以确保被授权的任务在正确轨道上运行。从逻辑上来说，这是合理的。

辛西亚是《华盛顿邮报》的编辑。正如管理类书中教给她的那样，她相信授权。作为一名工作繁忙的女性，她十分希望她的手下能为她分担一部分工作。

麦克是一个特别项目的统筹。他非常着急，因为一篇评论没有写出来，可他又不想照以前的方式来写这一部分。这时，辛西亚向麦克做出保证，她会如期做好这件事情，尽管时间很紧。

辛西亚马上把有关这个题材主要的论题收集整理出来，列了一张单子。她把这张单子放在道格的桌上，还用红笔写了一张很大的便条："道格，马上着手写这篇稿子。时间非常紧急！"然而，她怎么都没有想到，道格——她的得力助手，因为家里出了事，请了一个多礼拜的假，根本没来上班。

两个星期后，辛西亚去参加一个编辑会议，在路上碰见了道格，便问他工作进展如何。看到道格一脸茫然，辛西亚知道不妙。当她解释了是哪项工作时，道格说："哦，是那个呀。我4天前才看到你留的条子，那时我刚从家人的葬礼回来。顺便说一下，在做这件事之前我需要向你确认几件事情……"听到此话，辛西亚对道格发了一通脾气，她当着其他记者的面，在编辑部把道格狠狠地训了一通，虽然她知道这样做是不对的。其实，她是在生自己的气，因为，她没有想到要早点检查一下项目的进展情况。

这就是在那些希望做到最好却因为没有定期检查而失败的人身上所发生的事情。

你有很多方式可以监控授权：口头会议、书面总结、正式报告、流程图、核对表、日历等。关键的因素是：你必须有个时间进程表。你要控制它以避免发生重大的失误，这个责任要由你来负。

要牢牢记住你在授权之前和授权之后所承担的责任是什么。定期检查是授权过程中的关键。你应该建立一个自动检测系统。这样你就会得到规律性的简短报告（每周、每天、每月或者任何适当的时间），告知被授权任务的完成情况。从这些报告中得来的新数据可能会让你重新调整这个项目。或者，你会发现这个项目正处于混乱之中，你可以选择适当的时候介入，使其重上正轨。把握定期检查的正确尺度。

在多大程度上，关注一项已被授权的任务，取决于四个因素：①完成任务的难度和重要性。②如未能如期完成，会有什么后果。③被授权员工的能力。④被授权员工的士气和发展。

忽略了以上任何一项都会带来麻烦，或者至少会削弱整个授权的效果。你需要全面地权衡这四个方面，然后决定在多大尺度上来监控你的授权。

例如，琼斯是一家化妆品公司的销售主管，负责组织一次消费者调查，以评估一个新一代护肤品的受欢迎程度。杰克是合作社的学生，在琼斯这一组工作。琼斯决定让杰克来组织这一次调查，这对杰克会是一次很好的锻炼的机会，调查的结果必须在10月1日前出来。

6月15日，琼斯约杰克在自己的办公室碰面，讨论授权的事情。琼斯向杰克描述了整个任务，还开了一个完整的授权会议，因为这会帮助杰克正确地起步。琼斯同意杰克访问50名消费者以确定他们对这种护肤品的看法，然后9月1日之前写一个总结报告。当杰克离开琼斯的办公室的时候，他说：“琼斯，你有一件事情没有提到，那就是你将如何监控这项工作的进展。”琼斯回答说：“我明天给你一个答复。”

琼斯制定了定期检查计划，并制成表格形式。

当琼斯完成这张表格时，她复印了一份给杰克。这样他们就可以按照这个定期检查的日程来开展各项工作。

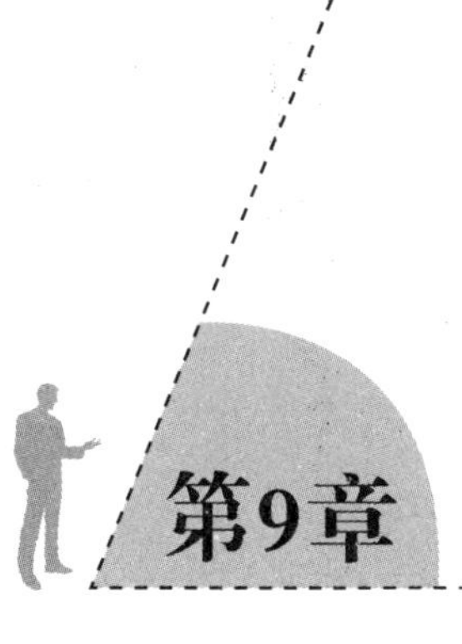

第9章

培训的方法

麦当劳经理的成长历程

麦当劳公司的培训为我们招揽优秀人才提供了一项重要法宝。

麦当劳公司于1979年在法国斯特拉斯堡开设了第一家餐馆，开始进入法国市场。短短的12年之后，它就成为一个遍布30多个城市由100多家餐馆组成的庞大体系。如此发展速度和规模，需要有一个成熟而稳定的中级管理阶层。

在麦当劳，这个阶层主要是由年轻人组成的。那么，麦当劳是如何把一个毫不起眼的毕业生培养成优秀的管理者呢？

在麦当劳里取得成功的人，都有一个共同的特点：即一切从零开始，脚踏实地。炸土豆条、做汉堡包是每个麦当劳员工走向成功的必由之路。脚踏实地从头做起是在这个行业中成功的必要条件。在这里，从收款到炸土豆条直至制作各式冰淇淋，每个岗位上都有可能出经理，他们是如何做到的呢？

原来，法国麦当劳公司实行一种快速晋升的制度：一个刚参加工作的年轻人，如果工作出色，可以在18个月内成为餐馆经理，可以在24个月内当上监督管理员。

这个制度可以有效地避免滥竽充数的现象发生：每个级别都有经常性培训，相关人员只有积累一定数量的知识和经验，才能顺利通过阶段考试。公平的竞争和优越的机会，成为麦当劳吸引人才的法宝，每年有大量大学毕业生来此，施展自己的抱负。

首先，一个有文凭的年轻人要当4～6个月的实习助理。在此期间，他们以一个普遍班组成员的身份投入到公司各个基层工作岗位，如炸土豆条、收款、烤牛排等。

在这些一线工作岗位上，实习助理应当学会保持清洁和最佳服务的方法，并依靠他们最直接的实践来积累实现良好管理的经验，为日后的管理实践做准备。

第二个工作岗位则更带有实际负责的性质：二级助理。这时，他们在每天规定的一段时间内负责餐馆工作。比起实习助理，他们要承担一部分管理工作，如订货、计划、排班、统计等。他们要在一个小范围内展示他们的管理才能，并在日常实践中摸索经验。

在进入麦当劳8～14个月后，有文凭的年轻人将成为一级助理，即经理的左膀右臂。与此同时，他们肩负了更多更重的责任，每个人都要在餐馆中负责一个方面，他们的管理才能受到很大的锻炼。这样，离他们的梦想——晋升为经理，已为时不远了。有些人在首次炸土豆条之后不到18个月就实现了自己的梦想。

在达到这梦寐以求的阶段前，他们还要去芝加哥汉堡包大学进修15天，这是他们盼望已久的机会，也是实现目标的最后一跃。芝加哥汉堡包大学是一所名副其实的大学，也是国际培训中心。它接待来自全世界的企业和餐馆经理，既教授管理一家餐馆所必需的各方面的理论知识，又传授相关的实践经验。

应该承认的是，这个制度不仅有助于工作人员管理水平的提高，而且成为麦当劳公司在法国乃至全世界范围极富魅力的主要因素之一，吸引了大量有才华的年轻人的加盟。

此外，麦当劳公司有一个颇具特色的规定：如果人们没有预先培养自己的接替者，那么他们在公司里的升迁将不被考虑。

麦当劳公司的一项重要规则强调，如果事先未培养出自己的接班人，那么无论谁都不能提级晋升。

这就好像一台机器中的很多个齿轮的转动，每个人都得保证培养他的继承人并为之尽力，因为这关系到他的声誉和前途。这是一项真正实用的原则，麦当劳公司因此而成为一个发现人才、培养人才的大课堂。在这里，缺少的绝不会是人才。

成功和有效的员工培训和培养计划，提高了企业员工素质，满足了员工自我实现的需要，增加了企业凝聚力，不论是多么优秀的员工，企业都负有进行培训和培养的责任。培训和培养不仅仅局限在新员工的岗前培训，主要的重点应当是企业员工的岗位再培训。这不仅能提高员工完成本职工作的技能和知识，通过对员工其他技能的培训，还是对员工潜能的进一步开拓。

麦当劳公司的培训卓有成效，而且颇具特色，成为招揽优秀人才的一项重要法宝，不仅为麦当劳公司带来了巨大的经济效益，而且还为公司带来好的名声，并为企业界创造了一种新的模式。

培训，要不要收回投资

培训，要不要收回投资?

有一种现象特别普遍，在对员工进行培训之后，被培训的员工流失的现象越来越严重，特别是一些培训后的技术骨干员工。究其原因，主要是因为，经过培训的员工认为自己的技能有了进一步的提高，而这种提高没有在工作薪资和待遇上获得相应的体现，当他认为自己在企业的薪酬情况低于同行业同能力人才平均水平时，就会考虑“跳槽”。

而企业方则认为，公司付费让员工参加培训，是对员工工作业绩的一种肯定，是一种激励措施。作为回报，员工应该更好地为企业工作才对。出于对员工培训后流动的顾忌，有些企业减少了对员工的培训。即便是进行培训，培训机会也会向较稳定的高级经营层倾斜，这样做的直接后果是普通员工和骨干员工的培训机会减少，直接影响企业的效率。

作为管理者，如何解决这一矛盾呢?

员工通过培训提高了自己的知识和技能，从而为企业提高了劳动生产率。由于对企业的贡献有所增大，员工自然会想到的薪酬也要得到相应的提高，自然就会有加薪的要求。

当员工找到人力资源经理要求加薪时，人力资源经理很可能会告诉他：培训是公司安排的，培训费用也是公司支付的。培训使你增加了对公司的贡献，是培训的必然结果。另外，公司为你付费培训，使你增长了工作技能，这本身就是公司对你工作的肯定和回报。

员工则认为，培训作为公司的一种投资，并非投资到任何一个人身上都会产生效果的。公司选择我进行培训，是因为我的业绩突出并且有继续增长的潜质，而我也如公司所愿提高了工作业绩，这和我付出辛苦的劳动是分不开的。多劳应该多得，加薪也是正常的。如果员工与企业在这个问题上无法达成一致，就会增加员工的流失风险。

从上述简单的分析可以看出，企业在收回它的投资之前，很难满足员工加薪的要求；而员工由于也付出了心血，很容易想到要提高薪酬。另外，员工对受训后可能增加工作量的预期，也促使员工要求提高薪酬。

上述分析是从企业内部来着眼的。实际上，企业是一个开放的系统。在竞争性的市场中，受训员工可以很方便地将自己的薪酬与同行业其他企业同能力员工进行对比。如果低于普遍水平，受训员工很可能就会将自己要求加薪的期望，转化为要求加薪的行动。

作为企业，如果没有收回培训投资，那么这项培训就是失败的。如果企业一直无法找到有效收回投资的途径，企业会倾向于减少培训或者不进行培训。所以，制定一套有效收回投资的培训政策是非常有意义的。

企业培训投资回收策略，可从三个方面进行考虑。

1. 培训前收回投资

即在培训开始之前，从员工薪酬中扣除培训费用。培训前收回投资可以最大地降低企业的培训投资风险，并且会迫使员工主动参加培训。比如在制定企业的薪酬政策时，可以将员工薪酬的一部分划为培训费用。这样员工的薪酬水平越高或者员工在职的时间越长，这部分培训费用的积累就越大，员工的培训机会就越多。这种政策还保证了骨干员工在培训方面的优先权。

另外，企业还可以将员工年终奖励的一部分划为培训费用，在第二年培训时使用。这样做可以保证企业中业绩突出的员工优先得到培训。

2. 培训时收回投资

实际上，企业普遍采用的试用期制度，就可以理解为一项企业在培训时收回投资的政策。由于在试用期期间，员工还没有足够的技能和经验来适应新的工作岗位，企业要通过岗前管理培训、岗前技术培训和工作指导等培训方式使员工的知识和技能尽快地适应新岗位的要求。试用期薪酬与同岗位正式薪酬的差异就是新员工为试用期培训所支付的费用。如果某员工的知识、技能与岗位要求差距过大，那么企业就需要增加对该员工的培训投资，所以在试用期内，该员工的试用期薪酬可以比其他试用员工更低。

3. 培训后收回投资

培训后收回投资是很多企业的常用做法。最常见的形式是，企业与员工签订培训协议，在协议上明确规定，受训员工只有在企业工作满几年后，才能离开公司，否则必须按比例补偿企业部分培训费用。

全面品质学习——灌注企业细胞

强大的成功的企业是建筑在不断提高质量的学习上的。企业成功的道路千万条。拥有一个能执著追求、不懈学习的组织就是一条很有效的道路。企业不仅只是通过学习，更要建立全面品质学习，才能为持续、稳步的成功打下坚实的基础。

《第五项修炼》的作者彼得·圣吉将他的第五项修炼聚焦在学习型组织的艺术与实务。但他的理论在付之于实践时仍然有不足之处：他停留在第五项修炼，或者说只强调系统学习。事实上，当你与操作员谈话时，他们根本无法理解系统的概念，同时此概念也与他们日积月累的经验相去甚远。在第五项修炼的基础上应该发展“第六项修炼”——全面品质学习。

全面品质学习的主要要素是什么?

全面品质学习需要头脑思维方式的改变。传统上，企业组织总是先确立一个长期的目标，一般是由行政总裁首倡并确定下来。然后由高级管理层拟定使命说明来进一步将这个长期目标具体化。经理人随后将这个目标传达给员工。这一切听起来很顺理成章。事实上，效果并不好，当这个目标沿着命令链层层向下传达时，它往往会为渐渐“退化”甚至“扭曲”。人们会忘记先前说过的一切，并很快依然我行我素。

理想的方法是要先行动起来。行动成功之后，人们的行为自然就会随之改变。然后高级管理层就可以坐下来，写好体现远景目标的使命说明书。

日本的“5—S法”是引发行动的好工具。5—S是由五个日本词语组合而成，翻译过来就是结构化，系统化、净化、标准化和自律化。举例来说，如果你想将一个工厂或者部门提升到世界一流水平，你可以通过5—S法达到这一目标。5—S是行动导向的，并且确实需要组织中每个人的努力。

大部分企业都非常欢迎组织学习这种理论。但也有人认为，这种理论在实践方面会变得越来越迟缓。人总是过分拘泥于日常工作，尤其是在经济不景气时则更为严重。那时的人们感觉，生存才是最重要的，完全将学习撇在一边。人们总误以为学习不是一件紧迫的事。不过仍然有一些组织在不断学习，而且是迅速学习。微软公司就是一个学习型组织的非常好的例子。他们无时无刻不在学习和宣传新的观念。

如今，我们看到企业变革的节奏已经加快。这就意味着，企业要把握机遇或是摆脱其他快速学习型企业的竞争威胁，就必须以更快的速度学习。如果意识不到企业学习的必要性和紧迫性，企业必将眼睁睁地看着自己落人尘后；而那些起而从之者必将成为竞争的胜出者。在促进组织学习过程中，你应扮演什么角色？

你最重要的任务就是以身作则。在关键时刻或是面临关键任务时，你必须树立榜样，表现出决不动摇的坚定意志来。

学习需要树立一个良好榜样。如果企业采用全面学习，你就要为员工做出表率。你一定要让每个员工看到，他们的上级每天在不断学习新的东西。如此一来，其他员工迟早会效仿。现在，你的任务已不再是发号施令，而是展现出学习的能力。

在经济萧条的时候，人们往往只顾头不顾尾。他们只会一味去适应工作而不是去注重学习。应该如何解决这种问题呢？

无论环境如何，绝不能畏惧，应该继续学习。请牢记质量管理大师戴明的忠告：“组织中决不应存在恐惧。”

要使学习确实有效果，个人培训与团队学习就要互为补充。在同事中共享经验有助于企业内部的成长。当然，这种情况只有组织具有一定的架构时才会发生。学习过程的规划必须是自上而下的，然后才是自下而上地让每个员工都参与进来。

弹性工作以及外包等趋势是如何影响企业组织学习的？这种趋势是否会与组织内部、外部的学习产生不协调，并最终对企业不利？

这一切都归根于供应商与客户之间的合作关系。用现代的观点来看，外包需要是一种非常亲密的合作关系，和婚姻有点类似，在这种情形下，这种学习必须扩展至供应商。否则，一切都会白费。外包以及其他趋势都不应该阻碍学习。外包应使得学习成为理所当然的事情。外包供应商也许可以从他们客户的其他客户身上获得经验。他们可以利用这些经验，使其他组织受益。

体验式培训，值得一试

别具一格的管理培训课程培养参加者的创造力，并挑战他们的忍耐极限。如果你觉得在水中游泳或玩大块拼图游戏似乎是一种奇特的管理培训方式，那你显然是少见多怪了，至少是你没参加过体验式培训。

体验式培训一般由专门的培训机构开展实施，IWNC公司就是其中最有名的一家。这家体验式学习公司专门培训员工“跳出框外思考”。它目前在中国内地，香港及日本设有办事处。其课程安排通常为期3天，并在一些偏远的地点举行，如在位于中国长城脚下的乡村、杭州西湖边上或静谧且风景如画的香港大屿岛上的培训学校。该公司不会在平淡无奇的酒店空调会议室举办讲座，既不使用投影仪，也没有生动的电脑图表。

“我们采取的是体验式培训，让人们在培训中展现其真实的行为”，该公司中国办事处总经理布朗说，“我们采取辅助技巧，协助参加者分析、讨论他们在活动中的行为，并带回到他们的工作场所中。许多参加者都是工商管理硕士，而且一般都是非常精干的年轻人。但他们缺乏交际技巧、主动性及创造性。这些是他们所受教育没有提供的。”

一般每个培训小组由自管理层往下的多名成员混合而成，这是个优良组合，每个人的穿着都很随意，乍一看没人能知道谁是上司。

另一重要条件是培训地点应远离工作场所。美国汽巴公司香港染料部经理西蒙斯对此深有感触，他在6月之内让包括他自己在内的80名员工参加了IWNC课程。他说：“没有电话搅扰，甚至没有移动电话，简直太妙了。”

通常情况下，IWNC课程是企业更大培训项目的重要部分。诺基亚的中国公司在12个月内分别举办了4次IWNC课程，对象是新招聘的员工，旨在让他们建立彼此的信任感及承诺。

虽然这些管理技巧源自西方，但这类培训在很多国家和地区都是适用而且受到了欢迎。另外，培训练习活动的失败比成功能教给人们更多东西。

在一个真实的案例中，一家跨国石油公司想从竞争对手手中夺取市场份额。但它的四个独立的中国办事处却没有共享的目标，没有采取一致的提高销售额的方式。在IWNC看来，解决方案就蕴藏在一个1小时的练习中。练习使用的道具包括橡胶手套、一条绳子、一个弹力橡胶管及放在水桶上的一杯水，水桶则放在一个大绳圈内。

布朗解释说:“练习的目标是将杯子（代表顾客）从水桶（代表竞争对手）上移开，运用所提供的道具（创造性和主动性）将杯子安全移到圈内的四块小木板上（企业的服务中）。

“你不能进入圈内，只能使用那些工具。这个练习意在表明，如果你不小心对待顾客，你就会失去他们的忠诚，即洒掉此处的水。我们鼓励学员使用商业用语来替代道具的原来名字。

“在这种练习中，每个人必须精诚合作，具有战略眼光。你不仅要接受现状，还要与他人共享信息并让每个人都参与进来，就像从事商业活动一样。”

在IWNC的客户看来，其中的挑战在于参加者将水杯挪开是对他们各自工作场所的恰当比拟。这意味着要创建各种框架，秘书或一线销售人员能渐渐把握做好业务的观念，或创造使员工可以各抒己见的氛围。

“这些培训活动及建立团队的方式简直太有意思了，”布朗说，“人们喜欢他们的培训地点和玩的游戏。但活动研讨以及研讨如何反映日常工作至关重要。作为一名辅助者，我观察了大量细节，然后向组织者反馈他们下次如何能做得更好，他们按着做了。”

IWNC的其他训练是针对突破个人局限的。对西蒙斯来讲，这种突破就是在攀登荡来荡去的绳梯时克服对爬高的恐惧。在IWNC举办的第一期培训课程中，他只能爬三级，但在随后的课，他爬到了顶端。汽巴公司在设计IWNC公司课程的框架时，其准则是团队协作和冒险。

“学员虽然感到紧张，但不怕丢面子，因为失败了也没什么，”西蒙斯强调说，“这更像是在说‘我要试试’，并向你的恐惧挑战。”

像IWNC公司这样的体验式学习公司已大量出现，它们设计的培训获得企业的广泛欢迎。这种创新的培训形式，在促进员工交流合作方面成绩斐然。

不培训才会产生问题

培训不能解决所有问题，但不培训会产生所有问题。

星期一：“切伊尔·鲍莱思·阿什顿答应你，如果你调到她的小组，她今年就会送你去参加三个重要的培训班。对此，我真的十分佩服。不过，你真的就会凭这个原因离开我们吗？”

星期三：“维尔达，如果事情就是这样的话，那你就去给纽莱先生打个电话，告诉他我们真的不能在本周结束时向他交出报告。一定要让他知道我们是愿意这么做的，可鲍利斯是唯一懂得该怎么做这种表格的人，而他要到下周才回来工作。”

星期五：“基特，你原定下个星期二和星期三参加的文字处理培训，恐怕得取消。因为你一走，我们的人手就不够用了。”

把上面三个事件压缩到一起，这些事件在现实生活中不太可能发生得如此频繁。但是，不对员工进行培训和提高，其后果是显而易见的。

（1）工作群体失去了一位员工，因为他不能在此获得新技术的培训机会。在知识更新日益加快的今天，培训已成为员工职业发展必不可少的推动器，如果管理者不能为他的员工提供足够的培训机会，那么相当于把优秀的员工推出门外。

（2）工作群体不能为客户及时作好一份报告，因为只有一个人懂得怎样处理这一类的表格。更高层次技能的缺乏，将直接影响到员工工作的效率，更重要的是它将削弱企业的竞争力。

（3）一位员工没能获得他所需要的培训，因为工作群体太忙了。这既是原因，也是结果。工作群体太忙，是因为它没有得到足够的培训。而那位经理由于不能将员工匀出来进行培训，又使得这一情况进一步恶化了。

总而言之，未能对员工进行提高将会使你陷入恶性循环。也许培训不能解决所有问题，但可以说，企业的所有问题或大或小地会与缺乏良好的培训有关。

那么，如何解决这些问题呢？

让员工们参加做手头工作所必需的培训，让他们得到必要的提高，为接手要求更高的工作，获得更好的职位作准备。

怎样来做这件事呢？特别是在工作群体已经因为缺乏培训而捉襟见肘时，你该怎么办？你可以考虑以下一些意见。

1. 优先考虑对员工进行培训和提高

你自己最清楚该优先考虑什么工作。但很多时候，培训和提高常常被认为不是那么紧迫而被撂在一边。只有你才能改变这一状况。你可以为员工培训安排出一定的时间。应该安排出多少时间呢？必须对培训和提高作出安排，而不要等到最后一刻。如果有必要的话，与上司就培训量进行协商；最后制定一份培训计划表，让员工有一个准备，这样，会使培训定期化制度化。

2. 帮助员工制定个人提高计划

很多公司都有精心准备的个人提高计划方案。你可能就参加过这样的工作。把员工们召集起来，要求他们参加到这个过程中来。这样，他们既能找到自己目前在做工作时需要得到的培训，也能找到职业进步所需的提高机会。

在这之后，要与每个员工见面。和他讨论他所需要得到的培训与提高，这将会大有裨益。或许你们意见相左。你应该花些时间来想想自己和员工的观点为什么不一致呢？问题出在哪里，以便对问题发生的原因有一个更好的了解。然后，把培训与提高列出来，并尽量列出培训与提高的阶段。这份清单，你们都应该留底。

3. 让员工们尽快将培训中学到的东西应用到现实的工作中去

把一个人送去参加他在几个星期甚至几个月里都用不着的培训，这可不会有多少好处。尽量这样安排培训：让参加培训的人员能够马上运用所学到的知识。这是保证取得成功的培训结果最为有效的方法。

4. 尽量多地进行交叉培训

工作群体不能为纽莱先生做好表格，是因为鲍利斯没来上班，而他是唯一懂得如何建立这种表格的人。要是你能够保证每个人都有机会得到交叉培训，今后这种事情就不会发生。

此外，你得依靠有效的员工激励手段。大多数员工都热切希望学会其他工作，如果这能使他们的工作更有意思，能使他们为提拔做好准备，情况更是如此。

举个例子，有一个经理与所有的下属达成了一个协议：如果他们能在星期五中午之前完成自己1周的工作，他们就能利用星期五下午接受高薪工作的交叉培训。结果，不仅每个人都在星期五中午前完成了工作，而且部门的缺勤率也要比对照群体低得多。

培训并不能解决所有问题。培训本身也几乎总是一个不完整的答案。但几乎任何问题在得到完全的解决之前都需要对员工进行培训。

十分擅长培训与提高，手下最好的员工经常得到提拔——一位经理因此而广为人知，这是常常出现的事情。另外，即使这位经理在想留住最出色的员工时，可能会遇到麻烦。但在录用替代者时，你却会有特别强的竞争力，人们都会乐意来为你工作。

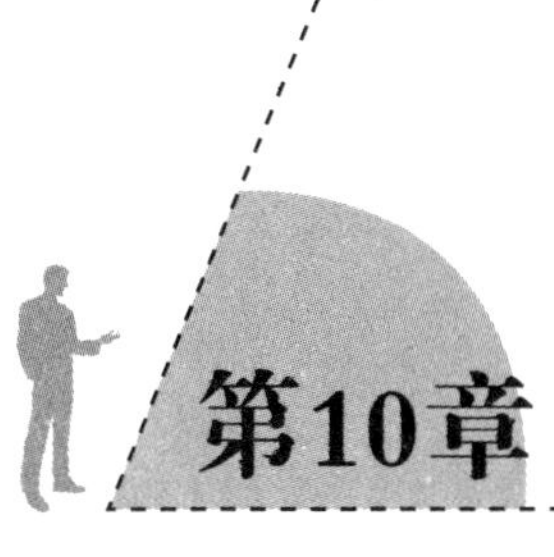

第10章 留住人才的方法

抚慰你的员工

所有员工都难免有伤心的时刻。培养一种富有同情心的文化，随时给予他们帮助。

美国南卡罗来纳州精密变压器公司的人事福利部经理妮丽道出了她的不幸。

“我父亲死于主动脉瘤，当时我在一家纺织公司担任质量控制审计员。上班后，上司走过来对我说：‘对于你父亲的去世，我感到难过。’然后再没任何其他表示。即使人们看到我，也都没什么表示，真是太缺少人情味了。上司希望我一上班就把个人情感抛在脑后。而同事给我的感觉是，不要让别人看到你情绪低落，你会让他们受感染。而且我因工作时失声痛哭遭到训斥。

“即使人力资源部门也是冷眼相待。我想星期五请一天假，去给父亲立墓碑时，和我谈话的那位女士说：‘希望你找人处理这种麻烦事。’当时，我母亲没有工作，在未收到保险赔款前，我必须负起全部的责任，仅这件事就够我难受的了。

“于是我决定辞职。上司问我是否知道自己在做什么。我告诉他，事情太难应付，又没人帮忙。我说我已承受不了。对此他颇感意外，无法理解我的感受。”

妮丽的遭遇绝非特例。很多企业往往轻率地回避了这些事。它们之所以会失去像妮丽这样的宝贵员工，绝非偶然。其实，经理人不应将员工的悲伤视为扰乱工作的消极因素，而应将其看做是一个人们重新调整自我来摆脱不幸、重建健康关系的自然过程。

作为经理人，你要有能力创造这样一种工作环境，使你能清楚辨认出人们悲伤的几个阶段：震惊和抗拒、愤怒、愧疚、沮丧、接受和恢复。这个过程可能会持续数周，数月，甚至数年，直到哀伤者接受现实并振作起来。

整个的恢复过程取决于生者与死者的关系。比方说，最令人难以接受的不幸是自己的孩子早逝。毕竟，我们不想自己的下一代会先我们而去。失去孩子，就失去将来；失去伴侣，就失去现在；失去父母，则失去过去。此外，很多失去亲人的人最怕他们的亲人被淡忘。所以，尽管你觉得不自然，但笨拙的关心总好过漠无反应。

经理人如果学会了解悲伤周期各阶段的迹象，就能帮助失去亲人的员工渡过痛苦的难关。在震惊和抗拒阶段，失去了亲人的员工可能会处于一种麻木状态，不愿相信眼前的事实。他们可能会一头扎进工作以逃避痛苦。

在愤怒阶段，他们可能会责怪死者弃他们而去，可能会冲着无能为力的医生发火，责怪他们没能留住其亲人的生命。同事的无心之语也会招来他们粗暴的对待，他们可能还会埋怨同事要求他们举止如常或者对其痛苦不闻不问。

他们被似乎无尽的悲伤压垮后，会变得沮丧。特别是逢节假日、生日、亲人的周年忌日时，他们的日子格外难过。融融的家庭团聚中，再也见不到挚爱的身影，触景生悲，痛上加痛。有些员工会选择这些日子请假，以悼念亡魂。

作为上级，对此应灵活处理，而且要留心员工有无生病，是否郁郁寡欢及其外表在这段时间有何变化，是消瘦还是变胖。

亚利桑那州渥太华大学的助理教授兼劳资关系项目主任鲍勃说，工作环境中所缺少的环节是，找出悲伤员工与生产效率的关系，找出如何充分提高员工的生产效率并帮助员工恢复其原来的正常生活。

“多数企业认为，员工失去亲人是件麻烦事，对他们表示同情已经仁至义尽，他们最好尽快把丧事处理好，”他解释说，“经理可以帮助员工及其家人到企业外部去寻求帮助，使员工重获心理平衡并提高工作效率，比如参加一些互助团体。人力资源部要教育员工，人们并不只是在亲人故去的那一刻开始感到悲伤。”

所以，经理们需要改变对死亡和悲伤的看法，明白悲伤随爱而来，是一种深沉的情感。这为我们阐释人生意义、工作的价值观念和目标，提供了更为坚实的基础。

人力资源部要重新审视企业和社区的资源，才能更明智地管理工作中的悲伤情绪，从而使人的生命在这个过程中不断升华。给予员工时间和自由，让时间抚平他们的创伤，使员工从失去挚爱的痛苦中重新振作起来。丧失挚爱固然沉痛，只要经理人富有同情之心，对员工的痛苦表现出应有的关心、灵活性和尊重，就会使员工倍感安慰。一旦他们从悲伤中振作起来，把个人生活与工作融为一体，就会对企业有一种归属感。

员工忠诚的价值

在创新制胜的知识经济时代，你是否意识到员工的忠诚奉献已成为企业发展的关键？传统的命令和控制模式对使企业成功已显得苍白无力，因为你的关键资源存在于你的员工的头脑中。唯有切实了解员工的期望和需求，发展新型的员工与企业关系，才能让员工释放出，而不是被挤出他们自己的能量。下面将介绍几个建立新型员工与企业关系的关键因素。

新型的员工与企业关系更像是一种双方互相给予的关系。国际管理咨询公司帕林公司所进行的一项调查表明，员工关心的问题主要集中在管理效果上。以前，一般员工对企业的发展战略、赢利和竞争市场等全局问题一般都不太了解。现在的企业都在与员工共享业务和财务信息，并且给他们的工作方式更为具体的指导。

所以，有几个影响员工忠诚的关键问题值得我们注意：员工对企业的发展目标了解多少？他们对企业的成功能否有直接的影响？能否明确他们的职责？

总之，员工需要得到管理层的切实支持，而不是空泛的承诺，管理层应给他们提供完成工作所需的信息。他们很希望了解自己在企业中所扮演的角色。如果每个人对此都模棱两可，员工与管理层间的关系就会破碎。

“显然，现在的员工都明白这些，”帕林公司的主要负责人说，“但是这也会带来更消极的结果，即他们是否了解企业内影响他们的事情。”

调查发现，人们总觉得自己在努力工作，但并不总觉得别人和自己一样勤奋。过半数的被调查者感到他们企业内的员工“推卸职责”。随着工作负荷和压力的增大，员工感到需要保持住自己的技能水平和业绩。因此，如果同事在工作中三心二意，而他们的上级对此毫不介意，他们就会很愤怒。

执行副总裁柴林哲说：“以后，将有越来越多的经理人成为业务领导者，他们的主要作用将是激励员工，然后躬身退开。”员工期望的是能鼓励和指导他们，尤其是同他们经常保持良好沟通的经理人。

不断的沟通有助于支持企业组织目标的实现。“员工是企业的核心和灵魂”，波音公司洛迪恩分公司的员工与交流副总裁傅莎美说。她说，该公司到2016年的远景目标是成为“世界上火箭推进器、空间动力和高能激光系统的最佳供应商”。为实现这一目标，该公司制定了两条确保成功的措施，它们分别是确保公司股票价值的增加与成长和培养积极参与、致力奉献的员工。

洛迪恩公司计划通过以下五个方面赢得员工的忠诚奉献：使员工加强合作；提供有意义的工作任务；实行最高的职业道德标准；通过培训和开发促使员工个人成长和能力的提高；认可个人和团队的贡献。傅莎美解释说，全公司内的每个工作群体都必须对自己的成功负责，制定远景支持计划，并实行季度检查。公司每年制定领导期望计划。1998年，公司培养领导的活动主要围绕着领导艺术、质量文化和持续学习等主题。

在新的员工忠诚奉献规则中，一个有趣的内容是员工与经理人、经理人与团队之间的关系变得更为重要。员工愿意留在团队内，不会接受其他单位的聘用，是因为他们与上级建立了一种牢不可破的关系，他们担心在其他单位无法建立这种关系。

所以，企业越是及时而充分地加强员工与其上级之间的交流，员工对整个企业的归属感就越强。毕竟员工每天都要上班，而且与之接触的是他们所在的团队，而不是别的什么。因此，企业越是加强和调整这种密切关系，员工与其上级间的合作就会更加趋向牢固。

员工都愿意为企业的成功尽心竭力，都渴望成为优秀团队中的一员。成功企业可以通过各种形式显示它们的优秀，如媒体、员工调查、基准借鉴、国家及地方奖励等。

昂恩全球咨询公司下属的诚信研究所所长斯达姆说：“我们发现一种很有意思的现象，当员工对公司的发展方向充满信心时，他们会更积极地为公司工作。他们认为公司将成为全球市场上的赢家。”

而美国太阳微系统公司的领导对这一点也非常清楚。在电脑和办公设备业方面，太阳微系统公司是世界上最受推崇的厂家之一。但是该公司并没有安于现状，公司领导推出了世纪之交公司新形象的远景规划。

“太阳微系统公司的方向业已确定，”公司人力资源副总裁柯乐萝说，“员工对变革表示理解，并愿意接受工作的转变，在整个太阳微系统公司，每个员工都可以发扬创新精神，并为所产生的结果负责。”

美好的远景通常会让员工产生强烈的归属意识。今天的员工更希望被委以驾驶火车的重任，而不是坐在火车上到达目的地。因此很多企业管理专家认为，在驾驭企业的发展方向上，让员工参与越多，企业就越能迅速地达到目标，而且企业中的每个人都能共享胜利成果。

做到这点的一个关键点在于为变革提供场景和支持。对很多员工来说，企业重构或合并等变革使人感到好像是企业按动了“快进”键，会致使企业的发展失控。除非员工能了解实际发生的一切，否则，他们将消极对待。

昂恩公司的专家建议，为了使任何变革努力取得更大的成功，你需要了解手下员工的期望，为员工进言创造机会，支持并奖励员工在改进工作方面发挥创新精神，还要改善沟通，尤其是企业变革状况下的沟通和交流。

医治“公司健忘症”

“员工是我们最重要的资产，即使我们所有的资产被大火毁于一旦，但只要我们的员工还在，我们就可以迅速重建我们的公司。”对自己的企业文化、人力资源和知识管理充满自信的公司领导总是这样说。然而他们始终回避不了这样一个难题：当你的人力资源在同行业或相关行业中享有盛名时，你的公司人才也极可能成为其他公司觊觎的对象。当眼睁睁看着你的手下的优秀员工接二连三被别的公司挖去，你的得力的干将转眼之间成了强大的、必须严加提防的对手时，你对于你的“最重要的资产”的自豪之情可能会荡然无存。

一个公司由硬件、软件和“湿件”（或“人件”）组成。硬件和软件存在着“折旧”的问题，而“人件”却存在着“折新”的问题。当公司被迫招募新人来代替因跳槽、退休等原因而离开公司的员工时，新手显然缺乏老手在公司的业务实践中积累起来的大量隐性的知识（各种在长期的实践中习得的专业技能）。公司必须为新手们（无论他们受到多么良好的正规教育）支付有形和无形的“学费”，这就是说，公司在获得所谓“新鲜血液”时不得不付出隐性的但常常是巨大的劳动力成本。

管理大师爱德华·戴明指出，公司的资产有80%是无法量度的。当这些无法量度的资产流失时，你很难测算出公司受到的损失有多大。隐藏在员工中大量不可言传的知识被称为“组织记忆”（Organizational Memory，简称OM）。一个公司的组织记忆大量流失，必然导致“公司健忘症”

（Corporate Amnesia）。在当今员工的工作任期明显缩短，跳槽率激增的情况下，即使是那些致力于积累性成长的公司，也非常容易患上“公司健忘症”。

对于可以量度的20%的资产，公司都有一套严格的管理体系，而其余的80%资产却处在一种游离的状态。当公司的资产以难以移动的土地、厂房、大型机器和生产线为主转变为以无重无形、可以被员工存储在大脑和电脑中随身携带的资产为主时，好的管理就是对这些难以量度的资产进行量度和管理。管理的底线是“心中有数”，但一个对80%的资产熟视无睹的管理者从一开始就降到了底线以下。

好的公司不是不犯错误，只是不犯或很少犯同样的错误。而糟糕的公司就是那种不长记性的公司。在这些公司里，管理者和员工常常遇到的大量难题其实由来已久。

因此，企业必须找到一整套管理方法，使得组织能够从它过去的经验里学到更多的东西。企业要尽可能采取各种方法，留住那些在培养企业的核心竞争力方面有较大贡献的员工；而当企业实在无法留住那些员工时，尽可能留住那些可能被他们随身带走的无形资产。

ERP、CRM等软件，可以在一定程度上把员工自己所了解的但是不愿透露或不可言明的知识记录和存贮下来，使公司免受“健忘”之苦和“健忘”之灾。公司因此而不再只是拥有十个“一年的记忆”，而是拥有一个“十年的记忆”。

不过，技术手段并不能完全防治“公司健忘症”。问题的解决有时只能靠特定的制度和文化来保证。通过信息技术，知识管理团队（由CKO负责）把公司的记忆吸纳到公司技术性的记忆库——公司的数据库；通过制度和文化，知识管理团队把公司所急需的知识存入另一个非技术性的记忆库——现在员工的头脑中。

从制度和文化上扩张、强化企业的记忆库的最重要手段当然是不断创新留住人才的方法。美国一些大公司尝试利用公司内部便携式头衔，把可能发生向外的跳槽转化为内部跳槽，鼓励员工在内部创新企业，在充分拓展员工的创造空间的同时，抑制了员工“宁为鸡头，不为凤尾”的冲动。备受被“挖墙脚”之苦、被戏称为“总经理摇篮”的台湾IBM，为了扭转大量“失血”的局面，推出了一系列化离心力为向心力的措施。针对公司内部人才过度竞争演变为内斗增多、缺乏沟通的局面，公司提出了以沟通回归基本的人才管理战略，要求部门主管至少花50%的时间和下属沟通，并且以实施“小周末”——鼓励员工在星期三穿便服上班）等方法，逐渐改变了“蓝色巨人”，过于强调严肃、正规的企业文化，减少了等级森严的官僚体制给员工造成巨大压力。这有效降低了跳槽率，而且让一些带“枪”投靠竞争对手的员工回到IBM。

一个好的管理者必须记住：企业的成功系于企业的智商，而记忆既是智商的重要成分，也是智商的其他因素的基础。良好的记忆，使企业思路清晰，动作敏捷，而良好的记忆依靠经验丰富的员工。

给员工不走的理由

如今，员工的流动日益频繁，特别是优秀的人才，时刻面临着更好的机会或待遇，如何能让他们安下心，为企业创造价值，成为很多经理人的心病。人才的流失，是许多经理人最不愿意看到的事，但对此你能做什么呢？要想让员工不走，作为经理，你能给出什么理由呢？

1. 设立高期望值

斗志激昂的员工喜欢迎接挑战。如果企业能不断提出高标准的目标，他们就不会选择离开。美国新泽西州的一位管理顾问克雷格说：“设立高期望值能为那些富有挑战精神的精英提供更多机会。留住人才的关键是不断提高要求，为他们创造新的成功机会。”美国密歇根州一家医疗设备公司施萨克公司深谙此道。该公司要求各部门利润年增20%，没有一点可商量的余地，“成功者热爱这种环境，”该公司外科部人力资源副总裁布莱克说，“人们都希望留下，希望获胜。”当然，采取这种做法与公司文化也有很大关系，一般来说，在拥有积极向上文化的公司，这种做法容易取得成功。

2. 经常交流

员工讨厌被管理人员蒙在鼓里。没有什么比当天听说公司前途无量，第二天却在报上读到公司可能被吞并或卖掉更能摧毁一个公司的士气。解决办法是，公开你的账簿。泉域公司正是这样的。该公司的员工流失率不到7%。该公司行政总监斯塔克说：“我们的每一个员工都有权利随时查看公司的损益表。这能让他们明白他们对公司利润有何影响，例如一位需自行购买工作用品的看门人能看到他的支出如何影响了公司的利润变化。”

要是企业不想那么透明，也有很多其他交流办法。卡耐基顾问公司行政总监莱文每6周就会给世界各地的办事处捎去录像带，要求他们录下员工就公司方针向他提出的问题，以及对公司一些具体决策所要求的解释。

3. 授权、授权、再授权

员工最喜欢这种授权赋能的公司，至少惠普公司是这样认为的。公司负责台式电脑的美国市场经理博格说：“对我们来说，授权意味着不必由管理人员来决定每一项决策，而是可以让基层员工做出正确决定，管理人员在当中只担当支持和指导的角色。”

4. 提供经济保障

很多人对金融市场和公共基金等一窍不通，只得自己为自己安排养老费用他们从现在起就得找人帮助。很多企业即使不提供养老金，至少也会在员工的黄金年代给他们一些现金或股票，霍尼韦尔公司允许其员工拿出15%以下的薪金投入一个存款计划，同时还允许员工半价购买等值于自己薪金4%的公司股票。另外，员工能在公开股市上购买霍尼韦尔股票，而且免收佣金。这项政策旨在使所有霍尼韦尔员工都拥有公司的股份。如果员工是当家做主的，就与公司和公司的未来休戚相关了。

这能帮助员工肯定自我，如果公司理财有道，就能培养一批有高度自信心的员工，人们往往在感受到被关心的时候才会感到自信。他们希望这种关心能用金钱或无形的方式表示。只要他们感到你在关心他们，他们就会跟随你，为你苦干。

5. 教育员工

在信息市场，学习绝不是耗费光阴，而是一种现实需求。大部分员工都意识到，要在这个经济社会中生存和发展，就非锐化其技能不可。一家促销代理商爱森公司为其员工开设了一间“午间大学”。其中设有一系列内部研讨会，由外聘专家讲授，涉及的课题有直接营销和调研。此外，如果员工想获得更高学历，而这些学历又与业务相关，员工也能取得好成绩，公司会全额资助。

该公司的行政总监杰弗里说：“我们将公司收入的2%投入到各项教育中去。员工对此表示欢迎，因为这是另一种收入形式。知识是放权的另一种形式。”

惠普公司允许员工脱产攻读更高学位，学费全部报销，同时还主办时间管理、公众演讲等多种专业进修课程。博格说：“我们通过拓宽员工的基本技能，使他们更有服务价值。有些人具有很高的技术水平，但需要提高公众演讲能力。他们在这里能学到这些。也许有些人来到我们公司时没有大学文凭，但他们可以去读一个，这样就更具竞争实力了。我们愿意资助他们的教育。”

第11章 团队激励的11种方法

尊重激励法

我们常听到“公司的成绩是全体员工努力的结果”之类的话，表面看起来管理者非常尊重员工，但当员工的利益以个体形式出现时，管理者会以企业全体员工整体利益加以拒绝，他们会说“我们不可以仅顾及你的利益”，或者“你不想干就走，我们不愁找不到人”，这时员工就会觉得“重视员工的价值和地位”只是口号。显然，如果管理者不重视员工感受，不尊重员工，就会大大打击员工的积极性，使他们的工作仅仅为了获取报酬，激励从此大大削弱。这时，懒惰和不负责任等情况将随之发生。

尊重是加速员工自信力爆发的催化剂，尊重激励是一种基本激励方式。上下级之间的相互尊重是一种强大的精神力量，它有助于企业员工之间的和谐，有助于企业团队精神和凝聚力的形成。

“尊重”这个词在企业管理中并不多见，它多数是在论述道德范畴的问题时被提及，因此，更不要说上升到一个重要的位置了。我们所说的尊重，是包括尊重自己和尊重别人，或者称为自尊和尊人。什么是自尊呢？自尊就是自我尊重，表现为人对自我行为的价值和能力被他人及社会承认或认可的主观要求，是个人对自我价值和尊严的追求。自尊既包括对获得信心、能力、本领、成就、独立和自由等的愿望，也包括来自他人的敬重，例如威望、承认、接受、关心、名誉地位和赏识等。尊人，是指尊重他人、社会和自然。这里体现出尊重的二重性，即人不能独立于社会而存在，因而确定了个人与社会的统一性，也就是体现了自尊和尊人的互动性。

人要想得到尊重、得到发展，就必须不断地调整自己和社会的关系，例如社会认识关系、社会实践关系，而其本质就是价值关系。一言以蔽之，如果你不尊重他人，你也不可能获得他人的尊重。

尊重激励作为激励员工的方法，有两个很突出的特点：一是最人性化；二是最有效。企业管理者要注意尊重每一位员工，对待员工要有礼貌，不嘲笑任何一位员工、不轻视他们，尊重员工的人格，认真听取员工的建议，让他们感到自己对企业的重要性。

作为企业的管理者，如何才能真正有效地做到尊重下属呢？日本的管理大师松下幸之助便是这方面的高手。我们来看看他的做法。

有一天，松下幸之助在一家餐厅招待客人，一行人都点了牛排。待他们都吃完主餐后，松下便让助理去请烹调牛排的主厨过来。

助理这才注意到，松下的牛排只吃了一半，心想过一会儿的场面可能会很尴尬。

主厨很快就过来了，他的表情很紧张，因为他知道请自己来的人是大名鼎鼎的松下幸之助。

“有什么问题吗，先生？”主厨紧张地问。

“对你来说，烹调牛排不成问题，”松下说，“但我只能吃一半。原因不在于厨艺，牛排真的很好吃，但我已80高龄了，胃口大不如以前。”

此时，大家都困惑得面面相觑，过了一会才明白这是怎么回事。

“我想当面和他谈，因为我担心他看到吃了一半的牛排被送回厨房，心里会很难过。”

如果你是那位主厨，听到松下先生如此说，会有什么感受？是不是备受尊重？

松下先生的故事带给了我们有益的启示：作为一名企业管理者，你应该尊重你的员工，让他感觉到他在企业中是有所作为的，是能得到上司肯定的，如果你这样做了，那么他就会回报你更多的东西。

尊重激励法的应用 

通过尊重员工达到激励的目的，要从以下十一个方面做起。

1. 用建议取代命令

很多企业管理者，总以为自己手里有权，就可以在别人面前指手画脚，发号施令；就可以对手下人颐指气使，呼来唤去；就可以靠在软绵绵的椅子里，指挥手下去干这个，去干那个。其实，没有人会喜欢这种命令的口气和高高在上的架势！

有些企业管理者总以为自己是管理者就有权力这么做。可是，你要明白，尽管你是管理者，他是小职员，但是，在人格上你们两个是平等的。所不同的，只不过是你们的分工不同，职务不同，而不是在你和他个人之间存在着什么高低贵贱的区别。就算是“管理者”比“下属”具有更多的权力或是其他什么，那么也是由“管理者”这个职务带来的，而不是你自身与生俱来的！

所以，作为企业管理者，如果想让下属用什么样的态度去完成工作，自己就应该用什么样的口气和方式去下达任务。

在日常的管理工作中，管理者应该多用“建议”，而不是“命令”。这样，你不但能使对方维持自己的人格尊严，而且能使人积极主动、创造性地完成工作。即便是你指出了别人工作中的不足，对方也会乐于接受和改正，与你合作。

有一个员工这样说自己的管理者：他从来不直接以命令的口气来指挥别人。每次，他总是先将自己的想法讲给我听，然后问道：“你觉得，这样做合适吗？”当他在口授一封信之后，经常说：“你认为这封信如何？”如果他觉得助手起草的文件需要改动时，便会用一种征询、商量的口气说：“也许我们把这句话改成这样，会比较好一点。”他总是给人自己动手的机会，他从不告诉他的下属如何做事；他让他们自己去做，让他们在自己的错误中去学习，去提高。

可以想象，在这样的管理者身边供职，一定会让人感到轻松而愉快。这种方法，维护了下属的自尊，使他以为自己很重要，从而希望与你合作，而不是反抗你。

迈克尔·约翰是一家小厂的高层管理者。有一次，一位客户送来一张大订单。可是，他们工厂里的活已经安排满了，而订单上要求的完成时间，短得使他不太可能去接受它。

可是这是一笔大生意，机会太难得了。迈克尔·约翰觉得很矛盾。但他没有下达命令要工人们加班加点地干活来赶这份订单，而是召集了全体员工，对员工们解释了具体的情况，并且向他们说明，假如能准时赶出这份订单，对他们的公司会有多大的意义。

“我们有什么办法来完成这份订单呢？”

“有没有人有别的办法来处理它，使我们能接这份订单？”

“有没有别的办法来调整我们的工作时间和工作的分配，来帮助整个公司？”

工人们提供了许多意见，并坚持接下这份订单。他们用一种“我们可以办到”的态度来得到这份订单，并且如期出货。

迈克尔·约翰的这一招很高明。他没有直接下达死命令，让员工们一定要在有限的时间里完成任务，而是充分地尊重下属，把他们召集起来，调动他们的积极性，激发他们的潜能，让他们去接受命令，主动地接受，而不是被动，把“要他做的事情”，变成“他要做的事情。”

所以，如果你要向下属下达命令，让他们做你想要他做的事或是要他改正错误，那就避免使用“命令”的口吻，不妨试试“建议”的方法。

2. 把员工作为合作伙伴

企业是由其成员组合而成，企业的所有者、总经理与员工，在人格上是平等的，在工作上只是扮演的角色不同而已，离开谁都难以成事。因此，员工是管理者的工作伙伴，应以“同事”来称呼他们，这不仅仅是称谓的问题，更重要的是尊重的问题。

3. 对员工说话要有礼貌、客气，避免采用命令式的语气

管理者不能对员工指手画脚，甚至犯点小错误就横加指责。要公平对待每一位员工，不能对性格内向的员工多加指责，即使在自己心情很差的情况下，也要心平气和地对待每一个人。在工作中，管理者对员工应该肯定多于批评，员工在被肯定之后会有更多的工作热情及创新。不可以乱骂员工，每一次责备都会使他们萎缩一次。有更多的自我期待，就会有更多的自我表现。美国科学家富兰克林说过：“人总是向被肯定的方向求发展。”所以，尽量以建议来代替批评，效果会比较好。

4. 对员工一视同仁

身为团队领导的你不应被个人感情所左右。不要在一个员工面前，把他与另一个员工的工作相比较，也不要在分配任务和利益时有远近亲疏之分。而且你对每个人说话的语气要公平一致。这意味着，每一个人，包括你自己在内，都要遵守工作标准，在你的团队里，恐吓与歧视是被禁止的。当你有求于部下时，应该尽量避免以命令的口吻，应该抱着咨询的口吻去谈。同样是“你去做这件事”一句话，由于语调的不同，给人的感受就会有很大的差别。对于领导的谦虚，敏感的下属不会浑然不觉的。

5. 尊重员工的私人时间

在许多公司里，大家下班后都不愿很快离开，有些人即使下班后没有事做也要在办公室里多留一会。当自己一天的工作没有完成时应该留下来做完，但没有事情也留在办公室里，表现出一种以公司为家的样子，这是和企业老板的喜好有关的。其实，作为企业的管理者一味地要求员工有着同等的工作热情，总是希望员工们加班（因为老板就是这样），希望员工晚上带工作回家做（因为老板就是这样），还希望员工可以为了工作牺牲家庭（因为老板就是这样），甚至希望员工能将工作视为生命的重心（因为老板就是这样）。是的，身为企业老板当然要以身作则，树立典范，但是不要忘了，以身作则并不代表要以此暗示员工，要求他们做到你所“示范”的每一项事务。大部分员工都希望享受工作，有很高的工作效率及很大的贡献，能力受到肯定，得到应得的薪水；而下班之后他们也可以暂时忘掉工作，享受家庭的温馨，与三五好友聊天，参与某些活动，他们不希望一天24小时时时挂念着工作。企业老板、管理者应该尊重员工这个人性的需求，在下班后要求员工工作上的事项尽可能避免，如无法避免也应以麻烦别人的心情和员工来商量。这样做，既能完成工作任务，又能达到激励员工的目的。一举两得，何乐而不为呢。

6. 尊重和包含差异

在我们的工作场所，总是充满形形色色的人，即有各种背景的人、有各种性格的人、有不同生活经验的人，管理者应尊重个别的差异并找出共同点。当员工选择一种生活方式时，作为员工的领导，可以内心不认同，但没有权力去贬低别人，管理者要学会接受别人与自己的不一样。一个好的企业文化是能包含不同个性，塑造共同价值观的文化。人人生而不同，但对工作都会有独特的贡献，身为企业管理者，要学会用不同的方式管理不同的人，切不可只用一种人，用一种方法来做事。要承认人的最大特点是人与人之间存在差异，克服自己的偏见，这样才能使公司更和谐，也更具效率。

7. 尊重员工的才能

当员工在工作上犯错误后，管理者不能用藐视的语气加以指责，特别是对待毕业后刚参加工作的年轻人，更不能嘲笑他们，要多给他们以鼓励，让他们积极地投入到工作当中。

8. 尊重每位员工的贡献

无论这些贡献是大是小，是多还是少，都不应该忽视他们对团队所做出的奉献。打扫工作区环境卫生的保洁员，或是修理机器小部件的修理工，他们都是团队取得成功的必不可少的一部分，要让他们感觉到自己的劳动很重要，给予他们认同感。

9. 尊重员工的不同意见

当员工提出自己的意见时，要认真听取，让员工觉得领导是可信任的，对组织有归属感。人才流动的频率高不高，好的人才能否留住，也是某些企业考核管理者业绩的标准之一。管理者不能因为部下的工作能力比自己强就把人拒之门外。

企业管理者不愿听取员工意见的大致原因是认为员工能力不足，意见不具备参考价值。其实这种想法是错误的。员工能力较你弱或许是事实，但并非他的每个意见都不高明，有些意见可能对方案有补充作用，或者可以通过这些意见本身了解下属在执行中会有什么心态及要求。总之，无论从哪个角度讲都有必要认真倾听员工的不同意见，因为一个人考虑问题不可能十全十美，况且，就怎样做成一件事来说也很少有标准答案，我们要的是结果，如果大家齐心协力共同完成一个任务，这不是很开心的一件事吗？

10. 尊重员工的人格，不开与员工人格有关的玩笑

对残疾人，或者是在对身高、长相、视力等生理方面有缺陷的人不能当众、背地里取笑。一个管理者能否恰当地运用尊重激励法，是他修养素质的体现。为人谦逊、随和、低调、有礼貌是管理者必备的素质修养，无论管理者的权力、学历、职位多高，也要靠自己的团队协作，单枪匹马是不可能做好工作的。所以管理者一定要尊重员工，这样才能促使他们积极思索，锐意进取。

11. 尊重员工的选择

员工有选择工作的自由，不可将员工的辞职视为背叛。员工选择了来公司工作，那么帮助他们个人成长就是你应尽的义务；切不可把员工的成长当成你施恩的某种结果，并要求员工不断地给予回报，这实际上是典型的封建君臣思想的体现。作为管理者，你需要的是接受员工的选择，对员工的离职完全可以做到“人走茶不凉”。

“山和山难相连，人和人常相逢”，企业管理者是否有雅量可以从对待离职员工的态度中展现。

情感激励法

情感激励是从员工的感情需要出发，通过情感上的关心、尊重、信任来满足员工精神上的需求，从而激发员工的工作热情。一般来说，人的情感决定了人的价值取向和心理强度。“滴水之恩，当涌泉相报”是我们中华民族的传统美德，“投桃报李”更是人之常情，而员工对领导的情感需求又很容易得到满足，有位员工对他的同事说：“我今天在路上遇到了总经理，他居然主动跟我打招呼，而且还叫出了我的名字，我真是太感动了！”其实，员工对领导的要求就是这么朴实，这么简单！

企业要蒸蒸日上，就一定要在控制人心上下工夫，以我心换你心，以爱心换诚心，以真心换忠心，只要员工和企业一条心，还有做不到的事情吗？

在当今社会，企业管理者不但要做员工的上司，管理他们，下班之后还要成为他们的朋友，成为他们的伙伴，与员工们共同分享成功的喜悦，生活中的欢乐。如果不假思索地拒绝，就会降低自己的威信。

“李科长，今天我们科里的同事约好一起去市工人文化宫舞厅，庆贺小高夜大毕业，请您一起参加好吗？”科员小赵笑容可掬地对李科长说。

“哎呀，我可不会跳舞，免了吧。”李科长也笑容可掬地说。

后来，李科长陆续接到了几次类似的邀请，但都拒绝了。自此，李科长再没接到过诸如此类的邀请。本来，他也没把这事放在心上。他还以为下属们没再搞过类似的活动呢。但有一天，当他来到一家酒楼喝外甥的喜酒时，意外地发现下属的科员正团团圆圆坐成一桌，又吃又喝，又说又笑。当发现了邻桌的李科长时，彼此的神情都非常尴尬。

李科长这才想起，科员们这些日子以来同自己一直是疏远的。有时，他明明听到办公室里人声鼎沸，正在热烈地讨论什么事情，但只要他一跨进去，立刻变得鸦雀无声。即使上班时间未到，每个人也都正襟危坐在自己的办公桌前，不苟言笑。他有时也想说些亲切的话，把气氛搞得轻松点，但回答他的总是一张张讪讪的笑脸。

李科长不明白，但其实问题就出在他总是拒绝参加下属的那些活动上。首先，他没有明确地表示应该去和很想去。其次，也没有提出充分的理由说明他为何不能去。他只说不会跳舞，这显然是个借口。要知道，下属让你参加一次“活动”，并不一定要你跳舞，更没有要求你会跳舞。“不会跳”，可以不跳，或者学着跳，却不应成为“不去”的理由。所以，下属们便以为你在摆架子，认为你在强调自己的地位和他们不一样，不屑与他们同乐。自然，他们也就不会再有和你亲近的感觉和愿望了。你虽是他们的上级，但他们都对你敬而远之。

事实上，李科长那个部门的科员后来曾不止一次地搞过活动，但都是瞒着李科长的——也免得他又要找借口。说不定他拒绝参加还意味着压根儿反对这种活动呢。这就是李科长与他的下属疏远的原因。

作为企业的管理者，参加下属的活动是接近和了解他们的绝好机会，也是联络感情的好时机，千万不要错过。在酒席上、舞厅里，你可以听到许多平时绝对听不到的话；下一盘棋，跑一次接力，与下属联络感情的作用也可能远胜于一次谈话或家访。一个与下属在感情上有隔膜的、对下属情况又不甚了解的领导，无论如何是不会真正有威信的。至多，也是有威无信罢了。

当然，不是说下属有活动就一定要参加。但你必须把不能去的理由向下属说明。对于那些不健康的活动，比如说赌博，就要劝阻下属杜绝这种活动。

还有一点也须注意，领导参加下属的活动，必须自掏腰包，以表示自己是普通一员。活动中也要放弃指挥的习惯，让下属充分发挥。有时候，装装“小三子”，会大有好处。

据说某位专职训练马拉松选手的教练为了照顾选手，不惜将自己每个月的津贴拿出来贴补选手们，不仅如此，他还将自营的工艺店的大部分收入及演讲费等，投资在选手身上。

就此看来，与其说他们是师徒关系，不如说是站在同一条线上，为了同一目标而努力的伙伴。在这些选手的心目中，教练不但是他们的伙伴，也是盟友。

情感激励法的应用 

从点滴做起，付出一点感情，注意一些小事情，让员工们在不经意间感受到管理者对自己的关怀，这是善于激励员工的管理者的共同特点。

作为管理者，应该多花一些精力去关心一下你的下属。例如，下属大病初愈头一天来办公室上班，难道领导对他的到来会面无表情、麻木不仁，不加半句关切询问，没有一句问候的话语吗？

一些小事足可以折射出管理者的品质，员工会通过一些鸡毛蒜皮的小事，去衡量评判领导的为人。小事往往是成就大事的基石，这两者之间是相互联系，相互影响，相辅相成的。管理者要善于处理好这两方面的关系，使两者相得益彰。

其实，只要时刻抱着关爱员工的信念，你就会发觉，一切都可能是你获得员工信赖和支持的途径。

1. 留意节日与员工的生日

节日庆祝与生日礼品不仅仅意味着对员工的关怀，还可以调剂工作氛围。在传统节日到来的时候，可以依据节日内容的不同搞一些适当的活动，如春节的红包、儿童节时送给员工孩子的礼物、中秋节的月饼，等等，将关怀一点一滴地送出。

现代人都习惯祝贺生日，生日这天一般都是家人或知心朋友在一起庆祝。聪明的管理者善于“见缝插针”，使自己成为庆祝的一员。有些管理者惯用此招，每次都能给下属留下难忘的印象。或许下属当时体味不出来，而一旦换了领导有了差异，他自然而然地会想到你。

2. 关注员工的健康状况

对员工健康状况的关注已不仅仅局限于“医护室”的设立，很多知名企业为本公司员工聘请专业的健康咨询公司，其任务就是定期检查员工的身体及精神健康状况，为每个员工量身订制健康计划，从举办健康讲座到公司全员的健身计划。有些企业还与健康中心或当地的健康俱乐部联系，为员工的个人健身提供便利。

3. 下属住院时，亲自探望

一位普普通通的下属住院了，他的上司亲自去探望时，说：“平时你在的时候感觉不出你做了多少贡献，现在没有你在岗上，就感觉工作没有了头绪、慌了手脚。安心把病养好吧！”结果，这个下属感动不已，出院后十分卖力，为他的公司创造出更多的业绩。

有的管理者就不重视探望下属，其实下属此时是“身在曹营心在汉”，虽然住在医院里，却惦记着领导是否会来看望自己，如果领导不来，对他来讲简直不亚于一次打击，不免会嘀咕："平时我干了好事他只会没心没肺地假装表扬一番，现在我即使死了他也不会放在心上，真是卸磨杀驴。没良心的家伙！"

4. 不要忽视工作餐

午餐对于员工来说，是一日三餐中最重要的。很多员工早上吃早餐匆匆忙忙，晚上可能还要加班，将晚餐时间拖后，所以午餐的营养如何对员工的身体健康来说至关重要。现在很多公司都为员工提供免费的工作午餐，有的公司将午餐外包，有的公司设有专门的配餐部门，但无论是哪些形式，公司领导对午餐的营养搭配、品种选择都要予以关注。必要的时候，应该请专门的营养师进行营养调配，当然，有个性化的营养摄入指导是再好不过的了。

5. 保证员工的工作安全

强调安全工作是对员工生命的尊重和关心，光在口头上空谈安全的重要性是远远不够的。安全信息必须不折不扣地传达到一线并设立规章制度并确保执行。一般来讲，一线领导对于安全责任制度应予以明确。"人"才是公司最宝贵的财富，当工作效率与安全问题发生冲突时，要坚持安全第一的指导思想。

6. 提供舒适的工作条件

员工选择工作团队的时候，工作条件是否舒适是重要的参考因素之一。办公地点的选择，办公环境的布置，上下班班车舒适与否，员工专用停车位的设置等都是员工所要考虑的因素。在公司的某个角落设一个小小的吧台，柔和的灯光下可以看看新近的杂志，对于员工来讲绝对是很大的诱惑。其实大多数的员工对工作都怀有一点小小的虚荣，很多公司在招聘过程中突出工作条件的优越，也是抓住了大家这样的一个心理。

7. 关心下属的家庭和生活

家庭幸福和睦，生活宽松富裕，无疑是下属干好工作的保障。如果下属家里出了事情，或者生活很拮据，领导却视而不见，那么对下属再好的赞美也无异于假惺惺。

有一个电子公司，职员和领导大部分都是单身汉或家在外地，就是这些人凭满腔热情和辛勤的努力把公司经营得红红火火。该公司的领导很高兴也很满意，他们没有限于滔滔不绝、唾沫横飞的口头表扬，而是注意到员工们没有条件在家吃饭，吃饭很不方便的困难，就自办了一个小食堂，解决了员工的后顾之忧。

当员工们吃着公司小食堂美味的饭菜时，能不意识到这是领导为他们着想吗?

8. 避免一切歧视

员工可能来自于四面八方，个体上存在着差异，而且，对于每个人来讲，都有自己的优势，也都存在着自身的劣势。作为团队管理者，要着重强调对于歧视行为的否定，一旦发生，要严格予以批评。否则，将会为此付出员工离职的代价。工作中的歧视一般会发生在口音、身高、体重、皮肤、教育背景、居住地区、婚姻状况、人际关系、口头语等。不要因为这样的歧视行为而吓走或赶走优秀人才，一旦发现这种情况，团队管理者要立即采取果断措施来清除歧视，并明确表示给相关人“呐喊”：这样的歧视是绝对不容许的。

9. 抓住欢迎和送别的机会表达对下属的关心

调换下属是常常碰到的事情，粗心的管理者总认为不就是来了个新手或者走个老部下吗?来去自由。这种思想很不可取。

善于体贴和关心下属的管理者与口头上的“巨人”的做法也截然不同。当下属来报到上班的第一天，口头上的“巨人”也会过来招呼一下：

"小陈，你是北大的高才生，来我们这里亏待不了你，好好把办公用具收拾一下！"

而聪明的领导则会悄悄地把新下属的办公桌椅和其他用具收拾好，而后才说："小陈，大家都很欢迎你来和我们同甘共苦，办公用品都给你准备齐全了，你看看还需要什么，尽管提出来。"

同样的欢迎，一个空洞无物，华而不实；另一个却没有任何恭维之词，但管理者的欣赏早已落实在无声的行动上，孰高孰低一目了然。

下属调走时，彼此相处已久，疙疙瘩瘩的事肯定不少，此时用语言表达领导的挽留之情很不到位，也不恰当。而没走的下属又都在眼睁睁地看着要走的下属，心里不免想着或许自己也有这么一天，领导是怎样评价的呢？此时领导者如果高明，不妨做一两件让对方满意的事情以表达惜别之情。

罗马不是一天建成的。任何事情的发生并不是偶然的。在人的精神世界，那些最大的波澜，最响的雷声，往往是由最细微的行动引起的，这就需要管理者从平常的一点一滴做起，从小处着手，用心去做好每一件小事才能达到"润物细无声" "四两拨千斤"的效果。如果管理者能够在许多平凡的时刻，经常用"毛毛细雨"灌溉员工的心灵，用情感激励员工，他们定会在感动中为企业打拼。

10. 协助员工搞家务

北卡罗来纳州的威尔顿·康纳包装公司雇用了一位有经验的工人，专门协助员工搞家务：粉刷油漆房屋、疏通下水道，甚至加建房间等。所有这些服务项目都只收材料成本费。

11. 照顾员工的家人

愈来愈多的公司认识到，为员工提供对孩子和老人照顾非常重要。有些先进的公司，例如兰堪斯特实验室、宾夕法尼亚制造商和加利福尼亚制鞋商都在厂内设立托儿所。

12. 为员工的孩子们付学费

纽维尔公司为工作5年以上的员工的孩子们支付大学学费。公司总裁理查德·弗兰克说："如果我们减少了员工对孩子大学学费的担忧，他们就会更集中精力，生产力也会提高。我们重视员工，这是把他们留住的好办法。"

13. 飞机取的都是员工孩子的名字

关怀员工的家庭是赢得他们人心的重要方法。联邦快递公司曾用员工孩子的名字来命名公司的飞机。当这架飞机举行命名典礼时，公司让孩子全家一起参加飞行。

14. 鲜花的力量

德尔塔航空公司的总部办公室在员工生病或家中有丧事时会送上一束鲜花以示慰问。另一家艾奥瓦州德蒙因城的汤赛工程公司是一家肉类加工机械制造厂，所有员工每年都能给亲友和情人送去价值50美元的鲜花，其费用由公司支付。

15. 弹性工作制

由于家庭和个人的需要，越来越多的员工不愿意再按照传统的工作方式进行工作。企业管理者要懂得体贴员工的这种苦衷，除了上述几种方法外，还可以实行富有弹性的工作制度，满足员工个人需要，使之更好地发挥自身的作用。

所谓弹性工作制，就是员工们在确保完成工作任务的前提下，有更多的可供自己自由支配的时间和更大的工作灵活性。弹性工作制的好处很多，它可以使员工能够互相兼顾家庭、工作，并使员工工作的积极性和服务态度都能得到明显的改善。

这一做法的好处在于，员工如果得到企业管理者的支持越多，那么他对企业的忠诚度也就越高，愿意为企业付出的也就越多，尤其在优秀人才成为

“香饽饽”的今天，懂得体贴员工的苦衷将使员工和企业保持和谐的关系，为员工充分发挥自己才华创造了一个良好的环境，成为企业管理者更好的激励员工的一个有效手段。

16. 要摸清下属的基本情况

管理者要时常与员工谈心，关心他们的生活状况，对生活较为困难的下属的个人和家庭情况要心中有数，要随时了解下属的情况，要把握下属后顾之忧的核心所在，以便于对症下药。

17. 管理者对下属的关心必须出于一片真心

管理者必须从事业出发，实实在在、诚心诚意，设身处地地为下属着想，要体贴下属，关怀下属，真正地为他们排忧解难。尤其是要把握好几个重要时机：当重要下属出差公干时，要帮助安排好其家属子女的生活，必要时要指派专人负责联系，不让下属牵挂；当下属生病时，领导要及时前往探望，要适当减轻其工作负荷，让下属及时得到治疗；当下属的家庭遭遇不幸时，领导要代表团队予以救济，要及时伸出援助之手，缓解不幸造成的损失。

18. 管理者对下属的帮助也要量力而行，不要开出实现不了的空头支票

管理者分担下属的困难要本着实际的原则，在力所能及的范围内进行。帮助可以是精神上的抚慰，也可以是物质上的救助，但要在公司团队财力所能承担的范围内进行。

对于困难比较大的下属，要尽量发动大家进行集体帮助，必要时可以要求社会伸出援助之手。同时，管理者还要处理好轻重缓急，要依据困难的程度给予照顾，不能“撒胡椒面”搞平均主义，要多“雪中送炭”，少“锦上添花”。

现代社会工作压力大，员工流动频繁。安稳的生活环境和安定的家庭成了员工安心工作的保障。大多数员工的内心中都求安惧变，因此，团队管理活动必须顺应员工的这一心理，领导要让下属感到安稳，要做到这点，就必须帮助下属解决他们的后顾之忧。

关心下属，解决下属的后顾之忧是调动下属积极性的重要方法。如果你是这样一位企业管理者，不仅受关心的人会感激不尽，还会感动其他的员工。作为一位企业管理者，自己要对职工关心施爱，这样做特别有利于自己团队力量的凝结。

赞美激励法

在生活的点滴中，每个人在一定的环境下都有赞美、鼓励他人，抑或自己成为被赞美被鼓励对象的经历。赞美，在对方做出某一事情取得成果时我们加以肯定表扬，有再接再厉再创佳绩的勉励的意思；鼓励，在对方受到挫折不如意时，我们给以支持，给以力量，让其树立自信相信自己，以帮助其渡过难关。

南非有一个古老的小村庄叫巴贝姆村，这个村里保留了一个古老的传统，那就是当有人犯错误或做了对不起别人的事情的时候，这个村里的人对他不是批评或指责，而是全村人将他团团围住，每个人一定要说出一件这个人做过的好事，或者是他的优点。村子里的每个人都要说，不论男女老幼，也不论时间长短，一直到再也找不出他的一点点优点或一件好事。犯错的人站在那里，一开始心里忐忑不安，或怀有恐惧、内疚，最后被众人的赞美感动得涕泪交流。众人那真诚的赞美和夸奖，就如一服良药，洗涤掉他的坏念头和坏行为，使他再也不会犯以前犯过的错误。赞美是人际关系走向融洽的法宝之一，人人都需要赞美。

“人人都喜欢称赞”。美国历史上的伟大总统林肯曾这样说：“人类本质里最殷切的需求是渴望被人肯定。”美国口才学家威廉·詹姆士说：“人性最深刻的原则，就是恳求别人对自己加以赏识。”“美国钢铁公司”首任总裁夏布曾说：“促使人将自身能力发展到极限的最好办法，就是赞赏和鼓励。”他同时还指出：“来自长辈或上司的批评，最轻易丧失一个人的志气，我从不批评他人，我相信奖励是使人工作的原动力。所以，我喜欢赞美。假如说我喜欢什么，那么就是真诚慷慨地赞美他人。”称赞是激励员工工作的动力，哪怕只是一句简单的赞语，都会使人感到无比温暖。

美国年利润高达6亿美元的玫琳·凯化妆品公司经理说过这样的话：“有两件东西比金钱和性更为人们所需要——认可和赞美。”的确如此，金钱可以调动员工的积极性，但赞美在这方面则表现得更为有力。

每一个人都有自尊心和荣誉感，当老板赞美员工时，不仅使他感到他的价值得到了承认和重视，同时也使他的自尊心和荣誉感得到了满足，从而使员工产生一种积极进取的精神。他们会以加倍的热情努力工作。这也正是公司和企业所梦寐以求的效应。

有些管理人员在管理过程中对“赞扬员工”有着一种担心。他们认为赞扬个别员工会使他们自我陶醉，滋生懒惰，不思上进。同时也怕其他员工在背后议论，说他们对员工不能一视同仁，对员工不平等。其实这种担心是多余的。每个人都渴望得到赏识，得到赞美，无论是身居高位还是地位卑微，也无论是刚入公司的小青年，还是即将退休的老员工，概莫能外。

在人们的眼里，上帝算得上是人之精华了，但他同样需要人们的赞美。赞美能使百年冤仇顷刻顿消，赞美能使古板呆脸增添笑容。在人们普遍地希望能得到别人的赞美，对于赞美他的人，自然也就容易接受。在人们希望能得到别人的赞美时，担心是可以完全打消的。被赞扬的员工不但不会骄傲，反而会为受到赞扬而更加努力。

赞美是需要发自内心的、真诚的。当然还有最根本的一点，就是要基于事实，切莫虚夸、枉夸。老板赞扬员工，一定要在员工的工作成绩达到该赞扬的程度时才赞扬。只有这样，员工才会产生无限的喜悦和神圣的使命感，感到自己得到应有的承认，因而更加努力地去工作。

赞美或赞扬的价值在于真诚，即是说它不需要廉价地拍卖。不要以为赞扬便是“灵丹妙药”，包医百病。在员工没有好的表现和成绩时，你认为随便对其施加一通赞扬，员工便会信以为真而激发工作热情吗？很显然，若一开始他们还有所顾虑的话，他们很快就会不理睬你的话。因为他们认为你在搞阴谋，刻意讽刺。这是会影响老板在员工中的形象和权威的。

赞美源于事实。没有事实根据，虚无的赞美不仅不能起到激励作用，反而会让员工不信任你。管理者一旦有虚无的赞美，会让员工感到上司是伪君子，使员工产生被捉弄感。在赞美时，语言要发自内心，这是很严肃认真的，不能给人以造作感和过于随意感。如果老板在赞美员工时漫不经心，一边读报、喝茶，一边说着几句赞美的话，不但不会起到赞美的效果，反而会引起员工的反感，认为你是在敷衍他，对他不尊重。久而久之，即使当你严肃认真去赞美员工时，员工也会不在乎和不理睬。“人不畏惧倒下，但最怕人格和威信再也树不起来。”而人格和威信的“倒地”就在不经意的琐碎事中。因而，赞美不能不关痛痒，赞美更要显出真诚。

另外，以非常公开的方式对单独一个人进行表扬，会使赞美的效果更加显著。一位国外的企业家说：“如果我看到一位员工杰出的工作，我会很兴奋，我会冲进大厅，让所有的其他员工都看到这个人的成果并且告诉他们这件工作的杰出之处。”这位企业家发现员工的成果及时给予表扬，并示之以大家的做法，会使其他的员工暗暗憋上一股劲，你追我赶，你赶我跑，形成良好的工作氛围，使整个企业在一件小事上得到最大的受益。相反的，老板如果不对员工进行公开表扬，只是私下对这名员工说："你干得很好，我很满意。"也许暗暗努力的只有这名员工自己，其他人根本就不知道怎么回事，自然起不到激励其他员工的作用。

一般人都尊重领袖，自己内心也有一种领袖感。企业里的每位员工都是愿意"脱颖而出"的，老板们当众进行表扬是让他们"出"，有了成绩的员工被表扬，就等于在公司中树了一个榜样。

公司应该以定时的表彰大会和随时的现场表扬相结合的方式，对工作优秀、有突出成绩的员工给予定时或及时的认可和赞赏，并在适当的情况下加以奖励。就表彰的形式而言，应该以个人的表彰为主。尽管有时成绩是集体努力的结果，但赞美最好是个别的，只有这样才能更大程度地激发员工们的热情，发挥他们的创造性。在表彰之后的员工闲聊中，管理者会发现，大家所讨论的焦点往往是优秀个人，而对集体只是在吹捧中才派上用场的。因此，赞扬不仅要公开化，赞美还要具体化。

赞美的目的是通过满足员工的自尊心和荣誉感，从而激发员工的积极性和创造性。但在表扬和称赞时一定要根据具体的情况来选择语言，采取不同的赞美方式。

曾任卡内基钢铁公司董事长的高级经营家查尔斯·施瓦普就说过："我很幸运地具有一种唤起人们热忱的唯一有效的方法，就是赞美和奖励。没有比受到上司批评更能扼杀人们的积极性的了。我决不批评人，而是激励人自觉地去发挥他的作用。嘉许下属我从不吝啬，而批评责备却非常小气。只要我认为某人出类拔萃，就会由衷地给予赞美，并且不惜拿出所有的赞词。"

1. 赞美是一种兴奋剂

赞美启发人的内在动机，激发人的内在动力，增强人的自身活力。这是一种由外在动力转化为内在动力的很好形式。

2. 赞美具有催化作用

任何单位要推动工作进步，都必须调动起人们你追我赶的竞争热情。自然，所谓竞争不一定就是有形的、外在的，重要的是内在意识。而要想发挥团队的竞争优势，就必须运用赞美这个手段，向所有有进步、有贡献的人，或是与你真诚合作的人，哪怕是在某一个很小的方面，也要由衷地献上你赞许的语言、肯定的评价、真诚的鼓励，这会催动人们想再次听到赞美的欲望，作为反馈信息，强化人的后继行为。

3. 赞美具有评价功能

它使自卑者鼓起勇气，使游移者确定方位，使盲目者找到目标，使软弱者坚定意志，使成熟者强化自身。赞美的评价作用，要求人们把赞美的着力点放在赞美对象的不同状态中的不同特点上。

4. 赞美可以使人扬长避短

每个人都有自己的优势、特长。管理者对员工进行赞美激励，这种正面强化可以使员工增强自己的优势动机，发挥扬长避短的作用。

5. 赞美和行动成正比

评价越快，进入行动越早，赞美越有速度效益。

6.赞美使人的偶然行为变成持久的行动

人对自己的优势、特长，包括许多具体细微的长处和特点，并不都是很清楚的，而且有些优势、特长还可能处在萌芽阶段。管理者一旦发现便予以肯定，这就起到了提示对方增长优势、扩大特长的作用。通过多次地反复地赞美激化，人的外在行为会变成内在素质，产生持久的行动。

对别人的有益行为进行毫不吝啬地赞美，抓住周围每个人的优势、特长，为人们提供精神动力，这无形中要求管理者要深刻了解下属和群体的尽可能多的优点和长处。管理者在自己的工作中，要用好这个激励的“驱动器”，把赞美普及到每个员工身上。

赞美激励法的应用 

作为企业管理者，要使赞美达到你所期望的效果，首先你要不吝惜你的赞美。有位成功的青年管理者曾经说过："当今的中上层领导习惯于骂人和警告人，如果能反过来赞美他人，可使对方更有信心，更容易发挥潜能。"有的管理者也将赞美他人作为一种用人的方法，以此开发人才。

不吝赞美，并不是要你做个老好先生，随便赞美下属。赞美下属必须掌握适当的时机，要做到这种境界，确实说起来容易，做起来难。

对一个人进行表扬、称赞都是因为他在某方面令人满意，虽然这一点相同，但赞美很有讲究，具体是哪一方面值得赞美，在什么地点进行赞美，对谁进行赞美，这许多的差异，便要求管理者熟练地掌握赞美的语言。

1. 赞美什么

赞美一个人，当然是因为他有出色的表现，但是出色在哪一方面却有所不同，有的人在本职工作中表现突出，做出了出色的成绩。而有的人会在本职工作以外有突出的专长和表现。对这两种情况，称赞和表扬应该有所不同，对于本职工作有突出表现者，管理者对他的成绩进行表彰，会使他更努力于本职工作，并且使他对自己的成绩有成就感，一般情况下，可以起到比较好的效果，但是对于工作以外的成绩，赞美便要慎重一些。

有的管理者对于工作以外的才能表现突出的员工，会这样赞美："你来做现在的工作，真的走错了路，做那份工作会更适合你的，你在这方面懂的真多呀。"这种赞美无异于给员工下了逐客令，很容易让人认为你在暗示他不适合于现在的工作，这对员工的伤害更大。

但如果你说：“想不到你还是个多面手！本职工作做得好，其他工作也烦你代劳了！”这样，员工就不会敏感地联想到上司赞美的所谓言外之意，也便不会造成彼此间的误会。可见，同是赞美一个人，同是赞美其工作以外的才能，表达不同，效果便会大异。

2. 赞美的场合

赞美，可以有公开的表扬夸赞，也可以有私下里进行的鼓励和肯定。但在现在的社会，在众人面前大加夸赞，也会给“榜样”带来一些麻烦和困扰，使赞美的作用适得其反。

但是，现在有很多领导往往有一种误解，以为在众人面前赞美员工，他必定会心存感激。当然，在众人面前指责员工，会使他难堪，是不当的。但赞美有时也是不当的，作为管理者，必须认识到这一点。

在众人面前过分赞美某员工，会带来很多不便。对于被赞美的人，经常会感到不安，而其余的人，会产生妒忌，你的赞美越多、越重，他们的妒忌会越强烈。如果你的赞美有些言过其实，会使他们鄙夷你，直到怀疑你所赞美的是否属实。

聪明的员工在被当众赞美时，通常会说声“谢谢”便及时离开了。与其说他是害羞，倒不如说他是不习惯周围人妒忌的目光。

因此，在众人面前赞美他人，必须注意两个问题：①是否会令赞美的人产生不必要的困扰，比如周围人的妒忌等。②赞美是否恰到好处？比如你要考虑赞美的是否实事求是。

3. 暗中赞美

赞美员工时应该注意不要在众人面前大加宣扬。当着被赞美人的面，不要当众给他造成不安。那么，你可以在他不在场的时候，当着他的个别同事的面对他加以赞美吗？这种“暗中赞美”也是不可取的。毕竟，竞争意识人人都会有的，人总是不自觉地和他人进行比较，所谓的优越和自卑也就因为这样的比较而产生。因此，虽然不在大庭广众下称赞某个人，而是在个别职员面前赞美他的同事，由于此种竞争意识和比较，后果也是非常不好的。

所以，在你要赞美的人不在场时应有所考虑，照顾一下在场人的颜面和心理感受。如何才能照顾得周到呢？这的确是一件不容易的事。最好的办法，与其给自己找不必要的麻烦，倒不如不要这样的赞美。你只要做到心里有数，对于当场者给以适当的慰勉，未尝不是件令人高兴的事。

因此，作为管理者，应该避免对于不在场的人进行赞美，尤其不能将在场者同不在场者进行比较，褒扬不在场者，直接或间接地指出在场者的不足，这对于各个方面都没有好处。

4. 赞美新员工

新员工刚开始工作，他往往会从你的话里来估计你对他的印象及评价。因此，你此时的赞美对他工作的开展至关重要，他会因为你的赞美而增添许多自信，因你的肯定而增加工作的热情。当新员工的工作比较令你满意时，你会进行赞美。这时，往往你会戴上一副“有色眼镜”，赞美时总要带上一点特定的词，比如“新人怎样”“新人如何如何”。这两个“新人”，会让新人有一种很不自在的感受。因为总是以“新人”称呼他们，使他们有一种不受器重的感受，自然很伤自尊心和积极性。另外，管理者如果忽视了他们的个性，抱着新员工本应如此的心态，便会令这些人反感。

为了做好对新员工的赞美，要遵守三个原则：①要意思单纯，不要让大家误会你的意思。②赞美要就事论事，要做具体的赞美。③赞美必须是从善意出发。

王杰刚到一家公司，工作认真负责，努力进取。经理对他的表现非常满意，对他说："现在的年轻人大部分责任心不强，不思进取，而你和他们不同，好好努力吧。"这样一句赞美的话，很容易会使王杰有这样一些想法："如果我干的稍有点不好，经理肯定会说，现在的年轻人怎么都不行。"无形中，王杰就背了一个思想包袱。

另外，赞美的内容表达得不宜太抽象，否则，不但使下属费解，而且常会使下属误会其中的意思。

参与激励法

参与激励，是为了提高员工工作积极性、主动性，采用各种方式让员工参加企业的决策和管理的一种激励方式。

实施参与激励，要求企业的管理者和员工对企业内部的情况全面了解，双方都采取政策公开，意见公平的原则。这种方式特别重视个人的自尊心和激发个人的潜力，从而促使员工对企业及个人的目标确定，工作程序、工作成果评价等充分发表意见。参与激励的形式有建议制度、质量管理小组、职工代表大会制度等。

参与激励可以使员工有更多的机会关心和参与企业的管理及决策，使员工个人目标同企业目标相联系，增强员工的责任感和工作积极性，加强员工之间的团结，增强整个企业的凝聚力。

让员工参与企业管理，首先就是让员工参与企业决策。一旦员工参与决策，参与企业规则的制定，员工就会感受到自己是一个重要的人，所要遵守的是自己参与制定的规则，这样员工在工作中就会自动地维护企业的规则，肯定不会去破坏自己制定的规则。而且，在执行决策过程中，因为已经对决策有了深刻的了解，就能够最大限度地节省资源，避免浪费，高效地执行。对于管理者来说，不但得到了最具实用性的信息，而且不必花费什么精力就能够和员工之间建立起更融洽的关系。所以，让员工参与到企业管理中去，是达成企业和谐的根本所在。

通常，我们把员工参与的管理方式形象地称之为“让棋子自己走”，认为这种方式比传统的管理方式更能收集员工的意见和建议，更能发掘人才，也更能得到对企业决策有价值的信息。因为员工是管理者决策的最终执行者，对于管理者决策方案的制订也最有发言权。让员工在制定一项新的决策时参与讨论，表达自己的想法，并不会使管理者丧失掉权威，反而会使他们得到更多的尊敬和爱戴。因为当管理者把员工当做是一个有头脑的、重要的合作伙伴来对待时，员工们就会感受到被尊重，也就会在心底深处将管理者看做是能够了解他们心声的人。管理者在认真听取员工意见的过程中，还能够得到一些更具实用性的、由员工在实际工作中总结出来的经验，这样作出的决策会更科学。员工参与了决策的制定，就会对决策有深入的了解，不会产生理解错误。在执行决策方案时也会表现出更大的热情和信心，使方案执行得更彻底、更顺利。

管理者实施“员工参与”式的管理并不是做表面文章，而是要真正地听取员工的意见和建议，并要对提出建议的员工进行感谢和奖励。管理者如何对待“自己走的棋子”，对员工来说是十分敏感的。“棋子”之所以敢“自己走”，是因为员工对管理者有充分的信任和肯定。只有管理者有开明的作风，能够听取员工的意见和建议，员工才有向管理者提出建议的勇气。当员工向你提出建议时，作为管理者，不管他们提的这些建议是不是对企业的发展有帮助，都应该向他们表示真诚的感谢。管理者这样做是对这些提建议的员工的一种鼓舞，即使他们的建议没有被采纳，他们的积极性也不会受到影响。特别是在员工的建议不便于企业立即采用时，管理者更应该慎重对待。如果只是不声不响地将员工的建议置于一边，员工在管理者的最终决策里找不到自己提出的建议的影子时，就会感到被愚弄和欺骗了，从而产生消极对抗的情绪。所以，管理者在面对这样的情况时，要首先感谢员工提出建议，使员工的积极性受到鼓舞，其次，还要坦诚地向员工说明所提的建议不能被立即采用的原因，也可以帮助员工分析其中存在的缺陷，并给出一些指导意见。

当管理者认真对待员工的建议时，员工们就会真正走出来，与自己所在的企业共同成长。因为能够得到管理者的重视和认同，会增强他们的归属感和责任意识，而且能够让他们产生强大的信心，从而激发他们的新构想、新观念。这样，员工们的眼界会越来越开阔，考虑问题也会越来越周详，最后会成为一个能够独当一面的有能力的人，成为管理者的得力助手。

但是，如果员工的建议得不到重视和采纳，员工的积极性就会下降，甚至对自己失去信心，也不会再关心企业的成长，工作效率也只会越来越低。员工工作效率的下降会使整个企业的运转受到不良影响。

参与激励的根本，就在于让员工参与，让员工参与到企业的决策中，参与到企业的运营管理中，让他们感到自己是企业的一分子，是企业的主人，充分调动员工的主人翁精神。

参与激励法的应用

参与激励法的应用包括以下各项。

1. 让员工都具有主人翁精神

许多人一提起主人翁精神就想起企业的最高决策人，仿佛只有他们才真正掌握着企业的命运。

这种思维定式严重地限制了员工成为企业主人的意愿，并将员工也排斥在企业之外，从而导致了员工与企业的对立。其实，员工大都想通过自己的辛勤劳作和聪明才智分享企业的经营成果，真正主宰自己在企业中的命运。而这种美好愿望往往会由于“经理”一词的限定而被宣告破灭，真正成为企业主人翁的权利也被无情剥夺。所以，许多员工在工作中不会自发、自觉地创造性地劳动。

这种思维的无形的界定在世界著名的美国联合航空的员工身上完全被冲破了，取而代之的是一种“人人都是企业主人”的现象。

在联合航空，员工们从来就没有什么“人家什么都不告诉我”的感觉，因为联合航空的每一位员工都是经营战略信息流程中的一员，每个人都是主人翁。在他们的手中，你会发现许多的规划、设计与战略蓝图等构成的花花绿绿的小册子，它们不同于那些没用的流于形式的本本，而是记载了决定企业未来发展方向与运作的具体部署。在企业里，甚至是刚来的秘书都知道精密电位计是什么，这并不是因为他们的工作要求懂得这些技术，而是因为他们觉得作为一名“经理”应当成为该企业合格的一员，既然企业是“自己的”，工作是“自己的”，那么他们就理所当然地会全身心地为企业的经营实效而努力，并自觉为企业的成功承担义务。

主人翁精神是员工在工作中一种切实的体会，这种切实的体会使他们迸发出巨大的工作干劲和奉献热情。

我们每个人都生活在由符号构成的世界中，这些符号是人类创造和延续下来的，并对人们的思想意识产生着很大的影响。那些头衔，诸如经理、总裁等，也是人们用来管理世界的符号，它们在被创造的同时，也被人们定义了。但随着时代的发展、组织的演进，这种定义已经极大地限制了人们能动性的发挥，抑制了一种美好的精神萌芽，那么为什么我们不给它赋予新的含义呢？

作为企业的管理者，你应该明白，企业不只是属于某个人，它是由企业的所有成员共同组成的。既然我们每个人，从经理到最底层的员工在组织中所充当的角色都是为社会提供产品或服务，并从中获取收益，那么企业中的每个人就都是运用生产资料创造物质财富的主人。此时的头衔就不是人们理解的权力的界定，而是职业与职责的描述及员工自尊心体现的地方。

现在，在许多企业内，已经废除了许多经理的头衔。例如IBM同ABC软件企业合办的一家公司，从1992年6月起，废除了营业系统、管理各部门的部长、副部长、经理这些管理职务头衔，形成了全企业约250人的对等组织，其目的是废除金字塔形组织的上下序列，培养职工以自己的责任为中心来完成自己工作的“职业”意识。

在现代社会里，精明的经理会主动用愿景和事业培养手下那些员工和广大员工的主人翁精神。因为他们知道，主人翁精神并不是只说把自己当成企业的主人这么简单，而是要以一种与企业血肉相连、心灵相通、命运相系的感觉做好每一件事情，面对每一个客户，在每一个成功或者失败的经验里面，渗透出企业以及个人共同的精神气质。那么，如何在企业内部培育这种精神呢？这就需要经理从下面四点入手来采取行动。

第一，总的政策由经理来制定，详细的程序由员工来决定，要给能人一定的权限和自由，特别是在目标的制定阶段；

第二，鼓励员工换位思考，培养一种人人都是“经理”的感觉，鼓励大家发表意见；

第三，通过各种看似琐碎的小事让员工切实感觉到自己是“自豪的主人”；

第四，培养企业的“家庭观念”，把企业变成“温暖的大家庭”，员工则自然而然地成为家庭的成员、企业的主人翁。

企业员工的主人翁精神是企业长远发展的动力。当管理者通过愿景和事业激发起手下那些员工的主人翁精神时，他们才会以身作则（在处理日常工作的事务中才敢于当家做主），进而激发广大员工的主人翁精神，大家众志成城，共同推动企业的长远发展。

2. 每个员工都是决策者

像前面提到的日本松下集团，从不对员工保守商业秘密。新员工第一天上班，松下集团就会对员工进行毫无保留的技术培训。也许有人会心存疑问，松下公司难道就不怕泄露商业机密吗?

对此，松下幸之助却认为，如果为了保守商业秘密而对员工进行技术封锁，员工就会因为没掌握技术而生产出不合格的产品，从而加大企业的生产成本。这种负面影响，比泄露商业机密所带来的损失更严重。在很多企业，尤其是以脑力劳动为主的企业，其生产根本无法像物质生产那样被控制，所以，信任是唯一的选择。

优秀的企业管理者必须摒弃老一套的管理方式，增强员工的积极性和创造性，不能局限于口头上的信任，而是要尽力做到让全体员工都参与到决策中来。通过参与，凝聚其心，激励其人，发挥其力。除此以外，别无良法。如果管理者真正这样做了，拥有一流的创意、强劲的竞争力以及令人瞩目的企业效益，都将是指日可待的事情。

位于美国佛罗里达州劳德戈尔堡的莫托拉生产线，是用来生产收音机接收器的。由于生产的需要，每个女工要在一个印刷电路板上安装大约10个零件，然后传给下一个女工。起初女工们出于新鲜干得十分起劲。但日复一日，单调重复的工作将她们的工作热情消磨殆尽。

该公司总经理了解到这一情况后，决定亲自来管理一段时间。他的第一个举措是：让每个员工组装和检测自己的接收器，并附上一张便条："亲爱的顾客，这台接收器是由我组装的，我感到骄傲，希望它使您满意，如果有什么地方不好的话，请通知我。"然后签上自己的名字，亲自将产品寄出。

不仅如此，每当厂里要做一项新的决策或准备推行某种改革时，总经理都积极邀请员工参与到新决策的制定中，鼓励她们各抒己见，对自己的每个想法畅所欲言……新的管理措施试行仅1个月，旷工和缺勤的现象就奇迹般地消失了。员工的抱怨声也没有了，取而代之的是高昂的士气和高效的工作业绩。面对满脸迷惑的工厂经理，总经理解释说："新制度成功的关键就在于让员工参与，它使工人们为自己的工作感到自豪，让工人们感到自己是不可替代的而不是无足轻重的。"

所以，一个公司在做一项新的决策时，如果能不论职位高低，让员工平等地"走"进来参与制定，便常常能让员工强烈地感受到企业对他的信任。参与的权利使员工感到自己受到了重视，无形中激发出他们的主人翁责任感。而当员工认为公司是"自己的"，工作是"自己的"的时候，他就理所当然地会全身心投入到工作中去。说白了，就是"做自己的工作总比替别人做事更有干劲！"这或许也是对"参与能激励员工"的最佳诠释。

让员工参与的激励方法虽然最经济最有效，但真正做起来却并不容易。那么，管理者究竟如何实施员工参与措施，让员工的热情水涨船高呢？

在通用电气公司，韦尔奇要求公司定期召开一个为期3天的研讨会，地点设在会议中心或者饭店。公司的管理人员负责组织一个研讨团。研讨团的成员来自于公司的各个阶层。每个研讨团的组成人数多在40～100名。会议开始第一天，由一位经理拟定一个大体的活动日程，然后自行退出。下一步是将参加研讨的员工再分成5～7个小组，每组由一名会议协调员带队。每组选定一个日程，然后开始为期一天半的研讨。在第三天，原先那位经理重新回到研讨会，听取每位代表的发言。在听完建议后，这位经理只能做出三种选择，即：当场同意，当场否决或者进一步询问情况。研讨会操作时间不长，就出现了良好的激励效果。通用电气公司的每个员工都在积极挖掘、释放自身的潜在能量，以百倍的热情努力地做好工作。

通用电气公司的一位高级主管曾无比兴奋地说："我实在想不出，还有什么能比参与更能提高员工的士气。"

在对员工进行激励时，让他们参与进来，这本身就是对他们的一种认可，他们会因为自己的参与而更加的努力工作，这种激励方式会让管理者的激励时效更长久。

3. 一日厂长制

通用电气公司有一种别出心裁的员工参与式管理方法，这就是"一日厂长"制。每一位员工都要写一份"施政报告"，自1983年起，每周星期三就由普通员工轮流当一天厂长。在这一天里，"一日厂长"和真正的厂长工作内容是相同的：9:00上班，先听取各部门主管汇报，对全厂的营运情况进行全面了解，然后陪同厂长巡视各个部门和车间。在"一日厂长"的工作日记中，详细记载其工作意见。而各部门、各车间的主管都要依据这些意见随时改进自己的工作，并须在干部会上提交改进后的成果报告并获得通过。各部门、员工提出的报告，先由"一日厂长"签字批准再呈报厂长。"一日厂长"还可向厂长提出自己的意见作为厂长决策的参考。

这样的管理制度为通用电气公司带来了显著的成效，大大节约了生产成本。

4. 本田的参与激励

本田公司就员工参与看做是企业管理中很重要的一部分。本田公司的管理者认为：如今的汽车绝不是十全十美的，有若干地方有待改进，有些改良点还没有人发现。只有时时刻刻这样考虑，才能开发出风格独特的汽车。管理者的工作不过是为技术人员提供能够如此思考的机会。如果管理者能够帮助技术人员成功，也就是在帮助企业成功。

在本田公司，开发工作有十分灵活的特点。新车开发研究所绝不强求员工“必须如此”，也不会严格按照既定方案执行，而是鼓励每一个员工随意发表对车辆开发的所有疑问，并充分讨论这些疑问。日本政府曾经颁布过控制车辆废气的排放标准，为了使摩托车的废气排放降下来，通过新的标准，本田公司的技术人员认为水冷才能达到目标，而本田的创建者本田宗一郎则坚持气冷方式。在公司内部经过了激烈的辩论和多次试验之后，本田宗一郎放弃了自己的观点，而采用了技术人员的建议，采用水冷方式。这样，本田公司创造出了具有划时代意义的低公害引擎CVCC。在本田公司的管理者的积极鼓励下，本田的员工不但能够成为“自己走的棋子”，而且为本田公司带来了极大的经济效益。

正是由于本田公司营造出了员工自由参与管理的氛围，才使得本田公司人才层出不穷，企业永葆生机。

5. 福特公司的全员参与制度

美国福特公司在员工管理上提倡一个制度：“全员参与制度”，它赋予员工参与决策的权利，进而缩短员工与管理者的距离。员工的独立性和自主性得到尊重和发挥，积极性也随之提高。公司每年都要制定一个全年的“员工参与计划”，动员员工参与企业管理并向他们说明整体工作的计划和情况。此举引发了员工对企业的“知遇之恩”，员工投入感、合作性不断提高，合理化建议越来越多，生产成本大大减少。

6. 让员工产生认同感

美国一位名叫莫丽·瑞珀特的教授曾做过一项有关员工参与战略规划的

研究，这项研究是在美国的一个物流公司总部及其分支机构中进行的。该公司的所有全职员工都参与了调查，其中有81%的人完成了调查内容。对调查结果，瑞珀特教授分成两组，分别被称作参与组和限制组。参与组的特点是战略远景清晰，在制定战略决策时员工参与度高，战略决策被员工高度认同等，而限制组的特点是战略远景不明确，战略决策制定的员工参与度低，战略决策缺乏认同等。瑞珀特教授总结道："工作满意度和组织参与度与企业的参与性文化密切相关，参与度高的那一组显示，对战略决策的认同性是工作满意度的最重要因素，而对战略决策的参与性是组织参与度的最重要因素。"

7. 让员工亲身体验

德国有一家剃刀公司鼓励员工在公司的实验室使用最新开发的剃刀，结果每天有300多名员工被请进实验室，让他们其中的一部分人使用本公司的产品，而另一部分人则使用对手的产品。如果员工不参与，他们就得不到各种奖金或福利。员工使用剃刀，就要回答有关质量和造型设计等方面的问题，使用竞争对手产品的则回答另一类问题。员工的反馈意见直接送到技术部门。公司经理克劳斯特说："剃须实验是产品研发不可分割的一部分。员工希望获得成功，他们会给我们最佳、最忠诚、最精确的信息，因为他们是内行。员工加入到每个项目中去，这是一种真正令人自豪的事情。"

榜样激励法

毛主席曾说过：榜样的力量是无穷尽的。企业管理者要学会利用榜样的激励作用，在企业里评选出几个楷模，为大家树立榜样，这样才能增强员工的上进心，使他们更加努力地为公司工作。

由于榜样深深地影响着人们的一言一行，所以，企业在开发人力资源时，特别是在试图以某种文化去唤醒人们的自觉性时，行为榜样激励是非常奏效的。

在一个企业中，总会有几个具有较高素质、业务技术能力和优秀业绩的典范人物。他们是集中体现企业主流文化、被企业推崇、被广大员工一致仿效的特殊员工。这些人是企业先进文化的体现者，在正常的生产经营活动中起着模范带头作用，是企业文化建设不可多得的主力军。

一位三十出头的女老板，收购了一家倒闭的造纸厂。那时正是严冬。由于工厂停产多日，各处管道都冻住了。女老板发动工人们加班加点烘烤管道，以保证如期开工。干到晚上，工人们都不乐意了，有的人说气话："真是的，工厂还没开工，就让我们当牛作马替她卖命。"有的人说风凉话："资本家都这样，不榨咱们的剩余价值，怎么能发财？"

结果是说的人多干的人少，大家越干越没劲。正在这时，女老板来了。她用瘦弱的身躯，很吃力地将一大筐木材拉到管道边，擦一把汗，架起木材，生起火，一声不响地干起来。这无声的语言，使工人们沉不住气了。他们身强力壮的，却看着一个弱女子在那里忙活，于心何忍？于是，他们也不声不响地干起来，再也没有人说废话了。

麦当劳公司每年都要在最繁忙的季节进行全明星大赛。

首先，每个店要选出自己店中岗位的第一名，麦当劳员工的工作站大约分成十几个，在这些工作站中挑选出其中的10个，每个店的第一名将参加区域比赛，区域中的第一名再参加公司的比赛。整个比赛都是严格按照麦当劳每个岗位的工作程序来评定的，公司中最资深的管理层成员作为裁判，他们秉公执法，代表整个公司站在前景的角度进行评估。

竞赛期间，员工们都是早到晚走，积极训练，因为如果能够通过全明星大赛脱颖而出，那么他的个人成长会有一个基本的保障，也奠定了他今后职业发展的基础。

到发奖那一天，公司中最重量级的人物都要参加颁奖大会，所有的店长都期盼奇迹能出现在自己的店中。很多员工在得到这个奖励后，非常激动，其实奖金也就相当于1个月的工资，但由此而获得的荣誉却非常大。

可以说，麦当劳是世界上应用榜样激励法最成功的企业之一，但是举行这样的比赛需要把程序化、标准化的工作做在前面，也就是说，岗位要有可以衡量的程序和标准，才能进行竞赛。

行为榜样的激励作用主要表现为以下几个。

1. 示范作用

榜样人物能以其优秀的品德、模范的言行、生动感人的形象来感染人们。他们的为人、功绩是大家直接体验得到的，容易使大家产生感情共鸣，因而乐意去仿效。

2. 凝聚整合作用

典型人物来源于员工，他们的理想、信念和追求具有现实的基础，易于为员工所认同和敬佩，易于产生独特的魅力，使整个企业同心同德，形成整体合力。

3. 舆论导向作用

在一个良好的企业环境中，典型人物的公正主张和远见卓识能够控制舆论导向，起到引导员工言行、强化组织价值观的作用。

4. 调节融合作用

典型人物以其自身影响力，在解决组织内部的各类矛盾、冲突时起着调节融合的作用。他们能以公正的态度判定是非，充分诠释组织企业冲突的立场、原则和手段，化解冲突。

树立榜样不是树立一个高不可攀的“神”，而是在成员身边树立一个可以感觉、可以学习，也可以达到的榜样、标杆。海尔是个以服务、质量著称的制造性企业。张瑞敏为了抓好企业生存的质量关，用流水线普通工人的名字命名了一些工具和操作方法：“启明焊枪”“云燕镜子”“召银扳手”等。这种做法，为生产工人树立了榜样，激发了员工的工作责任心和创造力。正如张瑞敏自己所说：工人的干劲更高了，责任心更强了，产品的优质率提高了。企业能为客户提供真正的优质产品，从而也具有竞争力。

一个企业中必定有众多的候选楷模，就看企业管理者如何去发现和造就他们了。注重组织文化的企业一般都十分看重有个性的员工，他们的独特个性可以与企业的价值观相得益彰。尊重员工的个性，挖掘他们的创意，把他们放在具有创造性的工作岗位上，这在很大程度上是利用有独特个性员工的行为来激励整个企业的员工。

榜样激励法的应用

用典型的力量激励员工。企业的管理者要善于发现典型，培养典型，宣传典型，使用典型，正确对待典型，对不同类型和层次的群体用不同的典型引导。

企业的榜样员工不是一朝一夕就能造就的，企业的优秀员工是在日常的工作中逐渐成长起来的。企业的优秀人才，是与员工自身的优秀素质和企业创造的优秀环境共同造就的结果。

那么，如何培养企业的榜样员工呢？企业的管理者需要从以下几个方面着手。

1. 作为企业的管理者要善于发现和发掘企业的榜样员工

企业的榜样员工在进入企业之初，没有什么惊人的业绩，但是他们的个人价值观却是在不断变化进步的，是与企业所要求的价值观保持一致的。身为企业的管理者，需要了解员工的内心想法，了解员工的价值观，以发掘具有员工榜样的模型。

2. 身为企业的管理者要注意培养榜样员工

对于有些具有楷模特征的“原型”，要尽量为他们提供必要的发展条件，开阔他们的视野，增长他们的知识，扩展他们的活动领域，增强他们对企业环境的适应能力，给予他们更大的发展空间。

3. 企业管理者要努力打造榜样员工

对员工进行必要的锻炼，对那些基本定型的榜样员工要进行培训，对他们进行宣传，提高这些榜样员工的知名度和感染力，只有使这些榜样员工被企业的其他员工认同，才能够发挥其应有的激励作用。需要注意的是，对这些员工的宣传不能言过其实，否则会失去激励作用甚至会起到反作用。

企业在培养员工时千万不能急于求成，要培养他们的综合素质。而且宣传榜样员工以后还要对其进行培训和锻炼，提高这些榜样员工的自身素质，只有这样，才能达到长期激励员工的目的。

4. 要树立不同层次的榜样

社会是复杂的，员工们的成长道路也是多种多样的。因此，树立榜样，不能搞“一花独放”，而应搞“群芳谱”。不同类型的人需要不同的榜样来激励和引路。管理者应当善于树立不同层次和不同类型的榜样，让不同类型的员工在盛开先进之花的“百花园”中，找到适合于自己学习仿效的榜样，这样才能全面地发挥榜样的激励作用。

5. 要树立真实的榜样

榜样的生命力在于真实。因此，对榜样不能虚构先进事迹，不能任意拔高，不能一好百好。如果榜样不真实，比没有榜样还要坏得多。因为把假的东西拿来作先进榜样，一旦戳穿了西洋镜之后，人们对真的榜样也要怀疑三分了，这叫做“假作真时真亦假，无到有处有还无”。因此，搞假榜样，除了会造成他人的逆反心理外，是不会有任何益处的。

6. 宣传榜样要近人情

树立榜样是为了让人学，让人学就要使人“能够学”如果把榜样神化，变成不食人间烟火的神仙，人们就只好望洋兴叹了。在实际生活中，先进典型也是有血有肉，有七情六欲的活生生的人，他们也离不开现实生活的土壤，离不开深厚的群众基础。因此，我们树立、宣传先进典型并不是越完美越高大越好，应该以能为广大员工所接受，起而仿效为度。我们必须明确，树立先进典型的目的在于以点带面，“拨亮一盏灯，照亮一大片”，而宣传榜样要近人情，才能达到此目的。

7. 引导员工正确对待榜样

古话说：“金无足赤，人无完人。”要一分为二地看待榜样，学其所长，正确对待其短，不能责备求全，横挑鼻子竖挑眼。既要防止机械式的学习，形式主义的模仿，又要防止因榜样有某些不足之处而否定榜样。

8. 最重要的一条：领导要自己成为榜样

松下幸之助无疑是当代最优秀的企业家之一，他创建的松下电器跻身世界500强企业之列，产品行销全球各地。

有一天，松下幸之助到车间视察。装配线运转正常，员工们在各自的岗位上井然有序地工作着，在那种世界一流的现代化车间里，是很难找到什么不妥之处的。然而，还是让松下幸之助找到了。只见他弯下腰，捡起了一块很小的碎纸片。

毫无疑问，当松下幸之助弯下腰去捡纸片时，一个对工作一丝不苟的行为标准也就被树立起来了！员工们确信他能发现地上那很小的、被别人忽视了的纸片，当然更能以身作则，激励着松下全体员工努力奋斗，精益求精，生产出世界一流的电器产品，占领更多的市场，赚取更多的利润，最终达到企业和个人的双赢。

《道德经》说：“处无为之事，行不言之教。”意思是说：领袖人物不要刻意逞能以显示高明；也不要政令过多以夸示功绩，而要用自己无声的行动感化下属，使他们自觉地追随。“处无为之事”的说法，历来颇有争议；“行不言之教”，却是领袖人物获得部下忠心拥戴的有力手段。

竞争激励法

挪威人喜欢吃沙丁鱼，尤其是活鱼。市场上活沙丁鱼的价格要比死鱼高许多。所以渔民总是千方百计地想法让沙丁鱼活着回到渔港。可是虽然经过种种努力，绝大部分沙丁鱼还是在中途因窒息而死亡。但有一条渔船总能让大部分沙丁鱼活着回到渔港船长严格保守着秘密。直到船长去世，谜底才揭开。原来，船长在装满沙丁鱼的鱼槽里放进了一条以鱼为主要食物的鲇鱼。鲇鱼进入鱼槽后，由于环境陌生，便四处游动。沙丁鱼见了鲇鱼十分紧张，左冲右突，四处躲避，加速游动。这样一来，一条条沙丁鱼便活蹦乱跳地被带回到了渔港。这就是著名的“鲇鱼效应”。

鲇鱼是一种生性好动的鱼类，并没有什么十分特别的地方。然而自从有渔民将它用作保证长途运输沙丁鱼成活的工具后，鲇鱼的作用便日益受到重视。沙丁鱼生性喜欢安静，追求平稳。对面临的危险没有清醒的认识，只是一味地安逸于现有的日子。渔民聪明地运用鲇鱼好动的习性来保证沙丁鱼活着。渔民在这个过程中，获得了最大的利益。

鲇鱼效应对于“渔民”来说，在于激励手段的应用。渔民采用鲇鱼来作为激励手段，促使沙丁鱼不断游动，以保证沙丁鱼活着，以此来获得最大利益。鲇鱼效应即采取一种手段或措施，刺激一些企业员工活跃起来积极参与竞争，从而激活团队中的其他成员。其实质是一种负激励，是激活员工队伍之奥秘。在企业管理中，管理者要实现管理的目标，同样需要引入鲇鱼型人才，以此来改变企业相对一潭死水的状况。

当一个组织的工作达到较稳定的状态时，常常意味着员工工作积极性的降低。“一团和气”的集体不一定是一个高效率的集体，这时候“鲇鱼效应”将起到很好的“医疗”作用。一个组织中，如果始终有一位“鲇鱼式”的人物，无疑会激活员工队伍，提高工作业绩。

“鲇鱼效应”是企业领导层激发员工活力的有效措施之一。它表现在两方面：一是企业要不断补充新鲜血液，把那些富有朝气、思维敏捷的年轻生力军引入员工队伍中甚至管理层，给那些故步自封、因循守旧的懒惰员工和官僚带来竞争压力，才能唤起“沙丁鱼”们的生存意识和竞争求胜之心。二是要不断地引进新技术、新工艺、新设备、新管理观念，这样才能使企业在市场大潮中搏击风浪，增强生存能力和适应能力。

心理学实验表明，竞争可以增加一个人50%或更多的创造力。每个人都有上进心、自尊心，耻于落后。竞争是刺激他们上进的最有效的方法，自然也是激励员工的最佳手段。没有竞争就没有压力。没有压力，组织也好、个人也好，都不能发挥出全部的潜能。

美国企业管理专家认为，没有竞争的后果：一是自己决定唯一的标准；

二是没有理由追求更高的目标；三是没有失败和被他人淘汰的顾虑。

当前，我们许多企业办事效率不高、效益低下，员工不求进取、懒散松懈，从根本上说，是缺乏竞争的结果。鉴于此，要千方百计将竞争机制引入企业管理中。只有竞争，企业才能生存下去，员工才能士气高昂。

竞争的形式多种多样。例如，进行各种竞赛，如销售竞赛、服务竞赛、技术竞赛等；公开招投标；进行各种职位竞选；用几组人员研究相同的课题，看谁的解决方式最好等。还有一些“隐形”的竞争，如定期公布员工工作成绩，定期评选先进分子等。管理者可以根据本企业的具体情况，不断推出新的竞争方法。

竞争中要注意的问题是，竞争的规则要科学、合理，执行规则要公正，要防止不正当竞争，培养团队精神。有些竞争不但不能激励员工，反而挫伤了员工士气。如果优秀者受到揶揄，就是规则出了问题，不足以使人信服。

竞争中任何一点不公正都会使竞争的光环消失，如同裁判偏袒一方的一场足球赛。如企业竞选某一职位，员工知道领导早已内定，还会对竞选感兴趣吗？如进行销售比赛，对完不成任务的员工也给奖，能不挫伤先进员工的积极性吗？失去了公正，竞争就失去了意义，只有公正才能达到竞争的目的。

凡是竞争激烈的地方，经常发生不正当竞争，如：不再对同事的工作给予支持，背后互相攻击、互相拆台；封锁消息、技术、资料；在任何事情上都成为水火不相容的“我们和你们”；采取损害公司整体利益的方法竞争等，这些竞争势必破坏团队精神。企业的成功依赖于全体员工的团结、目标一致，而不正当的竞争足以毫不含糊地毁掉一个组织。

为了避免不正当竞争的弊端，第一，要进行团队精神塑造，让大家明白竞争的目标是团队的发展，“内耗”不是竞争的目标；第二，创造一个附有奖励的共同目标，只有团结合作才能达到；第三，对竞争的内容、形式进行改革，剔除能产生彼此对抗、直接影响对方利益的竞争项目；第四，创造或找出一个共同的威胁或“敌人”，如另一家同行业的公司，以此淡化、转移员工间的对抗情绪；第五，直接摊牌，立即召见相关人员把问题讲明白，批评彼此暗算、不合作的行为，指出从现在开始，只有合作才能受到奖励，或者批评不正当竞争者，表扬正当竞争者。

企业管理者应该把竞争机制引入企业管理中，通过员工之间的良性竞争，把员工的积极性调动起来。

竞争激励法的应用 

不服输的竞争心理人人都有，强弱则因人而异。即使一个人的竞争心很弱，但他的心中也总会潜伏着一份竞争意识。因为每个人都希望出人头地，其潜在心理都希望站在比别人更优越的地位上，从心理学上来说，这种潜在心理就是自我优越的欲望。有了这种欲望之后，人类才会积极成长，努力向前。当这种自我优越的欲望出现了特定的竞争对象时，其超越意识就会更加鲜明。

明白了这一点，企业管理者只要利用员工的这种心理，并为其设立一个竞争的对象，让对方知道竞争对象的存在，就能够轻易地激发起员工的工作热情，从而让他们主动展开竞争，工作效率自然就会提高。

竞争意识其实是人们渴望认同、渴望卓越的心理体现。企业管理者要充分利用员工的这种竞争意识，有目的地为他们设立竞争目标，让他们与自己的内心设计相符，不断激发其自身潜能，为企业作出更大的贡献。在具体实施时，可以参考如下做法。

1. 做好岗位备份，让员工时刻感到竞争的压力

给每个员工以公平竞争的机会，每个岗位都要有一个或多个备份，不能一个岗位只有一个人能做，让员工们时刻感受到竞争的压力，要想比竞争对手做得好，就要更加努力工作。

2. 向特殊员工暗示竞争对手的存在

如果某位员工身份特殊（比如当这位部下有高层关系或裙带关系时），工作不积极，却又不好直接给其设立竞争对象，不妨用言语暗示他，让他知道竞争对手的存在，从而激发该员工努力工作。比方说你只要告诉他：“你和谁谁两个人，晋升是指日可待的。”这就等于暗示了他竞争对手的存在，如果再不努力，晋升机会就会与他失之交臂。

3. 为需要激励的员工设立一个竞争对象

当竞争对象不容易找到时，企业管理者不妨设一个竞争对象，让企业员工彼此竞争。比如跨部门设立，或寻找同岗位的兼职等。

4. 引入外来竞争对象

如果员工不思进取，而该部门的效益又不错，就果断地招聘新员工，为其设立竞争对手。如果员工在有新的竞争对象后依然不思进取，留之无益，不如辞退。

5. 用裁员威胁逼迫员工主动展开竞争

对于经营状况不理想，而员工又不愿努力工作的部门，不妨向他们挑明公司裁员的打算，让他们主动展开竞争。在使用这一策略时，企业管理者需要根据公司实际情况谨慎为之，不可草率行事。

6. 设置竞争对手

华夏钢铁公司的经理王林在管理自己的员工时，就成功地使用了“设置竞争对手”的激励方法。

有一次对一个一向很努力的熟练工人说：“老罗，我安排你做的一件事情为什么这么慢才做出来呢？你怎么不能像方华那样快呢？”

对方华，他却是这样说的：“方华，你做事为什么不能以老罗为榜样，像他那样高效呢？”

不久后，方华刚出差回来，王林便留下一张纸条叫他做好一个铸件，马上送到铁道开关及信号制造厂去。这个条子是周六写的，但是周日早上方华便把这件事办好了。

周日清晨，王林在制造厂里看见了方华，便问：

“方华，你看见我留下的纸条了吗？”

“看到了。”

“你什么时候去铸呢？”

“我已经铸好了。”

“啊？这是什么时候的事情啊？你真的已经做好了吗？”

“是的，我已经铸好了。”

“现在在哪里啊？”

“我已经将它送到制造厂里去了。”

王林听了欣喜异常，因为他找到了一条激励员工提高效率的好方法，并为这种方法如此有效感到惊奇。而对方华来说，王林的嘉许让他倍感鼓舞，觉得上司很欣赏自己。

7. 无言的激励

查尔斯·施瓦斯是美国著名的企业家，他属下的一个子公司的职工总是完不成定额。该公司经理几乎用尽了一切办法——劝说、训斥，甚至以解雇相威胁，但无论他采用什么方法，都无济于事，也就是说，工人还是完不成定额。有鉴于此，施瓦斯决定亲自到该公司处理这件事。

施瓦斯在公司经理的陪同下到公司巡视。这时，正好是白班工人要下班，夜班工人要接班的时候。施瓦斯问一位工人：

“你们今天炼了几炉钢？”

“5炉。”工人回答说。

施瓦斯听了工人的回答后，一句话也没说，拿起笔在公司的布告栏上写了一个“5”字，然后就离开了。

待夜班工人上班时，看到布告栏上的“5”字，感到很奇怪，不知道是什么意思，就去问门卫，门卫将施瓦斯来公司视察并写下“5”字的经过详细地讲述了一遍。

次日早晨，当白班工人看到布告栏上的“6”字后，心里很不服气：夜班工人并不比我们强，明明知道我们炼了5炉钢，还故意比我们多炼1炉，这不是明摆着给我们难堪，让我们下不了台吗？于是，大家劲儿往一处使，到晚上交班时，白班工人在公布栏上写下了“8”字。

智慧过人的施瓦斯用他无言的挑拨，激起了公司员工之间的竞争，最高的日产量竟然达到了16炉，是过去日产量的3.2倍。结果这个平日落后公司的产品产量很快超过了其他的公司。

施瓦斯利用人们“好斗”的本性，用他无言的挑拨激起了公司员工之间的竞争，不仅巧妙地解决了该厂完不成定额的难题，还使工人们处于自动自发的工作状态。当然，最终的受益者是不言自明了。

8. A、B、C、D四级报告制度

日本松下公司每季度都要召开一次各部门经理参加的讨论会，以便了解彼此的经营成果。开会以前，把所有部门按照完成任务的情况从高到低分别划分为A、B、C、D四级。会上，A级部门首先报告，然后依次是B、C、D部门。这种做法充分利用了人们争强好胜的心理，因为谁也不愿意排在最后。

9. 我们的排名如何

美国西南航空公司的内部杂志经常以《我们的排名如何》这篇文章让员工知道他们的表现如何。在这里，员工可以看到运务处针对准时、行李处置、旅客投诉案等三项工作的每月例行报告和统计数字，并将当月和前一个月的评估结果作比较，制订出西南航空公司整体表现在业界中的排名。还列出业界的平均数值，以利于员工掌握趋势，同时比较公司和平均水准的差距。西南航空的员工对这些数据具有十足的信心，因为他们知道，公司的成就和他们的工作表现息息相关。当某一家同行的排名连续高于西南航空几个月时，公司内部会在短短几天内散布这个消息。到最后，员工会加倍努力，期待赶上人家。这样，西南航空的员工就永远处于不断前进的状态中。

晋升激励法

麦当劳是如何把一个普通毕业生培养成为成熟管理者的呢？原来，麦当劳实行了一种快速晋升的制度：一个刚参加工作的出色的年轻人，可以在18个月内当上餐馆经理，可以在24个月内当上监督管理员。而且，晋升对每个人是公平合理的，既不作特殊规定，也不设典型的职业模式。每个人主宰自己的命运，适应快、能力强的人能迅速掌握各个阶段的技术，从而更快地得到晋升。

晋升激励就是企业领导将员工从低一级的职位提升到新的更高的职务，同时赋予与新职务一致的责、权、利的过程。以业绩为导向的晋升方法，是以挑战性目标的确立、并为之付出努力而最终实现的过程。

人通常具有永不满足、追求向上的欲望。没有谁愿意永远生活在别人的光辉之下，没有谁愿意躬身谦卑、经年累月地重复着昨天，没有谁愿意一个职位做到老。可以说，只要不是平庸之辈，他都会渴望有升职加薪的机会。

渴望晋升，能够最大限度地释放出生存价值，这就是每一位职业人的梦想。所谓“人往高处走”，无非希望出人头地、名利双收，能够在职场上稳步发展或步步高升。在企业晋升管理上，提拔得当，自然可以产生积极的导向作用，培养优秀员工积极向上的精神，能够激励更多员工努力和增强士气。

晋升是对员工的卓越表现最具体、最有价值的肯定和奖励方式。晋升得当，可以产生积极的导向作用，培养向优秀员工看齐的积极向上的企业文化精神。但提升还应讲求原则和评鉴方法，不能凭上级个人的喜好圈点或是滥用人事权力。那么，晋升员工的依据是什么呢？一般情况下，企业对员工的职位进行提升的标准是过去的工作业绩。这是最重要的晋升依据，其余条件都可以说是次要的。一个人在前一工作岗位上的表现情况，可以作为预测将来表现的指标。切忌将人的个性、是否受领导赏识作为晋升的依据。

晋升不是利用员工的个性，而是要发挥他的才能。这也是最为公正和实用的办法，不但能堵众人之口，服众人之心，而且能堵住“小门或后门”，让众多“关系”失效，也可以避免员工有意无意间的钩心斗角。

这个道理虽然简单明了，可是许多企业的管理者往往做不到，问题是多方面的，主要是因为用人习惯上是跟着感觉走，以致失去了判断力。很多时候，晋升一个员工往往是因为上级喜欢他的性格和作风。比如，以下三种情况：

（1）领导是快刀斩乱麻的人，他就愿意晋升那些做事干脆利落的员工。

（2）领导是个十分稳当、凡事慢三拍的人，他就乐意晋升性格审慎小心的员工。

（3）领导是个心直口快的人，他就不喜欢提升那些说话婉转、讲策略的人。

另外，还有一点，主管普遍喜欢晋升性格温顺、老实听话的员工，对性格倔犟、独立意识较强的员工大多不感兴趣。这样的结果，很可能造成用人失当。现实情形是，被晋升者很听话，投主管脾气，工作却不会有多大喜色，而且会让有真才实学的员工报效无门。

主管在晋升员工时，千万要记住：员工的个性不管你喜欢也好，不喜欢也好，个性乖戾孤僻也好，温顺柔和也好，都不必过多地考虑。要把注意力集中在他们以往的工作业绩上，也就是谁的工作业绩好，谁就是晋升的候选人，这是最好的说服力基础。固然，在实际操作和权衡方面，还应考察他的品格和相关项目及要素，但着重于业绩为导向晋升的考量，具有更大激励性和引导力。

着重员工现在的工作表现、预测员工的未来，正是以业绩为导向的晋升，但应注意过程管理具有的公正明确、系统的考评标准，以公正的考核为依据和以员工的需求为基础，它包括将员工的知识、技能、经历、态度等在工作岗位上加以价值量化，通过绩效考评，从而体现及形成内外持续激励。

晋升激励法的应用

职位晋升是企业较为有效的激励方法，不仅可以增加员工忠诚度，减少员工流失，还可以提高组织的效率。但切记：晋升激励一定要运用到有能力完成工作并达到管理者期望的员工身上。

1. 职位阶梯

职位阶梯指一个职位序列所列出的职位渐进的顺序，包括每个职位的头衔、薪水、所需能力、经验、培训等能够区分各个职位的不同方面。管理者可以将职位阶梯展示给员工，让员工有向上努力的目标和方式，从而达到激励的目的。

2. 职位调整

对于那些职位发展空间非常局限的一小部分员工而言，职位调整是最好的激励方法。企业可以通过相关的职位调整，使这部分员工找到更适合自己的工作岗位。对员工而言，这是一次晋升的机会；对企业而言，可以让员工发挥更大的潜力，作出更大的贡献。

3. 职位竞聘

即允许当前所有的员工来申请晋升的机会。通过职位竞聘可以增强员工的动力，同时减少了由于主管的偏爱而产生的不公平晋升的可能。但管理者在职位竞聘过程中，必须对所有应征者作出评估判断，并对被淘汰的应征者作出合理的解释。

4. 职业通道

即员工的职业发展计划，一般会明确特定的职位，代表不同的可选择的发展道路，以及员工要达到晋升条件所需的培训。企业与员工共同制定适合员工发展的职业通道，可以让员工更加专注于自身未来的发展方向并为之努力。

对企业而言，晋升激励是一种很实用的激励方法，但在作出晋升决策之前，管理者必须对晋升员工进行绩效评估，以确定其资历和能力是否可以胜任所要晋升的职位。

（1）职位需求评估。有时，在管理工作中很难去界定新职位要完成新任务所需的能力和技能。但管理者可以使用那些通常在做晋升决策时会考虑到的主要资源：如员工主管的推荐、绩效评估的结果、测评中心的测评结果、在组织中的工作经验、员工个人的职业目标和教育背景。

（2）情境因素评估。管理者还需要考虑员工在新职位之前所处的情境，因为情境的变化会影响候选人的绩效。在管理中已不倾向于使用这种评估方法，因为管理者已经习惯与员工朝夕相处，但情境因素常被证明是找出错误的有效方法。

（3）候选人资格评估。管理者要做的第三步是评估候选人的资格。其包括新工作所需的知识、技能和个人品质以及候选人的能力和资历。最佳的候选人应该达到新职位的最低标准，并将获得这一职位。

在运用晋升激励的时候，管理者要谨慎地设立目标、规范晋升决策，给所有的员工以平等的机会。同时，管理者应该基于候选人的绩效进行评估。除此之外，管理者要经常和员工讨论这一系统，该系统应当被员工和管理者双方所接受。这样，管理者就能够作出有效的晋升决策、使员工得到更好的激励和回报，并实现组织绩效得以改进的目的。

5. 规范晋升的途径

也就是说，为每一个员工指明他所在的岗位应该朝哪个方面晋升。这个晋升不是指个人的晋升，而是指这个岗位未来的晋升方向。比如，你现在是文员，那么这个岗位的下一步晋升方向是高级文员；你是一般工程师，这个岗位的晋升方向是主任工程师。规范晋升途径，就是将所有的岗位分为几个岗位群，每一个岗位都能在自己所在的岗位群中，从下到上，一步一步地上升。很多企业晋升激励存在的问题是没有晋升途径，一个员工在一个岗位干了十几年，除了工资稍有上升外，其他的都没有变。

6. 建立晋升的阶梯

在规范了晋升的途径，即指明什么岗位从哪个路径上升之后，接下来就需要建立晋升的阶梯，也就是说，要指明这条路径上有多少岗位，分布如何。指明管理人员走行政类、营销人员走销售类、工程师走技术类、文员走行政事务类，即是规范了晋升的途径。以销售类为例，具体规定出销售人员的岗位分为客户主任、高级客户主任、客户经理和高级客户经理，并对每个岗位进行分级，则是建立了晋升的阶梯。作为销售人员，就可以在这个途径上，一个岗位一个岗位地、一级一级地通过考核不断地得到晋升。

规范了类别途径，建立了晋升的阶梯，就为员工的职业生涯打通了道路。这样，员工就可以目标明确地通过努力不断地得到晋升。就像一池水一样，水还是这么多水，如果你让它不断地在旋转，在流动，哪怕在内部流动，这个水就是活水。同样，通过绩效考核、能力考核和不断的晋升，员工就可以被激活，他们就能够不断地提高自己的业绩，提升自己的能力，企业也因此而得到持续发展的机会。

7. 制定晋升标准

规范了晋升途径、建立了晋升阶梯，并不意味着员工只靠工作年限就可以自然地晋升。也就是说岗位并不是轮着坐的，它是有一定的标准的。具体而言，这一标准应该包括三个部分：

（1）岗位的任职资格要求，具体包括：学历、专业、专业年限、同行年限、同等职务年限等。

（2）岗位的能力要求，即适应这一岗位所需要具备的能力。

（3）绩效要求，即晋升这一岗位所需达到的绩效标准。

在实施晋升激励的过程中，应该严格按照标准进行。此外，晋升不应该仅仅是正向流动的，也应该有负向的流动。也就是说，晋升标准应有两个，一个是向上晋升，一个是向下流动，从而做到员工有升有降。对于符合晋升标准的要给予晋升，对于符合降级标准的要向下降级。

危机激励法

在辽阔的非洲草原上，弱肉强食、适者生存永远是不变的真理。

每天早上羚羊妈妈总是早早地叫醒小羚羊说，今天你一定要跑得比最慢的那只狮子还要快，不然的话你就会没命；每天早上狮子妈妈也对早早被叫起来的小狮子说，今天你一定要跑得比最快的那只羚羊还要快，否则，你将没有早餐吃。

美国旅行者公司首席执行官罗伯特·薄豪蒙说：“我总是相信，如果你的企业没有危机，你要想办法制造一个危机，因为你需要一个激励点来集中每一个员工的注意力。”

员工除了有被重视、被信任、被尊重的需要，还有猎奇好动、探索的需要。“危机”的出现可满足员工的这一需要，刺激员工试行自己工作的新思路，并且鼓励和支持他们去冒险，满足个人抱负。作为管理者，可适当创造一点儿危机感，给员工提供一些动力。

试想，如果公司的一切都在平稳中进行，任何事情都平淡无奇，没有什么问题，那么，工作自然也就不需要，更谈不上什么积极性和创造性了。这时，管理者可适当地运用“危机”手段，将公司“搅拌搅拌”让员工“活”起来。事实上，人们常在承受着“危机”的巨大压力下获得成功。

通用电气公司正是通过这一渠道，有效刺激员工的想象力，得到新的思路和方法。即使是银行，也会因危机的降临而发生变化，不再像殡仪馆似的，人们讲话都要窃窃私语，对管理者来说，银行已充满了创新和机会。

当然，制造一个危机并不是去搅乱企业的现况（哪有这样的傻瓜！），而是去创造一个机会，提升到更高的层次。

危机激励犹如一个人在森林中被猛兽追赶，他必须以超出平日百倍的速度向前奔跑。对他来说，后面是死的危险，而前方则是生的机会。

正如美国前总统肯尼迪所说：在中文里，危机是由两个词组成的。第一个是危险；第二个是机会。

“不时提醒你的员工，企业可能会倒闭，他们可能会失去工作。这样可以激励他们尽其所能，不至于怠慢企业和工作。”美国的J.M.巴德维克博士曾这样说。

每个企业都生存在环境中，环境中的诸多因素都会影响乃至干扰企业的正常运营，这些因素共同构成了企业经营过程中的风险因素。在竞争的舞台上，面对着众多的风险，有的企业成功了，有的企业却遭到失败，甚至从此一蹶不振，以破产而告终。

成功固然可喜，失败也未必可悲，关键是要从中吸取经验和教训。正如松下幸之助所说：“不论一个人现在拥有多么伟大的事业，他绝不会不曾遭遇过失败。做事总会遭遇失败，但在每一次的失败中要有所发展，经过无数的体验后，在期间逐渐成长，最后，在自我心中产生某种伟大的信念，才能完成伟大的事迹。最重要的是，当遭遇失败而陷入困境时，要勇敢而坦白地承受失败，并且认清失败的原因。体悟到：‘这是非常难得的经验，最宝贵的教训’。”这说明，危机因素可以转化为企业发展的动力，不能因为惧怕挫折、困难、失败和危机而痛失企业发展的良机。

所以，管理者不但要有时刻面对危机的意识，更要善于制造危机感，消除员工的惰性，要让员工不满足于企业现状，通过有效的竞争激励措施把这种危机感所产生的紧张转化成生产力，从而激发和提高员工的工作热情和主动性。

实际上，创造工作中的危机感对企业和员工都不无好处。为什么？太过稳定，一般会影响员工的工作绩效。工作稳定，长久以来一直是员工的权利。如果员工认为企业“欠”他们的，没必要靠努力工作获得报酬，他们的效率就会降低。

这不仅对企业造成损失，对个人也许贻害更深。如果对自己的工作不负责任，就不会去学习如何应对变化。那么，当变化不可避免时，他就束手无策，坐以待毙，这恰恰会带来真正的危险。

工作有危机感是好事。毫无危机感的企业必须制造适当的危机感来激励员工，让他们感到自己的工作离不开这种危机感。事实确实如此，当员工战胜他们面临的挑战时，他们就会更加自信，对企业做出更大的贡献。成为对企业有所贡献者，是工作稳定的唯一途径。

如果员工无论业绩多么差都能高枕无忧，就可能造成一种无所谓的企业文化。任何企业中都可能存在“无所谓文化”，员工无所事事，却认为企业“欠”着他们的，因为管理层创造了一种“应得权利”的文化。在“无所谓文化”中，员工更注重行动而不是结果。

员工有这样的思想和行为，是因为当他们失败或企业濒临倒闭时，不会对他们带来任何不利后果。他们不断闯祸，却一次又一次蒙混过关。

要打破员工“无所谓文化”，或调动那些唯恐失去工作的员工的积极性，就得在风险与稳定之间建立适当的平衡点。如果员工觉察不到危机感，就必须创造一种环境，让他们产生不稳定感，不能让他们麻木不仁。心理学上的两个重要发现解释了这种现象：

（1）随着焦虑程度的加深，人的业绩也会提高。当焦虑度达到一个理想水平时，业绩也会随之达到最高点。不过，如果焦虑程度过高，业绩也会下降。

（2）当成功概率达50%时，人们取得成功的动力最大。换句话说，如果人们追求的目标或接手的任务具有挑战性，但仍有极大可能成功时，人们追求目标或接手任务的动力最大。

企业的员工一般处于以下三种状态之一。

1. 无所谓

这种状态下，员工面临的风险极低，凡事都想当然，不管他们表现多么差，都有安全感。

2. 身处恐惧中

风险或焦虑度太高，凡事谨慎，不管他们表现多好，还是没有安全感。

3.努力获得

这种状态下，风险程度适中，员工会因为面临适当的挑战而发挥最好水平。这是唯一真正富有成效的状态，员工肩负着足够的风险，珍惜自己的努力所得。而这点恰好使他们能获得满意的结果。

企业要繁荣，员工要发展，努力获得是每位员工应有的态度。在这种环境中，员工和企业创造性喷涌，灵活善变，努力获得那些真正重要的结果，才会成功。

要引导员工走出无所谓文化，一定要确保他们明白当今的经济现状中潜伏着不尽的威胁：客户可能拂袖而去，企业可能倒闭，员工可能失业。说服那些充满恐惧的员工获取安全感的最好途径，是帮助企业实现最为关键的目标。没有成功，就没有企业，也就没有工作。

不时提醒你的员工，企业可能会倒闭，他们可能会失去工作。这样可以激励他们尽其所能，不至于怠慢企业和工作。

危机激励法的应用

激励专家认为，通过以下措施，可以有效地树立员工的危机意识。

1. 向员工灌输企业前途危机意识

企业领导要告诉员工，企业已经取得的成绩都只是历史，在竞争激励的市场中，企业随时都有被淘汰的危险，要想规避这种危险，道路只有一条，那就是全体员工都努力工作，才能使企业更加强大，永远处于不败之地。

2. 向员工个人灌输他们的个人前途危机

企业的危机和员工的危机是连在一起的，所以所有员工都要树立“人人自危”的危机意识，无论是公司领导班子还是普通员工，都应该时刻具有危机感。告诉员工“今天工作不努力，明天就得努力找工作”。如果员工在这方面达成共识，那么他们就会主动营造出一种积极向上的工作氛围。

3. 向员工灌输企业的产品危机

企业领导要让员工们明白这样一个道理：能够生产同样产品的企业比比皆是，要想让消费者对企业的产品情有独钟，产品就必须有自己的特色，这种特色就在于可以提供给顾客的是别人无法提供的特殊价值的能力，即“人无我有，人有我优，人优我特”。

总之，企业唯有不断地向员工灌输危机观念，让员工明白企业生存环境的艰难，以及由此可能对他们的工作、生活带来的不利影响，才能有效激励员工自动自发地努力工作。说服那些充满恐惧的员工获取安全感的最好途径，就是帮助企业实现最为关键的目标。告诉员工，如果他们不努力工作，就不会有成功，就不会有企业的繁荣，也就没有了工作。

惩罚激励法

惩罚不仅是一门学问，还是一门艺术，是一门能打动人的心灵的艺术。企业的管理者要怎样惩罚，才能做到既让员工虚心接受惩罚，又能让人心不会涣散呢？答案就是将惩罚艺术化。通过惩罚，让员工学有所得，这样的惩罚对于员工来说，才会变得有意义的多。

奖励和惩罚都是企业管理者激励员工的方式，但惩罚有时候比奖励对人的“刺激”更大。俗话说：“不以规矩，不成方圆。”没有完善的规则，或不善于定规则，顾此失彼，工作固然无法展开。所以，管理者应十分注意团队工作的制度建设。如果管理者能正确制定出大家共同遵守和依据的工作准则，不仅保证了团队成员们行动的正确规范，而且还有利于调动和发挥人的积极性。同时，制定出正确的制度后，还必须引导员工积极自觉、一丝不苟地遵守制度，用制度来约束人，让员工一言一行有法可依，有标可考，真正做到以制度管理团队，自己也能从“烦琐”事务中脱身。

管理者在制定规章制度时，应注意以下原则。

1. 制度不是孤立的

任何规章制度都不是孤立存在的，它存在于企业管理机制中的规章制度系统框架之内。管理者在制定之前，应该考虑整个公司的规章制度的框架系统结构，然后再来设计具体事物的有关制度。做完这些之后还要将其试运行，经过一定时间的磨合和执行，在管理的力度、尺度等各方面互不矛盾了，再正式颁布实施。

2. 制度高于一切

有些管理者常常随口说出一些规定和制度，这样做既不严密，也不科学，而且极大地破坏了规章制度的权威性。一旦制度正式颁布，那就应该坚定地执行下去。如果对违反者采取不理会、不惩罚的态度，也要靠人去理解、去执行。如果有章不循或者执行不严，那么，规章制度只能是一纸空文。

3. 制度的可行性

一方面，任何条文都必须是可以执行的，不能执行的条文和规定必须立即废止。因为它在实际情况中不能执行会破坏规章制度的权威性。另一方面，制度应该使每位员工在执行过程中体会到一种力度，即都要付出努力。例如，身体稍有不适，或家里有一般性的琐事，员工必须尽量要求自己坚持执行规章制度。

4. 制度应该具体

一个规章制度如果过于抽象、笼统，缺少具体的条文和实施细则，那么它将难以执行。一些制度常常被束之高阁的教训之一，正是因为许多制度是包罗万象的抽象性规定，尽管内容丰富，覆盖面广，精神主旨正确，但一接触许多具体问题时，则难以对号入座。例如，有的公司规定上班时间“要严肃”，这就过于抽象，不容易具体实施。现实基层工作是具体的，需要有一些具体的条例和实施细则。这就需要去完善，并明确规定由谁来监督执行，违反了制度由谁去惩罚，以及处理的具体程序。

5. 执行制度要公平

规章制度都具有“无例外原则”。有的员工违反而不受到惩罚，是对其他团队成员的不平等和不公正，也显示出制度本身的苍白无力和虚伪性。

在规章制度面前应该人人平等。诸葛亮曾经说过："我的心就像一杆秤，不为他人作轻重。不能做到公平二字，就无以取得人心。"所以，制度一经通过，管理者就必须带头遵守。为了维护制度的严肃性和公平性，就应该具有孔明上奏自贬三级的气度。能否做到制度面前人人平等，对管理者来说，是一大考验。尤其涉及亲朋好友时，更需要坚定地维护制度的公平性。

6. 制度的弹性原则

不存在任何一种规定可以精确地限定所有事物，所以规章制度的弹性原则是必要的。但是，这种弹性又是有限的，是积极的。制度的弹性不能过大，要明确制度上量的尺度和质的依据，使之容易具体操作，避免执行时的走样和变形，避免执行过程中的随意性。但制度的弹性也不能过小，那样会造成制度的过于死板和苛刻。我们把握好这一原则，不是留一手，而是多准备一手，是为了提高效率，增加解决问题的可能性。

"烫炉原则"包括以下各项。

1. 预先警告原则

如果炉火是滚烫的，任何人都会清醒地看到并认识到一旦碰一下就会被烫着。

2. 即时原则

即如果谁敢以身试法，将手放在火红的烫炉上，他立即就会被烫——即被惩罚。

3. 一致性原则

简单地说，就是保证任何人每次傻乎乎地用手触摸烫炉肯定都会被烫着，不可能会有一次例外。这样的纪律政策应该是很严密的。

4. 公正原则

即任何人，不论男女老少，不论他的地位有多高，名声有多么显赫，只要用手触摸烫炉，保证会被烫着。因为，烫炉可不会见风使舵，因人而异。

以上四个原则实际上是对管理者提出的四条执行惩罚的原则。

惩罚激励法的应用 

惩罚的最高境界在于能让受罚者心存感激，并加倍努力。惩罚绝不只是冷酷无情，人性化的处罚可以变得像正面的表扬一样具有激励性，甚至更为有效。惩罚的目的是让员工自己认识错误，从而积极改进，而不是在领导强制要求下成为一种被动行为。

在管理工作中，管理者都会遇到这样一个问题：对待员工是以激励为主还是以惩罚为主。激励为主是通过激发员工的工作热情来提高工作效率；惩罚为主是通过严惩来规范员工行为，使员工在制度约束下集中精力工作。事实上，实际工作中要求两者并用，恩威兼施，赏罚分明。问题是有些管理者更看重惩罚，而不屑于激励。他们似乎觉得不惩罚不能起到杀一儆百的作用；不惩罚就不能体现规章制度的严肃性；不惩罚就不能显示管理者的威严。惩罚是管理中一种必需的手段。但是当员工犯了错误的时候，惩罚并不是唯一的选择。如果能变惩罚为激励，运用惩罚的手段达到激励的目的，甚至可以达到单纯奖励所不能达到的效果。这就是惩罚的艺术性、管理的艺术性、领导的艺术性。变惩罚为激励，变惩罚为鼓舞，让员工在接受惩罚时少一点抵触，多一点振奋，进而达到管理的目的，这是单单靠规范和约束所不能做到的。

惩罚作为一种教育和激励手段，是要讲究惩罚艺术的。这样不仅可以消除惩罚所带来的副作用，还能够收到既教育被惩罚者又教育了别人，化消极因素为积极因素的效果。实行惩罚要注意以下四点。

1. 惩罚与教育相结合

首先，要注意先教后“诛”，即说服教育在先，惩罚在后，使人知法守法，知纪守纪。这样做可以减少犯错误和违纪行为，即使犯了错误，因为有言在先，在执行法纪时，也容易认识错误，乐于改正。如果不教而“诛”，则人们就会不服气，产生怨气。其次，要做好实施惩罚后的思想教育工作，使他能正确对待惩罚，帮助他从错误中吸取教训，改正错误。惩罚的目的是使人知错改错，弃旧图新。因此，要把惩罚和教育结合起来。

2. 一视同仁，公正无私

惩罚对任何人都要一视同仁，要以事实为依据，以法律为准绳，不能感情用事。对同样过错，不能因出身、职位、声誉和亲疏缘故而处理不一，表现出前后矛盾，甚至轻错重处，重错轻处。这样的惩罚只会涣散人心，松懈斗志，毫无激励的价值。

3. 掌握时机，慎重稳妥

一旦查明事实真相就要及时处理，以免错过良机，造成更大危害。适时是指掌握恰当的时机，瞧准火候。什么是惩罚的最佳火候呢？其一，事实已查清；其二，当事人已冷静下来，对问题有所认识；其三，其错误的危害性要为群众所意识到。具备这三个条件，就是惩罚的恰当时机。这三个条件要靠惩罚者去创造，不能消极等待时机。惩罚，还应注意稳妥，不能一味蛮干，有的适合放一放，以免激化矛盾。特别是对一个人的首次惩罚，更要慎重稳妥，要十分讲究方式、方法。当然，也不能久拖不办，否则，时过境迁，就会降低惩罚的效果。

4. 功过分明

功与过是两种性质完全不同的行为要素。功就是功，过就是过，不能混同，也不能相互抵消。因此，在实施激励时，有功则赏，有过则必罚，功过要分明，绝不能因为某人过去工作有成绩或立过功，就对他所犯的错误姑息迁就。这样做对他自己、对集体都没有好处，只有害处。同样，也不能因为一个人有了错误，而一笔抹杀他过去的成绩，或对他犯错后所做的成绩不予承认，不予奖励。这样做也是不利于犯错误者进步的。对于一个人犯错误后作出的成绩，更应该注意给予肯定和奖励，这样才能使他们看到自己的进步。

目标激励法

大多数员工都希望自己能将工作做得更好、使自己更具发展潜力。管理者应该帮助他们建立不断超越自己的个人发展目标。“管理者应将自己的经历放在帮助员工解决障碍上，而不是片面地放在实现自己制定的目标上。”诺基亚CEO奥利拉很自信地说：“我在中国能够取得成功，最关键的一点就是给员工以最大的发展空间，这个空间，是员工得以充分发展自己才华的空间，是独立负责完成某件事的空间，是自我想象并得以实现结果的空间。当然这个空间还包括内部流动性。问题是某些企业管理者往往忽视了这一点。”

目标是团队成功路上的里程碑，它给了团队一个看得着的努力方向。在你努力实现这些目标的过程中，它会发挥积极的作用，能够作为你努力的依据不断鞭策你奋力进取。有了目标，你就可以更深地挖掘自己的潜力，更好地把握住现在。督促自己认真地对待工作，并倾尽全力，以取得好的结果，进而实现加薪升职，取得事业成功的目标。

有了目标，就可以改变工作中、事业上的不理想现状，包括低微的职位、枯燥乏味的工作、看不见光明的事业等。当你为自己制定了一个远大的目标之后，便会感觉到涌动在心底里的巨大的潜能，而正是这个潜能可以改变人的一生。目标对成功还有更多不可估量的价值。

1. 目标使人看清使命，产生动力

有了目标，对自己心目中喜欢的世界便有了一幅清晰的图画，就会集中精力于所选定的目标上，因而你也就更加热心于自己的目标。

2. 目标有助于分清轻重缓急，把握重点

人有目标，你就很容易陷进跟理想无关的琐碎事务中。一个忘记最重要事情的人，会成为琐事的奴隶。

3. 目标使人感受到生存的意义和价值

人们处事的方式主要取决于他们怎样看待自己的目标。如果觉得自己的目标不重要，那么所付出的努力自然也就没有什么价值；如果觉得目标很重要，那你就会感到生存的重要意义，你就会觉得为目标付出努力是有价值的。

4. 目标使人集中精力，把握现在

目标对目前的工作具有指导作用。也就是说，现在所做的，必须是实现未来目标的一部分。如果你把自己的精力集中在此时此刻手边的工作上，心中明白你现在的种种努力都是为将来的目标铺路，那么你就能重视现在，把握现在。

5. 目标使人把工作重点从过程转到结果

有很多人虽然工作很努力，做了大量的工作，有时甚至付出了艰苦的劳动，但他们并没有成功。有很大一部分原因就是因为他们混淆了工作本身与工作成果。只重工作过程并不能保证成功，要让一项工作有意义，就一定要使它朝向一个明确的目标。事业成功的衡量标准不是你做了多少工作，而是取得了多少成果。

6. 目标能提高激情，有助于评估进展

目标可以使你心中的想法具体化，看得见摸得着，这样工作起来也会心中有数，热情高涨。目标同时又提供了一种自我评估的重要手段，你可以根据自己距离目标有多远来评估自己取得的进步。

7. 目标使人产生坚定的信念和战胜困难的勇气

信念、勇气来自于“知己知彼”。对目标及实现过程的清晰透彻的认识，必然使你从容不迫，处变不惊。

8. 目标使人未雨绸缪

目标能帮助你事前谋划，使你把要完成的任务分解成可行的步骤，做好充分准备，达到提前决断，而不是事后补救。

9. 目标使人自我完善，永不停步

自我完善的过程，其实就是不断去实现目标的过程。而要实现目标，你必须全神贯注于自己的优势。目标能使你最大限度地集中精力，让你不断地在自己有优势的方面努力。

设定目标对你事业方面的作用，一开始可能不是太大就像航行在大海里的巨轮，虽然航向只偏了一点点，一时很难注意，可是在几个小时或几天之后，便可能发现船会抵达完全不同的目的地。而你坚持了自己的目标，船就会按你的方向航行。

皮尔原来只是美国一家软件公司的普通职员。从他大学刚毕业走进公司的第一天起，他就为自己定下了一个目标：用两年时间当上部门经理。从那天起，“部门经理”就像一面旗帜，他没有一天不按部门经理的身份要求自己。目标真是一个奇妙的东西，它使皮尔每天都被工作的疯狂激情驱使着，虽然这样工作起来有些累，但劳累过后，看着自己的工作业绩，他便能体会到生活的幸福。

到公司不到1年，他就被提拔到了主管的岗位上，他工作起来更加努力了，为此他牺牲了许多娱乐和休闲时间。有了目标，他不觉得工作是累的，而是一种享受。事业像一列巨大的火车，他就在车上跟着时代的步伐向前跑，不达目标誓不罢休。他的工作能力和工作业绩得到了公司总裁的肯定，在当上主管不到半年的时间里，他就被提升到了部门经理的职位上，成为公司里提拔最快的、最年轻的经理。

皮尔为什么能从普通职员岗位上，迅速升至主管，不久后又升任部门经理？这就是他有目标随时鞭策自己的缘故，这也是目标在一个人身上发挥神奇效能的有力例证。

目标激励法的应用 

目标激励法的应用，应从以下几个方面入手。

1. 团队目标要与个人目标联系起来

在实行目标激励的时候，要求企业管理者能够将大家所期待的未来着上鲜艳的色彩，同时也要对实现目标的过程进行规划。在实施激励的过程中，应该避免只是空谈目标而在日常工作中将其弃之一边的情形发生。若要把企业目标真正地建立起来，就要将崇高远大的情感传达到员工那里，并从他们那里得到发自内心的回应，使他们真心诚意地投入到工作中去。

在激励过程中最重要的是灌输目标的整个过程，这需要企业上下开诚布公地全面参与，使员工自觉将个人理想与企业目标联系起来。

企业提出明确的目标，并由管理者有效地与员工进行沟通和传达，让每一个员工都明白自己所做的工作，这对于实现企业的目标具有极其重要的作用。以明确的奋斗目标来激发员工的斗志，并让员工把个人目标和企业目标良好地结合起来，从而增强员工的责任感和主动意识，让每一个员工都为同一目标而不断努力奋斗。

在企业组织中，每个员工都或多或少地有所期望，但这种期望并没有形成一种动力，就如同每个人都希望拥有漂亮的房子但却没有设计蓝图一样。因此，成功的管理者就是要发掘员工的期望，并把这种共同的期望变成具体的目标，而一旦这个具体的目标或理想生动鲜明地体现出来，员工就会从思想上产生一种共鸣，就会毫不犹豫地追随你。形象地说，管理者利用明确而具体的目标激励员工，就是充当一个“建筑师”的角色，“建筑师”把自己的想法具体地表现在蓝图上，让“建筑”的形象生动鲜明地体现出来，以此激发员工为之努力工作。

当然，即使有行动的蓝图，如果没有清楚地规划出实现过程，也无法使大家产生信心。因此，在规划远景的同时，还必须规划出实现远景的过程。这是一个必经的过程，指的就是从现在到实现目标所采取的方法、手段及必经之路。

2. 目标不要太大，如果必须大，则要学会分解

我们可以将目标的实现分成若干阶段，这样既不至于使目标太大，难以激起员工的兴趣，也不至于使目标太小，让员工觉得没有意义。

要让员工和企业有一个共同目标。在成功企业中，通常用塑造一个共同目标，创造共同的价值理念来激励员工。

美国电报电话公司总裁鲍伯·艾伦发现，该公司过去的想法和做法都像是受保护的公用事业，现在必须改变，而且是在行业动荡不安时进行改变。公司的规划部门为关键性的战略任务提出一个定义，也就是让现有的网络承载更多的功能，开发新产品，从而符合新兴信息事业的需求。艾伦决定不用这样理性和分析性的名词来谈公司的目标。他也不谈论以扩张竞争态势为重点的战略意图。他选择了非常人性化的名词，他说："公司致力于让人类欢聚一堂，让他们很容易互相联系，让他们很容易接触到需要的信息——随时、随地。"这个陈述，表达了公司的目标。但他用的都是非常简单而人性化的语言，使人人都能理解。重要的是，员工能对这样的任务产生共鸣并以此为骄傲。

让企业上下都愿意为企业目标奉献力量，并让这样的努力持之以恒，应该是管理者追求的目标。明确的企业目标是正当可行的，它不是公关惯用的华丽辞藻，也不是鼓舞士气的夸大宣传。所以，管理者对定义恰当的目标应作出具体的承诺。

美国康宁公司总裁哈夫顿曾委派公司最能干、最受尊敬的资深经理人负责康宁公司的品质管理。尽管经历了一次严重的财务紧张，哈夫顿还是拨出500万美元，创立了一个新的品质管理学院，用以实施康宁公司大规模的教育和组织发展计划。他还承诺将每个员工的训练时间提高到占工作时间的5%。康宁公司的品质管理计划很快就达到了哈夫顿的目标。正如一位高层经理所说："它不只改善了品质，更为员工找回了自尊和自信。"

3. 设定有挑战性的目标

杰克·韦尔奇说："我不断为每一位员工提供富有挑战性的工作，由此造就了了不起的通用员工，然后，再由他们造就了了不起的产品和服务。"

目标，对于员工的激励作用，是毋庸置疑的，但是过低的目标对于激励员工是无益的，只有高目标才能使员工发挥出最大的潜能。

高尔基曾说过："一个人为自己定的目标越高，那么他的潜能就发挥得越好。”企业要想把员工的潜能发挥得淋漓尽致，就必须制定一个员工跳起来才能得到的目标。遗憾的是，许多企业管理者并没有认识到这一点，他们往往把目标定得太低，让员工轻而易举地就能达到，使员工失去工作激情。传统思维和常规认为，如果制定过高的目标，可能会难以实现而使员工产生恐惧的心理，达不到激励员工的目的。但是，只要帮助员工找到实施目标的方式和手段，高目标不仅不会使员工恐惧，反而会激励他们充分发挥自己的潜能，唤起他们不断挑战的热情。所以，优秀的管理者总是制定需要员工跳起来才能达成的目标，在员工不断地发挥潜力、不断成长和进步的过程中推动企业的发展。

卓越的管理者都善于通过增加挑战来赋予员工更多的工作激情，从而给员工更强的成就感，引导他们在岗位上精益求精。

市场变幻莫测，科技交替也日新月异，在竞争异常激烈的市场中，企业如若不能持续增长，就很可能被对手超越，最后淘汰出局。而要保证企业的持续增长，就必须不断地给每一位员工提供富有挑战的工作，激励他们不断创新、变革，以此来加强企业内部活力，推动企业不断向前发展。

通用电气公司人力资源管理的核心，就是“给每一位员工都提供挑战性的工作”。使他们从挑战中得到激情，并从中获取经验。自从韦尔奇执掌通用后，他尽可能地为通用电气的每一位员工提供挑战更高目标的机会，使通用得以长久保持在商界的领先地位。

优秀的公司与其他普通公司相比，区别就在于敢于制定更高一级的目标。著名的马尔斯糖果公司就是靠着近乎完美的目标来激励员工，使企业在竞争激烈的糖果市场上处于不败之地。

玛莎糖果公司的秘诀用一句话来说就是：“把目标订到百分之百，竭力所能追求完美，否则就等于是在放纵自己，到头来只会自食其果。”马尔斯糖果在质量上定下的百分百标准，从统计学的角度来看，几乎是不可能的。但正如他们自己所说的，如果在制定目标时就预先体谅自己，为自己找好借口，降低目标，那目标也就失去意义了，这无异于是在放纵自己的惰性。

有一次，玛莎糖果公司的管理者福里斯特·马尔斯发现有一组棒棒糖没有按标准装好，他大发雷霆，盛怒之下，搬出了所有存货，一个个地砸在了会议室的玻璃板上，他绝不容忍任何一个有缺陷的产品出厂。

这种精益求精的态度，不仅存在于管理阶层中，更是每一个员工追求的目标。也正因为如此，马尔斯糖果公司的实力不断提升，在强手如林的糖果市场上保持着领先地位。

真正懂得用目标来激励员工的企业，都懂得利用挑战来使目标激励作用最大化，他们会制定跳起来才够得到的目标，竭尽所能地追求完美。这样的企业，从来不会容忍所谓的“可容忍过失”。

阿迪达斯公司制定的“无次品”目标，就是绝无“可容忍过失”的具体表现。“无次品”目标极大地调动了员工的积极性，增加了员工工作的挑战色彩。为了实现这一目标。阿迪达斯专门雇用了近2 000名质量检验人员，质量监察员定时检验产品的生产线，把不合格的产品送回重新生产，并负责把所有发现的错误列成统计图表，用以了解产品质量状态。质量管理人员检验过的产品，检验人员再次做彻底的检查。

如此的高标准、严要求，充分激发了员工的潜能，每一位员工在工作时都投入自己百分百的精力，从不疏忽大意，高质量标准成就了阿迪达斯。使公司的产品因质优而畅销全球，成为许多经销商的免检产品，也为公司树立了良好的企业形象。

这些卓有成效的企业，无一例外都实施了增加员工工作的挑战色彩的措施，靠着这些措施，这些企业渡过了无数难关。苹果电脑公司也是其中的典型。

自1990年以来，在家用电脑市场排名第一的苹果公司，市场占有率一直在10%～14%，可是到1994年上半年，却跌落到了10%以下。而当时强有力的挑战者——惠普和康柏，正跃跃欲试地想要取苹果而代之，成为新的行业领袖。

面对这种情况，总裁斯平德勒采取了一系列激励措施，他赋予每一个员工更富有挑战性的工作，并从中提升一些优秀的管理人员和创新人员，安排他们到一些重要的岗位任职，以此消除长久以来广泛弥漫于员工之间的自满情绪。这种新的挑战，极大地激发了员工的工作热情和潜力，提升了企业的活力，增强了核心竞争力，使苹果重新走上高速发展之路。

在人力资源决定企业竞争优势的今天，就参与竞争的企业而言，谁能有效地增加工作的挑战色彩，谁就能更充分地激发员工的潜能，从而推动企业的不断发展。

荣誉激励法

所谓荣誉激励，是指企业对员工工作态度和贡献所给予的荣誉奖励，如发给荣誉证书、会议表彰、在公司内外媒体上的宣传报道、记功、休假、疗养、外出培训进修、推荐获取各种社会荣誉等。每位员工都对归属感及成就感充满渴望，都希望自己的工作更有意义。如果说自我实现是人类最高层次的需要，那么荣誉就是一种终极的激励手段。

管理专家认为，追求良好的声誉是企业经营者成就发展的需要。经济学家则从追求利益最大化的理性假设出发，认为经营者追求良好声誉是为了获得长期利益。著名的跨国公司IBM有一个“百分之百俱乐部”，如果公司员工能够完成他的年度任务，就会被批准为该俱乐部会员，他和他的家人就会被邀请参加隆重的集会。结果，公司的雇员都将获得“百分之百俱乐部”的会员资格作为第一目标，以获取那份荣誉。IBM公司通过这种方法，很好地激励了员工。

对于员工，不要太吝啬一些头衔、名号。一些名号头衔可以换取员工的认同感，从而激励起员工的干劲。日本电气公司在一部分管理职务中实行“自由职衔制”，就是说可以自由加职衔，取消“代部长、代理”“准”等一般普遍管理职务中的辅助头衔，代之以“项目专任部长”“产品经理”等与业务内容相关的、可以自由加予的头衔。

用荣誉激励员工，首先要认清荣誉的本质。荣誉的设置是为了奖励先进，表扬贡献，鼓舞士气，是一种激励。既然是奖励先进，就不能搞平均主义。不幸的是，很多企业的荣誉设置常常是“轮班制”——这月你当，下月我当，为了团结，轮流坐庄。“荣誉轮流坐，本月到我家”。这种荣誉设置几乎毫无意义，顶多展示一下企业在管理上的规范性。

平均主义就是荣誉的“泻药”，只要一沾上，再好的荣誉也会拉肚子。所以，设置荣誉时应当有统一规范的指标要求。我们以成大方圆药店为例。

成大方圆药店的“服务之星”只设置了三项硬指标：一是要完成本月销售计划；二是顾客满意度高，没有顾客投诉；三是同事满意度高，该店员所得投票必须排在门店候选人前列。第一个指标是经济标准，第二个指标是服务标准，第三个指标是团队标准。这三大硬指标设计得比较有艺术性，既讲效益，又讲持续发展，还很好地控制了内部的竞争强度，避免内讧。

也许有人会问，这样设计荣誉评定标准就一定可以避免平均主义吗？可以肯定地回答：不能完全避免。道理很简单，前两个指标都达到之后，大家就可以在同事满意度上搞平均主义。那么，如何避免这种情况的发生呢？管理者要从四个方面下手。

1. 增加副选项，提高“摘星”的难度

成大方圆药店评选“服务之星”的第二标准是“服务之星”还必须满足地区“特色”的标准。比如店员要替顾客着想，不流失顾客，有忠诚的顾客群，柜组无过期产品，陈列丰满、新颖、美观，此外，选手还要经常开动大脑，能够给门店或地区提合理化建议。这种副选项督促员工全面提升服务水平，为企业献计献策，同时也过滤掉一批保守安逸的员工。

2. 加强监督，保证“星”的亮度，防止有人浑水摸鱼，名不副实

成大方圆药店采取总部与门店双重监督，不定期对“服务之星”的工作进行突击检查，一旦发现有不符合评选方式或评选标准的店员当选，则可降低其星级或取消其“服务之星”称号。

3. 搞动态荣誉，而不是静态荣誉

“服务之星”每季度评选一次。本季度当选的店员佩戴一颗红星标志，连续两季度当选的店员佩戴两颗红星标志，依此类推，连续五季度以上当选的店员则佩戴五颗红星。但是，如果“服务之星”在下一季度没有连续当选，则不佩戴任何标志；升星级只能连续当选，不能隔季度累加。这种巧妙的设计是对平均主义的致命打击，只有积分累积达到要求，才能得到利益与荣誉。如果放弃一次就得从头再来，损失很大，因而大家就都不愿意放弃，领导与未获得者也不好意思来搞平均主义，使荣誉真正是靠争取得来，而不是靠施舍得来，创造出合理竞争的氛围。

4. 设置比例

从参选的5 000名员工中评出500名。这个比例标准设置得比较恰当，不高也不低，既不会失去荣誉的先进性，也不会失去员工的参与性。

让荣誉真正起到激励员工的作用，必须注意以下四点：

（1）荣誉是奖励先进的，不是奖励权力的，各级荣誉要分清。特别是像“小红星”这种基层荣誉，更不能让管理层参与。如果他们参加，本身就不公平，给他们，员工会认为有权力就有业绩，感到不平等；不给他们，就会有好事者无事生非。因而荣誉的设置可以分开层次，比如普通员工有小星星奖，店长有大星星奖。成大方圆在这方面做得也不错，明确规定店长和主任不得参与“小星星”评选。

（2）荣誉是奖励贡献的，不是奖励资历的，不能论资排辈。许多企业都有这样的固定思维，只要评选，首先要考虑资深员工，认为如果荣誉不给他们，不仅对不起他们，让他们心理失衡，资格浅的人也不自在，这样荣誉也就成了论资排辈。有的企业为了平衡这种矛盾，采取晋级制，比如将荣誉分为五个等级，一“星”是资格浅的，五“星”是资格老的。星多，只表明他工作时间长。这种做法将会使荣誉僵化，悄然死亡。成大方圆采用的是动态奖励，“星”多少主要表现在业绩，与资历无关，一个季度没评上，就没有“星”了，又必须从头再来。

（3）荣誉需要郑重其事地授予，不能简单草率行事。颁布荣誉需要隆重的仪式，仪式越隆重激励的作用越大。IBM、玫琳·凯等著名企业每一次授予荣誉都兴师动众，极度招摇，恨不得让功臣们成为全世界的焦点。成大方圆在这点上做得也不错，通过内部报纸、会议等方式，让每一位获“星”的员工都能感受到公司对自己的重视。

（4） 荣誉要与利益挂钩。利益包括经济利益、福利利益、机会利益等，只有精神奖励的荣誉很难使员工保持持久的热情，荣誉必须有载体。成大方圆设置“服务之星”奖励时就充分考虑到这一点，既发奖金，又给予培训提升，还送了一批“星”到香港去旅游。让员工真切地感受到，有“星”不仅风光，还很实惠。

综上所述，荣誉的授予需要精心设计，精心执行，需要高超的技巧。

荣誉激励法的应用

通过荣誉激励法激励员工，有四个方面的内容。

1. 给员工一些响亮的头衔

对那些长期以来一直在为企业默默奉献的员工，或在某个领域有突出表现的员工，企业管理者不妨授予他们一些响亮的头衔或名号，以换取员工的认同感，从而激励他们更好地为企业服务。

员工感觉自己在公司里是否被重视是工作态度和员工士气的关键因素。经理人在使用各种工作头衔时，要有创意一些。可以考虑让员工提出建议，让他们接受这些头衔并融入其中。其实，这是在成就一种荣誉感，荣誉产生积极的态度，而积极的态度则是成功的关键。比如，你可以在自己的团队设立诸如“创意天使”“智慧大师”“霹雳冲锋”“完美佳人”等各种荣誉称号，每月、每季、每年都要评选一次，当选出合适人选后，要举行适当隆重的颁发荣誉的仪式，让所有团队人员为荣誉而欢庆。

2. 休假也是一种好方法

如果员工做出了突出贡献或提前完成了全年的营销计划，不妨用休假的方法来奖励他们。在员工眼里，这样的休假其实也是一种荣誉。

3. 表扬那些成绩突出的员工

如果企业管理者能够充分地运用表扬来表达对员工的肯定和赏识，不但能有效地提高员工的工作效率，还能够引发其他员工对这种荣誉的追求。

需要注意的是，管理者在表扬一位员工时，一定要注意表扬员工所独自具有的那部分特性。如果表扬的是所有员工都具有的能力或都完成的事情，会让被表扬的员工感到不自在，也会引起其他员工的强烈反感。

总之，表扬是激励员工的最好方法之一，也是增强企业吸引力的重要方式。但如果方法不对，其收效就会大打折扣，甚至会带来副作用。

4. 写出你对员工的欣赏

书面表扬肯定让人回味无穷，它是一份值得珍藏的永久荣誉证书。

员工做出成绩，都希望得到上司的肯定，如果仅仅得到上司口头上的表扬，虽然也有激励作用，但绝对没有书面表扬更有效。

最好的方式是能把你对员工的欣赏写出来，因为口头表扬随着时间的流逝会让人淡忘，而书面表扬（哪怕是个小小的便条）则会永远存在。这并不需要花什么钱，也不会占用太多时间。下面提供三条书面表扬的方式供参考。

（1）给员工写感谢卡。企业管理者可以准备一些卡片，卡片正面印有漂亮的“谢谢你”几个字，背面是空白。每当员工做了值得称赞的事情时，部门领导就在上面写上一条，详细写明他的成绩及对他的评语。

（2）给表现突出的员工颁发证书或奖章。证书和奖章对员工的激励是巨大的，虽然员工嘴里不说，但每个人都十分重视这一点。稍微留意一下你就会发现，很多员工都喜欢把这些荣誉悬挂、摆放在宿舍、办公室、工作台或家中。员工的工资可能很快就会花光，衣服可能很快就会穿坏、旅游随着时间也会变成遥远的回忆，但是证书或奖章却能永远提醒他曾经得到过怎样的荣誉。

（3）为员工建立业绩档案。企业管理者可以给优秀员工寄表扬信。可以把信封装入标有“成功档案”的档案夹中，并写上下述鼓励：“也许你以后会遭遇失败，但你要记住，你曾经成功过，你曾经是一个优秀的人，只要你努力，没有什么可以难得住你。”“我们公司永远以你为荣，你是一个有能力的人，相信你以后会表现得更优秀。”这些文字可以给员工战胜困难的勇气和信心，会帮助员工克服各种各样的工作困难。

总之，书面肯定与表扬是一份值得珍藏的荣誉证书，会让员工回味无穷。巧用书面激励，会让员工感到自己得到了莫大的荣誉，而这种看得见、摸得着的荣誉会激励他们继续努力，为企业作出更大的贡献。

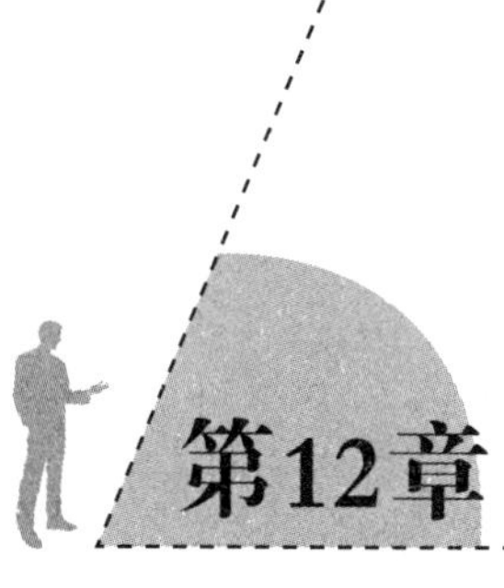

第12章 用制度管团队

没有规矩，不成方圆

中国有句俗话：没有规矩，不成方圆。凡事都要按规矩办事，按规矩办事人类才能享受更大的自由，把东西制度，更有利于管理。

美国哈佛大学创始人留下一笔遗产——250本书，学校将它们一直珍藏在图书馆内，并规定学生只能在馆内阅读，不能带出馆外。1764年的一场大火烧毁了图书馆，在火灾发生前，一个学生恰巧将其中一本《基督教针对魔鬼世俗与肉欲的战争》拿到馆外阅读，而幸免于难。第二天，他得知火灾的消息，意识到自己这本书已是那250本珍品中唯一存世的孤本。经过一番思想斗争后，他找到校长，把书还给了学校。校长感谢他，然后下令把他开除，理由是他违反了校规。有人提出异议，毕竟是他使哈佛留下了唯一的遗产，不应该开除他。校长则认为：他感谢那个学生，是因为他诚实；开除他，是因为校规不可违反。

哈佛的理念就是让校规管理哈佛的一切，这比让道德管理更有效。哈佛坚持制度化管理，这便是他的行事态度。

规矩也就是规章制度，是我们应该遵守的，用来规范我们行为的规则、条文，它保证了良好的秩序，是各项事业成功的重要保证。如果没有这些规章制度的约束，人类的行为就会陷入混乱。

有7个人曾经住在一起，每天分一大桶粥。要命的是，粥每天都是不够的。一开始，他们抓阄决定谁来分粥，每天轮一个。于是每周下来，他们只有一天是饱的，就是自己分粥的那一天。

后来他们开始推选出一个道德高尚的人出来分粥。强权就会产生腐败，大家开始挖空心思去讨好他，贿赂他，搞得整个小团体乌烟瘴气。然后大家开始组成3人的分粥委员会及4人的评选委员会，互相攻击扯皮下来，粥吃到嘴里全是凉的。

最后他们想出来一个方法：轮流分粥，但分粥的人要等其他人都挑完后拿剩下的最后一碗。为了不让自己吃到最少的，每人都尽量分得平均，就算不平，也只能认了。大家快快乐乐，和和气气，日子越过越好。

同样是7个人，不同的分配制度，就会有不同的风气。我们可以对比一下分粥的几种情况对应的现实的企业之间关系。

方法一：拟定一个人负责分粥。这就像公司里一个老总说话，说什么是什么，从来不和他人商量。这样很容易腐败。

方法二：大家轮流主持分粥。这就像是市场经济，每个人坐在老板的位置上的时候就很少替员工考虑，而到了员工都离开他，企业破产之后，他也就没有好日子过了。因为大家都可以分“粥”，所以只要一个产品好，有市场，大家都会跟风上，无序竞争，造成产品积压，导致了资源浪费。

方法三：大家选举一个信得过的人主持分粥。这就像是搞项目招投标，或产品拍卖一样，看上去是公平的，但这位主持者的个人修为决定了公平的真实性和长久性。有些人能禁得住诱惑，而有的人则容易被贿赂，而不再公平办事。比如一些犯罪官员，开始的时候其实都是为老百姓做出过一些事情的，而后来是经不住溜须拍马人的请客送礼，慢慢失去了公正公平，成为国家和人民的罪人。

方法四：选举一个分粥委员会和一个监督委员会，形成监督和制约。现实中要做到这样是很难的，首要条件就是要有言论自由。其实这有点像美国的两党制，在朝党是分粥委员会，在野党是监督委员会。这样做也会造成很大的浪费，大家都知道美国4年一次的竞选费用是多么惊人。

方法五：每个人轮流值日分粥，分粥的那个人要最后一个领粥，令人惊奇的是，在这种制度下，每个碗里的粥每次都是一样多，就像用科学仪器量过一样。每个主持分粥的人都认识到，如果碗里的粥分得不相同，他确定无疑将享有那份最少的。诚信的制度正是在此基础上完善起来的。虽然现在还不是很完美，但已经很有创造性了。

因为分配方法不同，结果导致习气不同。不同分粥方式对照使用不同制度的企业，我们可以看到一个企业如果有不好的工作习气，一定是机制问题，一定是没有完全公平公正公开，没有严格的奖勤罚懒。

制度建设大致包括三方面内容：一是制定公共规则；二是保证规则执行；三是坚持公平原则。一个组织或团体内部的制度建设水平和机制创新水平直接决定着组织或团体的发展水平，合适的制度会极大地强化激励的有效性。

例如，麦当劳公司拥有量化性和可操作性的制度使它发展迅速，保持旺盛的生命力。它拥有严格的检查制度，各个营业点的检查包括12个重点，即营业额、顾客量、顾客平均消费、食品原料价格、人员工资、周转现金、其他销售及损失、收银机操作错误、作废处理、水费、电费、煤气费等。无论月报表还是周报表、日报表，每小时、每一次收银记录都以此为基础，并且所有的运营都要达到标准。

麦当劳的每个标准也做到尽可能的细化量化。如面包厚度17厘米，烤面包需要55秒，煎肉饼要1分45秒，牛肉饼重47.32克、直径9.85厘米、厚6.65厘米，炸薯条超过7分钟、汉堡包超过10分钟就必须扔掉。还有员工的头发怎么疏，衣服怎样穿，帽子怎么戴，指甲剪多长等都有详细明确的规定。

这种详细的制度规定，给了员工明确的努力方向，同时公司也能够清晰地看到每个员工的工作能力和敬业精神等，所以，员工要想得到高薪，获得提升，就需要加倍努力。

可见制度对于一个企业来说，有着非凡的重要性，导向好的制度能使一个团队获得更大的发展和进步，导向不好的制度则会对团队的发展起到负面影响。所以，要建立有利于团队精神建设的良好制度，是每个领导者肩上重要的任务。

让制度促进竞争

社会上之所以产生制度，是因为人们要避免利益上的纷争，有了制度，凡事都会变得更简单些，如果没有制度，有些事情更变得更加复杂。

有一家菜馆生意一直非常红火。但是没过多久，有3个兄弟在他们家的对面也开了一家菜馆。开始还是个不起眼的小门脸，但是，这三兄弟都有一手炒菜的绝活。所以，生意越来越好。结果把这家菜馆生意抢去了大半。菜馆经理见生意越来越不景气，非常着急。他和助手小张商量对策，小张想出了一个好主意：他每天去三兄弟家的菜馆买份菜，拿回来仔细研究。1个多月后，他买齐了三兄弟家做的所有菜。然后在他在报纸上刊登了这样一则广告：大举推出这些菜，并且菜价比三兄弟家的高了三倍。餐馆经理看到助手小张这么做非常不理解。但小张却胸有成竹，在经理面前保证这一招绝对灵。

此时，三兄弟家的餐馆更加红火了，餐馆逐渐由一个小门脸，扩大到买下两层楼。自从富了之后，三兄弟也变得越来越奢侈，出门只坐车。后来，三兄弟经常为了分钱大吵大嚷。

小张看他们越来越不团结，便瞧准这个机会，把同样的菜降低价格，这下，他们家的菜比三兄弟家的菜便宜了1/3，生意立刻就红火了起来。而对面三兄弟因为不和，没有及时改变策略，3个月后就倒闭了。

这家餐馆经理看到对面三兄弟的餐馆终于倒闭了，但是又不明白为什么，便问小张。小张解释说，他们三兄弟在刚刚创业的时候很抱团，并且感到竞争压力很大，但是等他们都发达了，他们就感觉不到压力了，也就不那么抱团了，容易分裂。这时再对他们发起进攻，就很容易攻破他们了。

这个故事中三兄弟的这种情况非常普遍，俗话说："生于忧患，死于安乐"，只有在适当的竞争和压力下才能保持团队的一致性和充分的活力。在创业时期，团队成员有一个共同的目标，为此可以抛头颅、洒热血。但等到团队顺利发展到一定阶段的时候，事情就多了，就要有权力和利益的分配。当分配稍有不均时，就可能产生纠纷。为了避免纠纷，我们要有提前预防的想法，要有未雨绸缪的忧患意识。这就需要在建立团队制度的时候，建立恰当的制度，让团队成员总是处于良性竞争状态。这样就会促进团队保持活跃的状态，又避免了无事生非，这样团队才能保持长久的健康发展。

例如，猪圈里有两头猪，一头大猪，一头小猪。猪圈的一边有个踏板，另一边是投食口。猪每踩一下踏板，在踏板的另一端投食口就会落下少量的食物。如果一只猪去踩踏板，另一只猪就有机会抢先吃到另一边落下的食物。当小猪踩动踏板时，大猪会在小猪跑到食槽之前刚好吃光所有的食物；

若是大猪踩动了踏板，则还有机会在小猪吃完落下的食物之前跑到食槽，吃到另一半食物。

结果，小猪将选择“坐享其成”策略，也就是舒舒服服地等在食槽边，而大猪则为剩下的那一点儿食物不知疲倦地奔忙于踏板和食槽之间。

这是什么原因呢？因为小猪踩踏板将一无所获，不踩踏板反而能吃上食物。对小猪而言，无论大猪是否踩动踏板，自己不主动踩踏板是最好的选择。反观大猪，明知小猪是不会去踩动踏板的，自己亲自去踩踏板总比不踩强，所以只好亲力亲为了。

其实“小猪躺着大猪跑”的现象是因为故事中的游戏规则导致的。规则中的核心问题是“每次落下的食物数量和踏板与投食口之间的距离”。如果改变一下核心问题，猪圈里就可能发生另外的现象了。

第一种方案：减少投食量。把投食量改为原来的一半，结果是小猪、大猪都不去踩踏板了。小猪去踩，大猪将会把食物吃光；大猪去踩，小猪也会把食物吃光。谁去踩踏板，就意味着为对方贡献食物，所以谁也不会有踩踏板的动力了。

第二种方案：增加投食量。投食量增加为原来的一倍。结果小猪、大猪都会去踩踏板。谁想吃，谁就会去踩踏板，反正对方不会把食物吃光。小猪和大猪将生活在物质相对丰富的环境中，所以竞争意识不会很强。对于游戏规则的设计者来说，这个规则的成本相当高；而且因为没有竞争，想让猪多踩踏板的效果并不好。

第三种方案：减少投食量，增加距离。投食量变为原来的一半，但同时把投食口移到踏板附近。结果呢，小猪和大猪都抢着踩踏板。等待者不得食，而多劳者多得，每次的收获刚好消费完。对于游戏设计者，这是一个最好的方案。成本不高，但收获最大。

从管理者的角度说，第三种方案是最好的管理员工方法，员工在这样的制度中，会努力工作，积极进取，实现了有效的激励。这样的方案能保证团队的长久健康发展，值得管理者深思。

如果员工之间没有合理良性的竞争关系，则大家很容易因为某个共同点站到一起结成同盟，并且互相影响，一些不良的情绪会被夸大，并在同盟中传播，在传播中又会因互相的倾诉而加深感触，进而影响到团队的和谐和稳定。长此以往，员工因精力被分散自然也会影响到工作。而管理者假如没有很好地安抚情绪并解决问题，则这种没有竞争而产生的合力会将矛头指向管理者，并最终上升到公司的结构层面。此时情绪爆发的结果可能就是消极对抗，导致工作千疮百孔的混乱局面，团队已经名存实亡。从企业的角度讲，管理者之间没有竞争，由于见识和认识层面比普通员工有所提高，也更容易"绑"到一起，这种统一阵线一旦因某些事而爆发，对企业的打击更像釜底抽薪般巨大。

如果我们能在公司平台的基础上，通过多个方面、多种制度建设来形成一系列的良性竞争机制：如表扬、警告、扣（发）奖金、综合评定等。也不必是金钱的奖励：休假或者累积积分达到某种程度可以在时限内行使某项权利等。建立不同的沟通渠道，如有效投诉及建议也可以累积积分等。总而言之，让大家在这种制度下工作，逐渐领悟到公司的理念，公司的用人要求。这样坚持实行下去，公司的面貌一定会得到改观。

如何制定企业制度

有效的制度是一个团队生存和作战的保障，没有了制度保障，这个团队就会像一盘散沙，各自为政，失去凝聚力，更形不成战斗力。同时，有效的制度也保障了自由和创造。为了更好地发展，为了大家共同的利益不受侵犯，每个企业都会制定一些规章制度，以约束员工的行为。这不是对员工自由的限制和剥夺，相反，只有在这样的制度之下，每一位员工才能获得真正属于自己的自由，才不会受到别人的侵犯，才能真正开展具有创造性的工作。企业的制度建设正是对员工利益的最大保护。

国内某著名企业集团的老总对企业的管理行为提出的“斜坡球体理论”，其中就指出“企业就像置于斜坡上的球体，要向上发展需要动力，动力来源于差距，要防止向下滑坡，需要止动力，止动力就来源于企业的基础管理制度”。

既然企业制度对于员工和企业都有重要的作用，那么，该怎样制定企业制度呢？企业制度的制定要从以下几方面出发进行综合研究。

1. 要结合企业文化来制定企业制度

制度是灌输和贯彻企业文化的一个重要渠道。例如，在一个强调奉献精神的企业里，制度就应该多一些反对私利，打击损公肥私，倡导公平、奉献的内容；在一个强调沟通的企业里，制度就应该多一些反对自我封闭，打击地盘主义，倡导团队团结精神的内容；在一个强调创新的企业里，制定的制度就应该多一些反对故步自封、经验主义，而包容某些失败，倡导学习的内容……如果一个企业在建立企业制度的时候没有考虑到企业文化，这个制度便失去了它的生命力。例如有人说，他经历过的企业都这样……其含义就是，企业制度都是大同小异，根本没有区别，虽然每个企业都有不同的文化，但是在制度上根本体现不出来。企业在强调产品差异化、品牌差异化的同时，也应该考虑到制度差异化，因为既然你想搞差异，你在运作上就必然和别人不一样，你也就需要不一样的保障了。

2. 制定的制度要和企业发展的阶段性相适应

在不同的发展阶段，企业会面临不同的阶段性任务，相应地就不可避免地要应对不同的问题。制度这时的作用就是保障企业在这个阶段的运营，圆满完成阶段性任务。例如，企业在成长阶段大多强调销售，这时的制度应该偏重销售方面，“能抓住老鼠的猫就是好猫”，而其他的某方面应该包容；而在发展已经成熟的企业中，要更加注重整体协调，所以制度就必须考虑全局，注重综合治理。

3. 企业制定的制度要和企业资源相适应

制度的功能之一就是不断促进企业资源的完善，而不是无谓消耗资源。例如，当企业正处于人才缺乏的时候，在制度的某些方面就必须考虑到包容性，不要使人都被制度罚走了、吓走了，否则谁还为企业做事呢？而在人才充沛的时期，就要考虑到对人的综合要求。

4. 企业制定的制度要充分考虑到市场因素

每个企业都有不同的作业流程。制度在这里的任务就是充分保障作业流程的顺利实施，也就是手里拿着笔，眼睛要盯到市场上去，盯到一线去，这样的制度才不会成为效率的绊脚石，而且将促进效益的提升。

5. 制定的企业制度要有服务员工的观念

管人是需要技巧的，例如，你本来是在管他，但是，你不能说我管你，而应该说我帮你。这样他人才会接受你的想法，乐于被你管。为此，制定制度的时候，应该注意以下几点：首先，制定的制度本身要易于理解，简单明了，能让员工很快能看明白，容易记住。在西方文化中，他们讲制度，所以西方人用制度管人，任何人都不能超越制度。所以，他们制定的制度非常详细。但是这种方法在中国就不适用。中国人讲情理，如果只跟员工讲制度，他们会不愿意、不接受。所以，在中国制定制度要简化，不仅仅是易记，更重要的是留下合理权变的空间。没有这个空间，你权变了，员工会认为制度根本没用，有了这个空间，员工会认为你讲理讲情，即便罚了，也服了。另外，制度写得简单，就会避免因为执行层面过多而制造出不必要的麻烦，谨防既浪费时间，又消耗资源。

6. 群策群力，共同制定企业制度

发动所有员工对制度建设献计献策，为了制定更有效的制度，更多的企业员工参与的越多，才越有利于企业制度的制定。但是，如果让企业员工自己说，他可能顾虑重重，所以，我们可以采取一些策略，让他说出自己的想法，提出宝贵意见。例如，在企业制定制度前，我们可以让每个员工包括中高层管理者写一篇东西，内容是如果让他去做一个企业，他该怎样去创建。然后采取匿名打印的征稿形式，多做动员工作，让员工热情参与进来，制定制度的负责人就能从投稿中找到很多宝贵的意见和建议。

7. 制度制定要有罚有奖

有些公司制定的制度满篇都是公司禁止员工做什么，做了什么要受到怎样的处罚，这样就无形中约束了员工工作的自由度。总是束缚员工做事，不利于发挥员工的主动性和创造性。有罚就应该有奖，适当地制定一些奖励措施，有利于激发员工的积极性和工作热情。奖励或惩罚也不一定要用奖多少钱罚多少钱，可以灵活一些。例如，惩罚打扫一周的卫生，奖励一款手机等。有时候这样的措施，更能激发员工工作的积极性。

8. 制定的制度要有救人的观念

当一个员工出错，在惩罚他的同时，也要要求他改正错误。这样能够使他们更加深刻地认识到自己的错误，并更加坚定决心改过自新。例如，一家公司的3个业务员没有完成月销售任务，按规定扣了他们工资后，又让他们看指定的有关销售技巧的图书，并且每周向经理汇报自己读书的心得。结果，下一个月，除了1个人的量很接近任务未完成外，另外2个都完成了。

9. 制度要适时进行更新

制度不是死的，一成不变最终肯定变为形式主义了。随着市场环境的不断变化，员工队伍、企业组织也在发生着相应的变化，企业制度要注意适时更新。当然，制度更新的频率不要太快，不能天天更新，月月更新。而是当外界发生的变化导致企业自身在组织、管理、运营层面发生改变的时候，制度就必须要变了，而且最好是变在前面，这样主动权就在企业手里了。

企业制度制定得是否合理，关系到企业发展大局。“无情的制度，有情的管理”，作为员工应该自觉遵守各项规章制度，用制度制约并保护自己；作为领导应该以身作则，以自己的一言一行去教育员工，引导员工。

企业家团队制度

当今社会是个充满不确性因素的市场经济社会，任何一个人的天才终究难以躲避瞬间可能产生的失误，将一个企业的命运完全寄托在企业主要负责人身上，而没有一个很好的制度加以辅助的话，就可能造成企业和企业负责人的全盘失败。个人的力量总是有限的，将企业家作为一个人的认识已经远远不能反映现代企业家的本质了。从中外成功的现代企业家的实际存在和发展状态看，企业家的概念已经大大超出了自然人的个体属性而演变成为了自然人群体的社会属性，即企业家已经突破单个人的范畴而成为了一种制度，这种制度就是建立在特殊人群关系之中的一种团队制度。只有借助团队的能力和智慧，个人的能力才可以变得战无不胜。

那么，什么是企业家团队制度呢？其大概包括以下三方面含义。

1. 企业家团队制度是一种自组织制度

所谓自组织就是一种因社会关系而自发自然形成的人群团体，其组织的构成是一个相互接纳的过程，每个人都是自愿地加入这个组织的，组织内部的管理者不是独裁者，而是平等协商的领导。团队领导是从一个团队成员的角度进行工作的。一个企业的高管层如董事会成员，经理层班子，如果除了按法律制度和公司章程等规章组成一个企业经理团体之外，还能自觉自愿地组成一个相互配合、平等协商、自我学习、自我管理的组织，则我们称之是企业家团队。企业家团队必须形成既定规则，并不是什么人想改变就可以改变的。因为人都具有机会主义倾向，一旦组织形成之后某一个人担当了领导重任，他就有可能继续强化这种领导权力并使之沿袭下去。这样，自组织的特性就会消失，团队就会逐渐蜕变为传统的行政组织。在这种情况下，团队就需要有一种自动抵抗这种蜕变的机制，使任何解体团队功能的企图都成为不可能，这种机制就是自组织制度。企业家团队就存在这样一种制度，它使得任何企业的独裁都成为不可能。如果某个董事长、总经理想借助行政组织赋予的各种职权实现企业独裁，企业家团队制度就会启动自组织制度，很快地将独裁者排除。只有当企业家高层自组织为一个团队并形成团队制度的时候，成功的企业家才会存在，企业也才会得以顺利的发展。企业家团队制度是一种人力资本交易制度。

在企业高层管理者中，每个成员都是人力资本的载体。一个企业如果产生了企业家，则一定是这个企业有了一个由人力资本结成的团队。人力资本团队能够放大单个人力资本的增长能力，从而造就企业家或者企业家团队制度。人力资本团队是如何形成的呢？它是依据一种人力资本交易制度形成的。这种交易体现为：一是互补性人力资本交易。例如，缺乏技术能力而具有管理能力的经理，通过汲取具有技术能力的人力资本所有者参与自己所承担的工作，使他的技术能力缺陷得到弥补，从而顺利地达到了工作目标，这一交易过程能使他的人力资本功能发挥到最大。二是增强性人力资本交易。比如，两个具有专业技术能力的企业管理者通过人力资本交易，结合成一个整体去从事某项工作，其效果会大大超过单个管理者通过努力所能取得的成绩。这种人力资本交易的增强效果不是简单的数字相加，而是几何级数的增加。简单地说两个人联合在一起创造的成就不是1+1=2而是1+1>2的效果。三是融合性人力资本交易。即具有各种特质的人力资本在企业高层管理群体中相互渗透、相互融合，最终形成一种高能人力资本复合体，并在人力资本运行中融合成整体，最终使巨大的人力资本能量爆发出来。

人力资本交易制度的形成还需经过以下几个途径：一是企业高管层成员的默契合作需要有共同认可的规则，每个人都愿意合作，而且要遵循彼此熟悉的规则。二是企业高管层成员的牺牲精神须得到规则的补偿。三是企业高管层需要有一个人力资本交易的自动监督指导的规则。

2. 企业家团队制度是一种价值管理制度

企业家团队制度作为一种价值管理制度是指企业家团队的建立和运行以对价值的计划、组织、指挥、协调和控制为中心，并构成了一个系统。在价值管理制度下，企业家团队不仅能够创造出最大的企业价值，而且能够给自身带来最大的价值，以致使企业内部的各种生产要素都达到最优化配置状态。这种价值管理制度主要包括以下内容：

一是价值管理制度是一种对人性价值的扩展和延伸。在现代的团队组织中，每个成员的人性价值得到充分的伸展就会提高团队的创新能力、应变能力。如果企业高层管理团队的人性价值得到有效发挥，企业的效率就会得到应有的提高。所以，作为企业家团队，首先要对人性价值进行管理，以促使团队成员的人性价值的伸展。

二是价值管理制度是一种对信任价值的张扬。企业家团队之中有一种成员与成员之间和成员与团队之间的充分信任。如果企业家团队制度能够有效地维护好这种信任关系，它就会转化为一种信任价值，并通过信任价值的张扬来实现团队的最大价值目标。

三是价值管理制度是一种对团队核心价值的运营。企业核心价值内聚于企业家团队之中。在企业组织中，企业的品牌价值、市场营销网络价值、先进技术价值、物质资源价值、商业供应链价值、人力资源协作价值等相互依赖，分布在企业各个方面，这些价值要真正在市场中体现出来，就必须在企业内凝聚为一个整体。要使企业内的各种价值凝聚在一起，只有靠企业家团队的价值管理制度来达到。因为企业家团队可以控制企业组织体中各种价值的流向：企业家团队的成员从高层管理的角度掌管着企业各种价值资源的命脉，可以根据需要对价值资源进行调节。

总之，现代企业家应当具备这样一些基本条件：首先，企业家是一个群体，这个群体应该是具有异质型人力资本的企业经营者所组成的企业高管层；其次，企业家是一个团队，这个团队是由企业高管层自愿结合形成的组织，并且没有固定的组织负责人，企业董事长或总经理只是传统组织中的负责人，在团队中他们同样只是其中的一个成员；最后，企业家是一种团队制度，是团队制度造就了一个个成功的管理者，并在企业形成企业家整体，任何凌驾于团队之上的企业领导者都要被排除在外。因此，当企业家作为一种造就天才管理团队制度的时候，真正的企业家也就随之产生了。

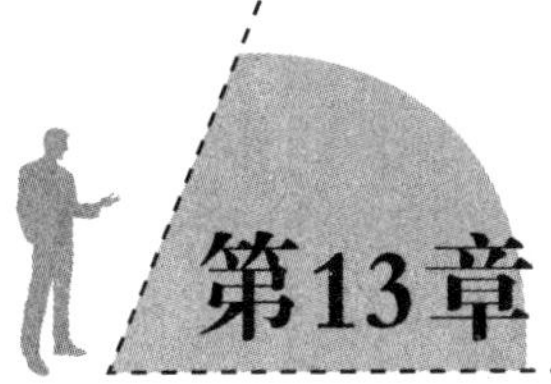

第13章

团队的执行力决定成败

团队执行力

千里之行，始于足下。无论多么美好的愿望和周密细致的组织计划，归根到底都要落实到行动上。没有执行力就没有一切，执行对于团队来讲至关重要。执行力是团队精神的核心灵v魂，是团队战略、规划转化成为成果、效益的关键。在21世纪，执行力成为企业竞争力的重要一环。一个企业执行力如何，将决定企业的兴衰。因此，要打造优秀的团队首先就要执行到位。一个高效能的团队一定是个执行力强的团队。如果一个团队的执行力差会消耗企业的大量人力、财力，不仅如此，它还会使团队错过大好机会，影响企业的战略规划和发展。比尔·盖茨称：“在未来的10年内，我们所面临的挑战就是执行力。”可见，拥有强大的执行力在未来才能保证团队内部正常、畅通运作。那么，什么是团队的执行力呢?

对于团队执行力的定义，每个企业家都有自己的看法，通用公司前任总裁韦尔奇先生认为所谓的团队执行力，就是“企业奖惩制度的严格实施”。联想集团董事局主席柳传志先生认为，团队执行力就是“用合适的人，干合适的事”。由此可见，团队执行力就是上级下达的指令或要求，能迅速做出反应，并迅速贯彻或执行到下级去的能力。执行力要求每个成员对团队下达的命令都要迅速做出反应，深入实践，这样才能保障企业的畅通无阻。

阿里巴巴总裁马云与日本软银集团总裁孙正义曾探讨过一个问题：一流的点子加上三流的执行水平，与三流的点子加上一流的执行水平，哪一个更重要？结果两人得出一致答案：三流的点子加一流的执行水平。再好的决策必须要得到严格执行和组织实施。一个好的执行人能够弥补决策方案的不足，而一个再完美的决策方案，也会死在差劲的执行过程中。从这个意义上说，处于现今市场经济中的现代企业，没有执行力，就没有竞争力。

我国东北地区曾有一家大型国有企业因为经营不善导致破产，后来被日本一家财团收购。厂里的人都在翘首盼望着日本人能带来一些先进的管理方法。但是，出乎他们意料，日本只派了几个人来，除了财务、管理、技术等关键部门的高级管理人员换成了日本人之外，其他的什么都没有动。制度没变，人没变，机器设备也没变。日方只有一个要求：把先前制定的制度坚定不移地执行下去。结果这个企业不到1年时间就扭亏为盈了。日本人的绝招是什么？就是执行力，无条件的执行力。

杰克·韦尔奇说：“没有执行力，哪有竞争力。”彼得·德鲁克说：“管理是一种实践，其本质不在于知，而在于行。”一个团队如果没有执行力，那么它就像是海市蜃楼，永远不可能增强企业的竞争力，更不可能实现企业的成功与辉煌。强有力的执行才是企业成功的关键。上海的必胜客就是一个典型的例子。

每当我们打4008-123-123的时候，就能得到必胜客的服务，这个号码是必胜客的唯一号码，当我们打电话到必胜客的时候，必胜客的工作人员立刻用电脑将电话分类，30分钟之内将比萨送到我们的家里。必胜客之所以有如此高的工作效率和它注重执行力有关。必胜客有严格的规定，如果员工在送比萨时忘记了带作料要扣钱，顾客没有及时收到比萨，员工要扣钱。顾客进来时没有跟顾客问好的员工要扣钱。顾客走时没有说再见的员工要扣钱，等等，很多新员工进去还没有拿到薪水就已经被扣光了。正是必胜客的严格要求，使得必胜客能够在快餐业遥遥领先。

反之，执行不力，企业也会遭遇险境。例如，联想公司在1999年进行ERP改造时，业务部门不积极执行，使流程设计的优化根本无法深入。长此下去，联想必将瘫痪。最后柳传志不得不施以铁腕手段，才浇灭企业内部试图拖垮ERP以保全既得利益的势头。

在中国执行力不强的现象非常普遍，这和中国人的思维方式有很大的关系。有这样一个例子。

在南方的某个城市，一家跨国公司的中国区高管在一幢摩天大楼的60层举行一年一度的营销年会，在座的80多人中，美方高管有50多人，剩下的就是中方的高级雇员。在会议即将结束的时候，美国的总裁忽然站起来，对大家说：全体人员跟我一起跳下去，这个时候，空气一下子凝重了起来，只见那50多个人齐刷刷地站起身，眼睛紧盯着这个总裁。中方雇员们慌了起来，也匆忙站起来，惊恐地望着美方总裁，心想："这老头是不是疯了!"

通过这个小故事我们可以看到，中国人在执行一项措施的时候往往是老板在考虑员工怎么想，员工在考虑老板想得对不对，这样就会使一项命令在执行的过程中因为主观因素的误导而出现偏差。例如，老板按照公司规定给一个员工安排生产塑料花的任务，领导在安排人的时候会想哪个员工更适合做呢？哪个员工能做得好呢？员工也同样会考虑领导的想法，他会想："怎样做才会被领导夸奖呢？""领导喜欢什么颜色的花呢？"等。其实制作塑料花本就是员工的职责，每个制造塑料花的员工都应该能完成任务，如果完不成就应该按规定去处理。所以，领导根本不用考虑哪个人能做得好，只要员工按照公司的要求完成就可以了，而员工也不必去想领导的喜好，因为这不是在给领导做塑料花，而是给买主做。总之，把工作更多地程序化就会避免领导和员工因为主观上思维不同而导致的失误。每个职务已经设定了该做的事情，领导下达了命令，员工按照公司规定执行就可以了，这样就会减少很多麻烦。

缺乏执行力的原因

有很多企业无论是战略上还是目标设定上都很有发展前景，之所以出现企业效益不好，发展不景气很可能就出在执行力上，一个企业缺乏执行力可能有以下几方面原因：

第一，下属缺乏贯彻执行的能力。例如，一个IT总裁想要开发一种具有多种功能的全新软件，但是如果手下的人都不擅长软件开发，那么，总裁的命令在实施的过程中就会受到重重阻碍，即使可能勉强完成，也不会有太大的成效。还有，如果下属是个优柔寡断的人，他在执行过程中犹豫不决，不知道怎样执行才能更好，那么这个人在执行任务上就可能拖拉低效，且还可能因为判断失误或难以决断而出错或错过执行大好时机。

第二，执行结构过于冗繁，不适合贯彻执行。执行一项命令，要等着上司批，然后再等着上上层的领导批示，然后在董事会讨论决定，之后才能执行这项命令，而执行的时候每个环节还要相互协调。如果是这样的话，一项命令就可能错过了它执行的大好时机，一个任务就已经浪费了很多大好时光，所以，执行结构太冗繁，不利于企业或团队贯彻执行。

第三，下属执行的态度不端正。例如，下属常常推卸自己的责任，把本该承担的过错责任推卸到他人身上，这样就会使员工之间出现矛盾，给企业制造了不稳定因素。同时这样的人就像是企业中的一颗不定时炸弹，因为他因为没有责任心，做事情就不会太认真，敷衍塞责，上面下达的命令，也不能保质保量地完成，很可能出现问题，而出现问题他就溜之大吉，就可能给企业带来巨大的损失。还有一些人不专心努力做事，而是总喜欢把功劳往自己身上揽，这也会给团队人际关系造成很大危害。有这些毛病的员工到哪个公司都不会受到青睐，这种不负责任的态度，是在应付差事。

第四，没有明确的奋斗目标。目标是员工们前进的一大动力，如果企业连未来的发展目标都不明确，那么，就会使员工陷入没有希望的境地，稀里糊涂地工作，不知道为什么目标而工作，就像是盲人走路，定然是小心翼翼，速度超慢。

第五，只重制度，忽视文化。增强员工对企业的感情也会提高领导的执行力。条条框框的制度即使再严密，如果员工内心没有实行的动力，执行起来也是敷衍了事，达到标准就好，不会有动力和热情做到精益求精。而如果建设企业文化，培养一种员工们你争我赶，谁都不甘落后的氛围，那么，他们会主动尽职尽责，并且精益求精。

第六，缺乏对员工培训指导。每一个新员工在刚刚上岗时，都要有一个适应的过程，需要企业进行适当的培训，帮助员工尽快掌握现在的工作，但是一些企业为了降低成本，根本没有给员工作培训的环节，直接让他们上岗工作。新员工因为对工作不熟练，执行环节就会大打折扣。

第七，考核制度不明确，赏罚不当。没有明确的考核制度，员工做好做坏一个样，做多做少一个样，久而久之定然会趋于松散，有句话这么说“员工只会做你衡量的事情，不会做你想要的事情”。领导者们常常困惑——为什么我的想法老是执行不下去呢？如何做到我在场和不在场一个样呢？我的压力这么大，而我的员工怎么感觉什么事情都没有似的呢？公布一项政策怎么没有几天就坚持不下去了呢？如何区分员工业绩的好坏呢？为什么这么多事情要我亲自盯呢？……其实这些困惑都可以通过绩效考核来解决，让员工看到他们努力后一定会有成果，那么，他们一定会努力去做。

第八，只重指令，不懂沟通。作为领导只知道下达命令却不懂得和员工沟通，员工如果不理解公司的政策和领导的意图、要求，他就很难执行到位。即使被问到他们是否了解公司的战略意图时，绝大多数员工的回答都会是一个字：是！其实，他们所认知的公司战略意图并一定是正确的。如果他们理解出错，那么，做事情可能会出问题，这样就会给企业带来不必要的麻烦。沟通则能把公司的意图和目标渗透到他们工作中的每个环节。有效的沟通还能增进员工和领导之间的了解，这有利于员工更快更准确地理解领导的意图。大凡执行力好的企业或团队都会非常努力地营造一个让领导者有效沟通的环境，使员工对组织目标有一个全面的了解。而一旦领导者之间的沟通非常有效、员工对目标都有一个明确的了解时，企业或团队的执行力就会得到很大的改善。否则沟通不畅，员工理解出现偏差，那么员工劳而无功，领导执行效果也不佳。

第九，事必躬亲，领导不懂授权。诸葛亮“鞠躬尽瘁，死而后已”的忠诚之心常使后人“泪满襟”。但是一生谨慎的诸葛亮在受到人们崇敬的同时，也引起一些人的非议，原因是诸葛亮不懂得授权，不信任任何人，事无巨细，事必躬亲，最后终于把自己累死，蜀国也因此后继无人，最终导致灭亡。一个国家的安危维系在一个人的身上是危险的，同样一个企业，一个团队的成败系于一个人的身上也是危险的。强调执行力的现代企业管理中，授权更是关键环节。可以说不懂得授权，就谈不上执行力。

第十，流程不畅，衔接不良。一件事情的完成需要每个人的配合，尤其是像企业要完成一项任务或目标，更需要员工之间的配合，部门和部门之间的默契合作，如果其中任何一个环节出现问题，那么就会影响到整个工作流程的进展。这样就会使执行力大打折扣。

增强团队的执行力 

一家权威公司曾做过一项调查：在整整1年时间里，许多公司仅有15%的时间在为顾客提供服务，剩余85%的时间都在做对顾客来说根本没有意义的事情。换句话说，就是公司把大量的时间和精力花在了处理协调企业内部关系、开会、解决人事等问题上，以此来维护组织自身平衡和稳定，而顾客却需要用100%的货币，换取15%的价值。这样的组织是没有执行力的，更没有竞争力。

在当今社会，所有企业间的竞争，事实上绝大多数都是执行力的竞争，团队执行力强与弱直接关系着企业的成与败。团队的执行力在企业中有着重要作用，那么我们该怎样增强团队的执行力呢？

1. 作为领导者要有解决问题的勇气和决心

当发现团队存在问题时，能不怕阻挠和困难，及时勇敢地解决问题。而不是害怕困难，一拖再拖，等到问题严重到一定程度了再去解决，就可能问题大得根本没有办法解决或者错过了很多大好机会。

2. 要和团队成员进行有效的沟通

一老板让一名员工去买点复印纸。员工去了，不一会儿，买回3张复印纸。老板有些生气地说："你也不想一想，3张复印纸怎么能够，我至少要3摞。"员工第二天又去买回3摞复印纸。老板一看，大叫说："你怎么买的是B5的，我要的是A4的。"过了几天，员工又买回3摞A4的复印纸，老板骂道："一点复印纸，竟然能买一个星期。"员工抱怨说："你又没有说什么时候要。"

为了3摞复印纸，员工跑了3趟，老板气了3次。为什么呢？老板没有交代清楚责任，而员工也缺乏主动性，没有及时询问一些详细内容，因为沟通不到位，结果白费了很多工夫。

3. 要提升属下的能力

因为没有工作能力是不可能按照领导的要求保质保量地完成工作任务的。而团队的竞争力的强弱往往取决于团队中所有人的综合能力。因为一个人团队的发展需要每个人付出能力，如果其中有一个环节的成员能力不足，那么，就会影响到整个团队前进。这就像是一个用参差不齐的木板做成的大桶，往往桶上最短的那块木板决定了水的高度。同样，团队中最弱的那个环节决定了团队的整体实力。

例如，伊利集团为了鼓励员工不断发展，实行技术和管理双轨晋升制度，为专业技术人员和管理人员分别建立了各自的晋升制度，使每一位员工都能根据自己的专长、个性、兴趣和经验选择职业生涯和发展方向，并通过培训和个人努力不断找到新的机会。2001年，伊利集团发布实施《集团公司培训制度》为员工不断提升个人知识和技能，进而为获得终身职业竞争能力提高了制度保障。2002年，伊利集团又与南开大学、清华大学等合作，为中层管理人员和后备人员进行为期1年的在职MBA培训，使管理人员的个人职业生涯规划和公司的发展需求实现有机结合。

4. 使用激励政策

恰当的激励是促进团队凝聚力的最好方法。但是激励机制也要使用恰当，如果激励机制不能使团队成员的行动和团队目标吻合，那么，这种激励就是无效的。虽然胡萝卜加大棒式的管理方式在中国非常普遍，但是如果把员工的需要和团队的目标有机地结合在一起，会更有效地激励团队成员。例如，给团队成员更大自主权，使任务富有挑战性等。把员工的成绩与团队的业绩结合起来，制定薪酬制度，促进团队整体执行力的提高。

5. 领导者要起到表率作用

“领导”的职责无非两条，一个是“领”，就是要率先垂范，以身作则，不搞特权，充分发挥领导的模范和带头作用。一个是“导”，就是要把握方向和大局，及时解决遇到的各种矛盾和问题，纠正出现的偏差和错误，积极引导广大员工朝着正确的方向前进，促进企业的发展。作为一个团队的领导，一定要以身作则，对所负责的事情一定要坚定不移地执行到底，不能因为遇到困难就止步不前。

要提高执行力，作为中层领导干部要充分发挥“桥梁”作用。吃透上级的命令指示，把领导的意图完完整整地传达给职工，又要结合实际，把落实过程中出现的问题及时全面地向领导汇报。

6. 制定合情合理的制度，以便执行力能有效地执行下去

制定制度的目的不能只是为了约束员工，合情合理的制度不仅对企业环境氛围有作用，还能提高员工工作的积极性。一个好的制度如果能反映规律、符合规律、遵循规律，才可能得到认同和遵守，才可能真正具有根本性、全局性、稳定性和长期性。好的制度建设一定要有广泛参与性，能广泛地听取各方面意见，使制度能够反映大多数人的意志，能赢得员工的广泛理解和支持，从而使员工自觉遵守。一个好的制度一定得非常详细，这样才更容易执行。一个好的制度也一定是简便易行的，这样执行起来才有效率。

执行流程不畅的原因

要推进管理创新、全面提升执行力，团队不仅要积极培育执行文化、构建执行机制，更要打造敏捷的流程。

当前，随着市场竞争日益走向深入，要全面满足用户多样化的市场需求，及时应对各种市场挑战，团队就应该适时转变管理思路和管理方式，调整团队组织架构，整合企业资源，建立以市场和客户为导向的更加快捷的业务流程，提高执行效率，降低管理成本，全面增强企业竞争力。可以说，在执行机制保障有力的情况下，打造敏捷流程是团队提升执行力的关键因素之一，也是企业做大做强的有效途径。阿里巴巴总裁马云有一句话说：阿里巴巴不是计划出来的，而是“现在、立刻、马上”干出来的。如果我们每个员工严格按照制度的要求，按照流程要求去工作，不互相推诿、不拖拉懈怠、尽心尽职，团结协作，将每一个流程的工作都落实到实处，将每一件任务都不折不扣地完成，这样的公司何愁不能发展壮大呢？

拥有一个好的流程对于成员完成任务有着非常重要的作用。好的流程规定了每一个职能和岗位在每一个流程中要做的事情和要求达到的标准，把所有的流程对于一个职能的要求和标准归纳起来，就形成了某一个岗位的具体职责。这样一个员工进入到某一个岗位后，只要按照这些可操作性很强的具体职责来做事，执行力自然就加强了。但是，我们有时候会看到，一些企业经常在说要加强执行力，并且也知道自己公司目前的执行力还比较弱，企业有些命令不能执行下去，但却一直找不到执行力弱的原因。其实，很可能问题就出在执行流程上，如果执行流程出了问题，就会大大影响团队的执行力。一个团队的执行流程不畅，主要出于以下几方面原因。

第一，一些执行者过于自由散漫，不按制度做事，结果使命令或政策在执行过程中出现停滞状态，可能造成很大的损失。

在2009年4月10日的上午，太原火车西站派出所附近一家汽车维修铺发生了油箱爆炸事故，造成了一死一伤的惨剧，最后调查结果表明，这是因为该维修铺的一名维修工人违规操作导致的。那名工人当时在给卡车焊接油箱。按照正确的操作流程，必须在油箱放干汽油后，对油箱不停抽气的情况下，才能对油箱进行焊接。虽然这名员工把抽气管放进油箱里，却没有打开气泵。结果，因为油箱内残余汽油挥发，遇到焊接时产生的高温，便立即发生了爆炸。

这就是因为不按流程办事造成的结果。同样作为企业或团队中成员，如果不按流程操作，私自违反规定去做事，很可能会导致工作发生紊乱，造成团队整个执行流程不畅。

第二，一个企业或团队内各个部门要通力合作，各个环节要密切配合，否则缺乏沟通，工作出现脱节现象，也会影响到执行的顺畅性。有些企业忽略了沟通，命令下达到每个部门后，每个部门就根据自己的想法去做事情，各干各的，部门之间不相往来和沟通，有些涉及两个部门需要合作的地方，也惰于交流，根本不考虑和其他团队交流合作，到最后，生产出的产品和预期想要达到的标准相差遥远。

例如，一家企业想要制作冰箱，一个部门负责外壳制作，另一个部门负责零件的选配，两个部门没有协调好，生产出来的冰箱壳的尺寸要么过小要么过大。结果，因为产品不符合标准，装配环节就没有办法进行，给企业带来了巨大的损失。

还有可能生产环节和销售环节脱节，生产产品的员工不懂得市场，做出的产品根本不符合客户的需求，不符合标准。这样销售部门就销不出去产品。销售出现问题，就会影响到产品的生产，结果会导致整个生产停滞下来，这样不仅给企业带来了巨大损失，也会影响到员工个人的薪酬待遇。如果销售人员和生产部门的人进行良好的沟通和交流，生产部门的人就知道哪些问题非常重要不能犯，犯了哪些问题对销售没有影响，那么生产人员就能知道好的产品应该是怎样的。而如果生产部门去主动问销售部门，把自己的疑惑提出来，让销售人员给以解答，那么，整个流程也能顺畅无阻。

第三，一项任务如果出现多个人指挥，也会使执行流程不顺畅。因为每个人的想法都不一样，不同的人有不一样的标准，不一样的预期结果。一项任务由几个人指挥，这个人让那样做，然后下一个指挥者又要命令成员按照另一种方式去做，第三个指挥又要换工作方式，如此下去，这项任务就停滞不前。任务无法执行下去，拖一天，就会给团队造成一天的损耗，非常不利于企业发展。

第四，企业各个员工分工不明确，职责不清。执行任务时相互扯皮，推卸责任，谁都想少做事情，少负责任，这也不利于执行流程的顺畅进行。

第五，在执行过程中，出现利益不公平现象。有的人多做了事情却没有得到应有的回报，那么，就会挫败执行者的积极性，他们在执行任务时就会松懈下来，执行的质量就会欠缺很多。

第六，缺乏监督检查机制。一项任务要执行得好，还需要有监管部门的监督。监督部门的有效监督无形中给执行者施加压力，使执行者能按照上级指示，不打折扣地执行下去。如果监督不力，执行者就可能自我松懈，执行任务时就会缩水，执行力度不够，到最后，命令不能执行下去。

优化执行流程

在企业中我们常常会听到这些抱怨：这不是我们部门的职责，出问题和我们没关系；这些乱七八糟的事情，怎么他们不管？他们不管，我也不管；这件事我不知道，没有人告诉过我；我们一直是这么做的；很多事情都需要我们全程跟催，不跟催就办不成事情；本来是他们的职责，常常要我们求他们办事；为什么我们的交货期总是比竞争对手慢。这些问题在国内企业相当普遍。经济形势好的时候，很多企业处于超负荷运转状态，管理者在业务上忙得不亦乐乎，对于这些流程问题视而不见，即便认识到问题的严重性，也根本无暇顾及。此外，在业务繁忙的时候，大规模的修改或调整流程尤其是业务流程，很容易导致混乱的局面，影响正常业务运转，流程提升与变革存在较大的风险，决策者一般不敢也不会在这个时候对流程进行大手术。

但随着市场环境的变化，很多企业的业务出现停滞或下滑，企业已经不是昔日忙忙碌碌的繁荣景象，经济效益迅速下降。如何才能提高利润，是摆在每个企业面前的问题。有些企业集中力量抓市场，抢占空白市场。但是市场的空白已经越来越少。其实，作为一个优秀的企业应该懂得要内外兼顾，内外兼修。我们不仅要提高市场占有率，同时也要加强企业内部管理，减少成本和资源浪费，实现企业利润的提升。在内部管理中，企业执行流程不畅造成的资源浪费、效率低下等问题都是关系企业发展的重大问题。因此，优化团队执行流程，构建企业的竞争力非常重要。

怎样优化团队执行流程呢？有以下几种方法可供参考。

1. 要制定一个统一的标准

标准是伴随着流程的必不可少的模板，没有了标准，流程的可执行力将会很差。因为同一岗位的人对于一个工作流程有不一样的理解。例如，编辑要编一本书，标题和大纲都已经给了，但是如果不确定内容的语言风格和特色，那么有的人会把它写成一本理论性极强的教材；有的人会把它编写成一本生动诙谐的科普读物；还有的人会把它写成一本小说。但出版社只要求有一种，如果作者不清楚出版社的标准，就很容易做错事情，不得不返工，这大大降低了工作效率，减弱了执行力度。

只有制定详细、明晰的岗位工作标准，才能保证团队流程畅通，团队顺利发展。就拿肯德基来说，为什么全世界肯德基的味道都是一样的？那是因为它们的产品都是严格按照同一个标准生产出来的，如果肯德基也像中国饭店一样用大厨做菜的话，那么肯德基就不会走到今天了。为什么这么说呢？因为每个大厨都有自己做菜的标准，所以，制作出来的菜即使用料一样，口味也有区别。并且即使一个大厨做菜非常好，但是一旦这个大厨不在这个饭店了，那么，他带走了手艺，也带走了顾客。这个饭店以后的生意就可能因为大厨的离去而不再兴隆。作为一个企业也是一样，如果依靠一个人的好技术，使企业的产品得以合格或优秀，那么等到这个人走了后，这个企业就不能长久兴旺，这样对于企业来说是致命的。如果制定了各个岗位职责标准，而且每个员工都按照这个标准做事，使岗位工作流程化，那么即使某个岗位上的员工离职了，也不会影响到整个企业的发展。这个标准实际上就是工作和管理经验的积累，也是一个公司的技术、管理、文化在人员流动情况下得以维持和发展的基础。它主要包括操作类（如操作指标书）、评估类（如项目可行性评估）、检查类（需求评审检查表）、记录类（如报告、表单）、计划类（如项目计划）、制度和规定类（如公司的规章制度）。流程规定了做什么，而标准规定了怎么去做，两者缺一不可。

2. 统一价值取向

现在的企业一般都是按照职能不同划分部门，这样方便以部门进行管理，不过划分部分也导致了部门间缺乏沟通，给跨部门的流程执行造成了困难。

一些部门负责人认为自己部门内部怎么实施流程、怎么进行流程运转是内部事情，与其他部门或公司无关，并认为流程运转到自己部门时自己做好自己的事情，按照自己的理解来执行就行了。一旦出了问题，要么埋怨上游做得不好，要么说下游没有责任心。总之，自己一点责任都没有。这种想法其实是不可取的，这种想法是只为流程而流程，却没有细究流程的最终目的，没有从整个流程高度把握自己那部分流程工作目的。

各部门的流程执行时目的各不相同，这样就不可能形成跨部门流程工作的统一价值观。其实，对于客户来说，公司就是一个整体，所以，各部门在处理同一个事件的不同流程阶段时应该保持相同的理念和价值。

3. 流程要以客户为中心

公司希望有更多的客户来购买我们的产品接受我们的服务，以便维持公司的正常运营和发展。如果产品不好或者服务不到位，少有客户光临，那么公司运营就会受到阻碍，就是在砸自己的牌子。所以说，公司所有的流程运转的目的就是为客户服务。

在企业内部中，流程的上游就是下游的客户，下游就该以上游为中心，尽量满意上游的需求。因为上游是外部客户的代表，代表外部客户的利益，最终也代表了公司的利益所在。因而当我们负责流程运转某个阶段时，要想着怎样让顾客满意，要树立让客户满意的服务意识。

4. 把岗位职责制定得越详细越好

流程中会涉及很多岗位，所以在流程执行过程中，可以根据流程对岗位的要求，进一步把岗位职责具体化，并且考虑到职责的协调和安排问题，以便达到流程的目的。

5. 考虑到流程运转中的突发事件，做好预防措施和解决问题的心理准备

作为领导者在做好防御措施和解决完突发事件后，就应该归纳总结，把这些意外事件的防御措施和解决方法流程化，以便以后使用，这样就会大大提高以后的生产效率。

6. 制定流程监控体系

流程运行起来后，要对流程的运行状况进行监控，尤其是在流程的关键阶段，一定要对其时间、成本、质量、服务等要素进行详细的记录和分析，以便发现问题和解决问题。

公司流程优化和发展要逐步进行，不要指望一夜之间解决所有问题，要知道，一口吃不成胖子，否则会给企业内部造成混乱。